SAMMLUNG TUSCULUM

PUBLIUS VERGILIUS MARO

**HIRTENGEDICHTE
BUCOLICA**

**LANDWIRTSCHAFT
GEORGICA**

Lateinisch-deutsch

Herausgegeben und übersetzt
von Niklas Holzberg

DE GRUYTER

ISBN 978-3-11-044312-7
e-ISBN (PDF) 978-3-11-043595-5
e-ISBN (EPUB) 978-3-11-043577-1

Library of Congress Cataloging-in-Publication Data
A CIP catalog record for this book has been applied for
at the Library of Congress.

Bibliografische Information der Deutschen Nationalbibliothek
Die Deutsche Nationalbibliothek verzeichnet diese Publikation in der
Deutschen Nationalbibliografie; detaillierte bibliografische Daten sind
im Internet über http://dnb.dnb.de abrufbar.

Für Einbandgestaltung verwendete Abbildungen:
Cologny (Genève), Fondation Martin Bodmer, Cod. Bodmer 52: 6v/7r
(www.e-codices.unifr.ch)

Satz im Verlag
Druck und Bindung: Hubert & Co. GmbH & Co. KG, Göttingen

♾ Gedruckt auf säurefreiem Papier
Printed in Germany

www.degruyter.com

INHALT

EINFÜHRUNG   7

    Die beiden Gattungen   8
    Das Musterbuch   13
    Eklogenland – eine arkadische Idylle?   18
    Werke und Tage   23
    Weinbau im Land der Mitte   27
    Groß- und Kleinvieh in »kleiner« Poesie   30
    Bienenstaat und Bienenmythos   33
    Eine kurze Bemerkung zur Übersetzung   37

BUCOLICA / HIRTENGEDICHTE

    Ekloge 1   42
    Ekloge 2   50
    Ekloge 3   56
    Ekloge 4   66
    Ekloge 5   72
    Ekloge 6   80
    Ekloge 7   86
    Ekloge 8   92
    Ekloge 9   100
    Ekloge 10   106

GEORGICA / LANDWIRTSCHAFT

    Buch 1   114
    Buch 2   148
    Buch 3   182
    Buch 4   218

ZUM LATEINISCHEN TEXT DIESER AUSGABE   255

6INHALT

ERLÄUTERUNGEN   257

PASCUA UND *RURA* VON DER ANTIKE BIS IN
DIE GEGENWART: ZUM FORTWIRKEN DER
BUCOLICA UND *GEORGICA* VERGILS   299

BIBLIOGRAPHIE   328

EINFÜHRUNG

Bucolica und *Georgica* in einem Band, *Aeneis* separat – das kann den Eindruck erwecken, die ersten beiden der drei von Vergil geschriebenen poetischen Werke stünden einander näher als jeweils dem dritten. Dies trifft zumindest insofern zu, als das Buch der Hirtengedichte und die vier Bücher des Lehrgedichts über die Landwirtschaft gemeinsam das Leben auf dem Lande thematisieren, während das Geschehen des Aeneas-Epos in der Welt der »Könige und Schlachten« (*Ecl.* 6,3) spielt. Außerdem weist Vergil indirekt, aber unverkennbar auf die enge Verbundenheit von *Bucolica* und *Georgica* hin: Er zitiert fast wörtlich den ersten Vers des ersten Hirtengedichts im letzten Vers des Lehrgedichts, und in der fiktiven Rolle des Hirtendichters fordert er sich selbst am Ende des letzten Hirtengedichts dazu auf, sich aus dem Schatten, der unter anderem den Feldfrüchten schade, zu erheben (*Ecl.* 10,75: *surgamus*); damit meint er offensichtlich auf einer metapoetischen Sinnebene, er wolle zu dem Opus, das zu Beginn vom Anbau der Feldfrüchte handelt, als einem »höheren« aufsteigen. Tatsächlich hielt man in der Antike die Gattung des Lehrgedichts für literarisch anspruchsvoller als die des Hirtengedichts. Nun bedeutete aber damals das Verfassen eines Heldenepos, zu dem Vergil nach Beendigung der *Georgica* überging, den Aufstieg zu höchstem dichterischen Niveau, und das wiederum lässt uns die Werktrias als das Ergebnis einer in drei Schritten erfolgenden »Steigerung« begreifen. So gesehen bilden *Bucolica*, *Georgica* und *Aeneis* durchaus eine Einheit, und sie sind ja auch im selben Versmaß, dem daktylischen Hexameter, geschrieben. In diesem Metrum präsentiert

Vergil uns drei verschiedene literarische Genres, von denen
dasjenige der Hirtenpoesie und das der Lehrdichtung heute
weniger bekannt sein dürften als das des Epos. Betrachten
wir also, indem wir die zwei auf das Landleben bezogenen
Werke wieder zusammennehmen, beide zunächst gat-
tungstypologisch.

Die beiden Gattungen

Wann Vergil, der am 15. Oktober 70 v. Chr. geboren wurde
und zu dessen Vita es nur wenige glaubwürdige Zeugnisse
gibt, sein aus zehn Eklogen (»kleinen Gedichten«) bestehen-
des Buch der *Bucolica* publizierte, ist umstritten. Ich stimme den Forschern zu, die den zu Anfang von Ekloge 8 nicht
namentlich angeredeten Adressaten mit Oktavian, dem
späteren Kaiser Augustus, identifizieren und daraus eine
Datierung auf 35/34 v. Chr. ableiten; denn in diese Zeit fiel
eine von dem Imperator auf dem nördlichen Balkan durch-
geführte militärische Aktion, die Vergil in V. 7f. als gerade
stattfindend bezeichnet. Hier und in anderen Abschnitten
der Eklogen integriert der Dichter in die fiktive Welt der
Hirten durch Anspielungen wie die soeben genannte einzelne politische Ereignisse seiner Gegenwart. Damit variiert
er auf seine Weise – wie genau, sage ich später –, was schon
sein Vorbild, der griechische Dichter Theokrit von Syrakus,
tat: Dieser schrieb in der ersten Hälfte des 3. Jahrhunderts
v. Chr. Hexametergedichte diversen Inhalts, die *Eidyllia*
(»Kleine Gedichte«), in denen er uns u.a. »Kleine Leute«,
darunter mehrfach Hirten, im Gespräch vor Augen stellt
und ebenfalls gelegentlich das Geschehen der eigenen Zeit
im Hintergrund erkennen lässt, ja sogar konkret einbe-
zieht. Er hatte Nachfolger, die weitere Hirtengedichte pro-

duzierten und zusammen mit ihm von ihren Rezipienten
als Vertreter der Gattung »Bukolik« (von griech. *boukólos*
»Rinderhirte«) klassifiziert wurden. Wie in ihren Gedichten
geht es bei Vergil in den Szenen, in denen die Hirten zu
Wort kommen, sehr häufig um deren erotische Erfahrun-
gen, und neben die Gespräche treten Wettgesänge. Für den
römischen Dichter gilt in noch höherem Maße als für seine
griechischen Vorgänger, was Ernst August Schmidt einmal
treffend formuliert hat: Bukolik handle »nicht schlechthin
von Hirten, sondern von Hirten, insofern diese Sänger
sind.«[1] Vergil lenkt unsere Aufmerksamkeit also viel weniger auf die Tätigkeit, welche die Hüter der Herden bei ihm
ausüben, als auf das, was sie mit ihm gemeinsam haben:
das Dichten.

Ein spezieller Reiz der Präsentation von Hirten als Poe-
ten liegt in den Eklogen Vergils darin, dass der Dichter den
Leser implizit dazu einlädt, über die Machart von Poesie
zu reflektieren. Wenn dieser dazu bereit ist, wird er unter
anderem die in den bukolischen Versen steckenden Anspielungen zu entdecken und zu verstehen versuchen. Denn er
hat es mit Texten zu tun, die schon existierende Texte in
ihre Aussage integrieren und so die Möglichkeit schaffen,
dass man die »Zitate« wahrnimmt und aus dem Umgang
des Dichters mit ihnen auf die mit dem intertextuellen Bezug verbundene Wirkungsabsicht schließt. Ein einfaches
Exempel bietet *Ecl.* 2,69 kurz vor dem Ende eines Gedichtes, in dem der unglücklich in einen Knaben verliebte Hirte
Korydon seinem Kummer Ausdruck verleiht und wir nun
entweder aus seinem Munde oder dem des Dichters – das
ist nicht zweifelsfrei zu entscheiden, weil wörtliche Rede in

---

[1]   Poetische Reflexion. Vergils Bukolik. München 1972, 17.

antiken Textausgaben nicht markiert war – folgende Worte
vernehmen:

a, Corydon, Corydon, quae te dementia cepit?

Korydon, Korydon, welch ein Wahnsinn hat, ach, dich ergriffen?

Mit diesem Vers »zitiert« Vergil V. 72 des elften Theokrit-
Gedichtes:

ὦ Κύκλωψ Κύκλωψ, πᾷ τὰς φρένας ἐκπεπότασαι;

O Kyklop, Kyklop, wo flog dir nur der Verstand hin?

Hier klagt der Kyklop Polyphem, ursprünglich eine Figur
in Homers *Odyssee* und auch bei Theokrit mit nur einem
Auge und dazu einer platten Nase ein sehr hässlicher Hirte, über die Vergeblichkeit seines Werbens um die schöne
Meernymphe Galatea. Das wirkte auf den zeitgenössischen
griechischen Leser, der seinen Homer und somit Polyphem
als Menschenfresser kannte, höchst lächerlich, und dementsprechend erscheint bei Vergil auch Korydon, der durch
seinen Monolog bisher durchaus das Mitleid des Lesers erwecken kann, nun zugleich als komische Figur.

Während Vergil in den Eklogen auf Schritt und Tritt
Theokritverse evoziert, ja immer wieder nahezu wörtlich
ins Lateinische überträgt – »Zitate« aus anderen Autoren
wie Kallimachos oder Catull treten zahlenmäßig dahinter
sehr zurück –, macht er in den *Georgica* den Text, dem er
am stärksten verpflichtet ist, nicht so deutlich transparent.
Denn in diesem Falle lag ihm kein poetisches Werk des
von ihm gewählten Genres »Lehrgedicht« vor, sondern ein
Fachbuch in Prosa mit dem Titel *Res rusticae* (»Die Landwirtschaft«), verfasst von Marcus Terentius Varro (116–27
v. Chr.) und 37 v. Chr. publiziert. Diese Schrift benutzte
Vergil als »wissenschaftliche« Quelle für sein Opus, wohin-

gegen er Intertextualität vor allem mit prominenten Vorgängern in der Gattung herstellte: in Buch 1 mit den Griechen Hesiod (*Érga kai hēmérai* [»Werke und Tage«], um 700 v. Chr.) sowie Arat von Soloi (*Phainómena* [»Himmelserscheinungen«], 1. Hälfte 3. Jh. v. Chr.) und in Buch 2 und 3 mit dem Römer Lukrez (*De rerum natura* [»Die Natur der Dinge«], 1. Hälfte 1. Jh. v. Chr.); in der zweiten Hälfte von Buch 4 nahm er dann noch Homer mit dessen *Odyssee* hinzu, womit er eine Brücke zu der intertextuell vor allem an diesem Epos und an der *Ilias* orientierten *Aeneis* schlug.

Die Publikation der *Georgica* kann man mit großer Sicherheit auf die Zeit unmittelbar nach 29 v. Chr. datieren, da Vergil in dem Lehrgedicht Oktavians Sieg über Marcus Antonius und Kleopatra in der Schlacht bei Aktium am 2. September 31 v. Chr. und die nicht viel späteren militärischen Aktionen des Imperators im Orient (30/29 v. Chr.) als geschehen voraussetzt (3,26–29; 4,560–562). Als die *Bucolica* um 35/34 v. Chr. veröffentlicht worden waren, hatte zwischen Oktavian und Antonius der Kampf um die höchste Macht im Staat noch nicht begonnen. Zwar konnte man ahnen, dass der eine den anderen irgendwann aus dem Feld schlagen würde, aber dafür, dass man auf einen der beiden als den endgültig mächtigsten Mann in Rom hätte bauen können, war es noch zu früh. Vergil entschied sich zwar für Oktavian, artikulierte aber seine Verehrung des Imperators nur implizit und ohne Namensnennung. In den *Georgica* dagegen huldigt er dem Sieger von Aktium mehrfach in aller Offenheit.

Darüber hinaus geben die *Georgica* sich zwischen den Zeilen, wie Textanalyse immer wieder gezeigt hat, durchgehend »augusteisch«. Um eine versteckte Aussage dieser Art machen zu können, entschied sich Vergil für eine Spielart des Lehrgedichts, die ihm das ermöglichte. Die

Gattung war, nachdem ihre ältesten Vertreter von Hesiod bis in die Zeit der klassischen griechischen Literatur lediglich den von ihnen gewählten Lehrstoff entfaltet und dabei die poetische Form der Darbietung als Vehikel einer besonders eingängigen Didaxe verwendet hatten, im Hellenismus folgendermaßen »umfunktioniert« worden: Ein Lehrdichter konnte das Dozieren über ein bestimmtes Thema von nun an zum Vorwand dafür nehmen, durch seine Methode der pädagogischen Aufbereitung des Stoffs ein höheres Anliegen »durchscheinen« zu lassen. Für uns wird dieses Verfahren erstmals bei Arat kenntlich, dessen Unterweisungen über die Gestirne und Wetterzeichen stoische Philosophie »mittransportieren«. Aus der Entwicklung didaktischer Literatur bis zur Veröffentlichung der *Phainomena* erklärt es sich, warum Lehrdichter sich nicht mehr mit der Durchführung ihres Lehrgangs begnügten: Inzwischen gab es Fachbücher in Prosa, die ihre Lektionen umfassender und präziser vermitteln konnten als Lehrgedichte, weil sie nicht dem Zwang zur Präsentation des Stoffs in Versen unterlagen. Weil aber die Kombination aus Didaxe und Poesie sich als Gattung fest etabliert hatte, suchte man nach Abwandlungen des ursprünglichen literarischen Konzepts. Dabei entstand zusätzlich zum »sachbezogenen« Typ des Lehrgedichts einerseits der »formale« Typ,[2] für den die sprachlich, stilistisch und metrisch sorgfältig ausgefeilte Bearbeitung eines denkbar entlegenen Themas charakteristisch ist – hierher gehören z. B. Nikanders *Theriaka* (2. Jh. v. Chr.), die sich mit Infizierung durch tierische Gifte und ihrer Behandlung auseinandersetzen, aber im »Ernstfall« keine ausreichende Hilfe leisten –, andererseits der »trans-

---

2   Zur Terminologie vgl. Bernd Effe, Dichtung und Lehre. Untersuchungen zur Typologie des antiken Lehrgedichts. München 1977.

parente« Typ. Mit seinen *Georgica*, die der zweiten Spezies zuzurechnen sind, spricht Vergil nur vordergründig Bauern an, ja er geht mit seinem Stoff teilweise so spielerisch um wie die Vertreter des »formalen« Typs. Er dürfte aber primär bezwecken, bei seinen Lesern in der römischen Oberschicht allegorisch für die nach Aktium notwendigen politischen Maßnahmen Oktavians zur Erneuerung des durch die Bürgerkriege zerrütteten römischen Staates zu werben. Genaueres soll dazu in einer Übersicht über die *Georgica* gesagt werden; zunächst aber blicken wir auf den Inhalt der vor ihnen geschriebenen *Bucolica*.

Das Musterbuch

In der Antike las man bis in die frühe Kaiserzeit Texte ausschließlich auf einer aus Papyrusblättern zusammengefügten Rolle, die während der Lektüre aufgewickelt wurde. Wer eine Sammlung von Gedichten vor sich hatte, konnte sie nicht wie wir heute bequem an einer bestimmten Stelle aufschlagen, um sich nur einem einzelnen Text zuzuwenden, sondern musste sich diesen »herbeirollen«. Das wäre natürlich gleichfalls gegangen, aber es lag doch näher, dass man die Gedichte vom ersten bis zum letzten der Reihe nach las, also linear. Das Buch, das die Textserie enthielt, bot dementsprechend eine Art von fortlaufender Geschichte, und als eine solche wollen die auf uns gekommenen Gedichtbücher offenkundig gelesen sein. Wir dürfen davon ausgehen, dass bereits hellenistische Epigrammatiker ihre Gedichte im Buch in einer für die lineare Lektüre geeigneten Form kunstvoll anordneten – wenigstens ein Papyrus des späten 3. Jahrhunderts, der Gedichte Poseidipps vereint, lässt erkennen, wie dabei verfahren werden konnte –,

und vermutlich hat sich Catull in seiner größtenteils aus
Epigrammen bestehenden Gedichtsammlung, der für uns
ältesten eines römischen Dichters, an sie angelehnt. Doch
als das älteste »klassisch« strukturierte Gedichtbuch haben
innerhalb der lateinischen Literatur Vergils *Bucolica* zu gelten, was sich allein schon daraus ergibt, dass die späteren
»Herausgeber« solcher Bücher – von Horaz (10 Satiren bald
nach 35/34 v. Chr.) und Tibull (10 Elegien um 29/28 v. Chr.)
bis Martial und darüber hinaus – sich jeder auf seine Weise von dem Eklogendichter beeinflusst zeigen. Bei diesem
folgt auf ein Gedicht, in dem zwei Hirten sich unterhalten,
stets eines, in dem der Dichter uns etwas erzählt und dabei eine weitere Person oder weitere Personen reden lassen
kann. Zwar spricht er im Gegensatz zu späteren Dichtern
keinen das gesamte Buch exponierenden Prolog, da er ja
die Sequenz der »Dialog«-Eklogen mit der ersten, einem
Gespräch der Hirten Meliboeus und Tityrus, eröffnet, aber
das Gedicht liefert gleich in V. 1–6 insofern eine Exposition,
als dieser Abschnitt die vier wichtigsten Motive der Sammlung vorstellt:

1. Singen und Musizieren der Hirten (V. 1f.: Tityrus spielt
   auf zarter Flöte);
2. Störung der Idylle durch die Staatsmacht (V. 3f.: Meliboeus ist verbannt);
3. Liebe (V. 5: Tityrus lässt die Wälder von der schönen
   Amaryllis tönen);
4. Ermöglichung der (bukolischen) Muße durch einen
   »Gott« (V. 6)

Warum Meliboeus, der in V. 11–17 auch kurz von der sonst
selten in den Blick genommenen Hirtenarbeit berichtet, die
Heimat verlassen muss, wird noch zu erklären sein. Tityrus
darf bleiben, weil er von jenem »Gott« protegiert wird, ei-

nem jungen Mann (V. 42), der über Macht verfügt. Mit
ihm meint er sehr wahrscheinlich Oktavian, und da dieser,
wie man aus V. 1f. und 6 erschließen darf, Hirtenpoesie för-
dert, die ja auch der Eklogendichter verfasst, kann man ihn
als impliziten Widmungsadressaten betrachten.

Drei der in V. 1–6 steckenden Motive entfaltet Vergil
in der ersten Hälfte des Gedichtbuches folgendermaßen:
Liebe (Motiv 3) ist das Thema von Ekloge 2, in der Korydon, wie erwähnt, über die Zurückweisung durch einen
schönen Knaben klagt; Singen und Musizieren der Hirten (Motiv 1) bieten Ekloge 3 mit einem Wettgesang – er
handelt wiederum von Erotik (64–83), Hirtendichtung
(84–91) und überdies von der Hirtenarbeit (92–103) – und
Ekloge 5 mit je einem Lied, das von dem Tod des Hirten-
Heros Daphnis seinen Ausgang nimmt: Mopsus singt von
der Trauer der belebten und unbelebten Natur, Menalkas
von der Apotheose des Daphnis.[3] Das von diesen beiden
»Dialog«-Eklogen gerahmte Gedicht 4 lässt sich, wie ich
glaube, am plausibelsten interpretieren, wenn man es als
Fortsetzung zu dem sieht, was wir in Gedicht 1 über die
Ermöglichung bukolischer Muße durch den »göttlichen«

---

3   In meinem Vergil-Buch (Vergil. Der Dichter und sein Werk. Mün-
    chen 2006) ist mir in diesem Zusammenhang ein ärgerliches Verse-
    hen unterlaufen: Anders als auf S. 75 gerieten mir auf S. 80 die bei-
    den Sänger durcheinander. Statt Z. 11–18 »Das gilt ... anknüpft« lese
    man: »Das gilt ebenso für den Menalkas der Ekloge 5. Nachdem hier
    der Hirt Mopsus, der jünger ist als er, in enger Anknüpfung an die
    theokritische Tradition ein Lied über die Klage um Daphnis vorge-
    tragen hat, singt Menalkas von der Apotheose dieses Hirten. Damit
    demonstriert er, wie gut Bukolik sich als Medium für die Anspielung
    auf Tagesereignisse eignet, in diesem Falle die Vergöttlichung Caesars.
    Wieder repräsentiert Menalkas also den Bukoliker Vergil.« Zu verbes-
    sern ist auch S. 45 Z. 8 »Muse« in »Muße« und S. 74 Z. 14 »einen
    kostbaren« in »zwei kostbare«.

jungen Mann, also Oktavian, erfahren. Denn in Gedicht
4 wird allen Hirten weit über bukolische Muße hinaus die
Wiederkehr des Goldenen Zeitalters prophezeit, die durch
die Geburt eines göttlichen Knaben ermöglicht werden
und die Verwandlung des ganzen Erdkreises in eine Frie-
denswelt bewirken soll. Setzt man diesen *puer* mit Oktavian
gleich – dass damit die einzig sinnvolle Antwort auf die seit
über einem Bimillennium unzählige Male gestellte Frage
nach seiner Identität gegeben wird, hat Gerhard Binder gezeigt[4] –, dann liest man V. 4–45 der Ekloge als Zitat einer
Weissagung, die im Jahre 63 v. Chr., in dem Oktavian geboren wurde, die Parzen verkündeten. Von dem »göttlichen«
jungen Mann (*iuvenis*) der Ekloge 1 geht jetzt der Blick auf
ihn als göttlichen Knaben zurück, und in der *Aeneis* deutet Anchises, als er im Elysium seinem Sohn die künftigen
Römerhelden präsentiert, auf Augustus als den Mann (*vir*),
»der, eines Gottes Sohn, das Goldene Zeitalter von neuem
stiften« werde (6,791–793).

Die zweite Hälfte des Eklogenbuches eröffnet Vergil in
der Rolle des Hirtendichters durch einen Prolog, in dem
er berichtet, Apollo habe ihn mit dem Namen Tityrus angesprochen und aufgefordert, auf das Singen von Königen
und Schlachten zu verzichten und fette Schafe zu weiden
sowie »fein gesponnene« Lieder ertönen zu lassen. Mit dieser Art von Gesang ist Poesie gemeint, die keine Haupt-
und Staatsaktionen behandelt und deshalb nicht als »groß«
bezeichnet werden kann – das würde vor allem für das Epos
gelten –, also »kleine« Poesie, in der statt Königen normale
Sterbliche, z. B. Hirten, auftreten und statt Schlachten all-
tägliche Begebenheiten, z. B. eine Liebesromanze, »besun-

---

4 Lied der Parzen zur Geburt Oktavians. Vergils vierte Ekloge. In: Gymnasium 90, 1983, 102–122.

gen« werden. Wir erhalten dann auch die Kostprobe eines
»fein gesponnenen« Liedes: Silen, der stets betrunkene Ge-
fährte des Weingottes Bacchus, gibt, mit einer Kosmogonie
beginnend, zwei Hirten und einer Nymphe einen Katalog
von Mythen zum Besten, in denen wieder mehrfach Erotik
thematisiert wird. Sie dominiert als Motiv auch in Nr. 8
und 10, den beiden anderen Eklogen der zweiten Buchhälfte, die mit Worten des Dichters anfangen. Dieser bekun-
det im ersten der beiden Gedichte zunächst Oktavian seine
Verehrung (s.o. S. 8) und lässt dann zwei Hirten jeweils in
der Rolle einer sexuell enttäuschten Person ein Lied singen:
Damon spricht als ein Hirte, der darüber klagt, dass die von
ihm begehrte Frau einen anderen Mann heiratet, und sich
dann von einem Berg herabstürzt, Alphesiboeus als eine
Frau, die den von ihr geliebten, sie aber verschmähenden
Mann mit Hilfe eines (ausführlich beschriebenen) Hokus-
pokus herbeiholt. In Ekloge 10 erteilt der Eklogendichter
einer realen Person das Wort: dem Elegiendichter Cornelius Gallus (69/68–27/26 v. Chr.); dieser trauert in Arkadi-
en, der für ihre Hirten bekannten griechischen Landschaft,
unter einem einsamen Felsen vor den Hütern von Schafen
und Schweinen, Apollo, Silvanus und Pan darüber, dass seine Geliebte Lykoris einem Soldaten auf dessen militärischer
Expedition bis hinauf zum Rhein gefolgt ist. Neben diesem
Gedicht und den beiden anderen zum Thema »Eros« haben wir zwei »Dialog«-Eklogen: In Nr. 7 findet erneut ein
Dichterwettstreit statt, in Nr. 9 dagegen werden Hirtenlie-
der lediglich zitiert, noch dazu nur fragmentarisch. Warum
Bukolik hier plötzlich »reduziert« erscheint, soll im nächsten Abschnitt gezeigt werden.

Eklogenland – eine arkadische Idylle?

Arkadien als Hirtenlandschaft ist allein in Ekloge 10 der
Ort des Geschehens; in den übrigen Gedichten sind die
griechische Gebirgsregion, ihre Bewohner und der arkadische Berg Maenalus nur selten und eher beiläufig erwähnt (4,58f.; 7,3f. 25f.; 8,21–24). Dennoch vertrat Bruno
Snell 1945 in einem berühmten Aufsatz[5] die These, Arkadien bilde den Schauplatz aller Eklogen außer (der »sizilischen«) Nr. 2; es symbolisiere ein verklärtes Dasein, ein
Traumland der Empfindsamkeit und den idyllischen Frieden des Goldenen Zeitalters, also einen von der Realität
deutlich abgesetzten Daseinsbereich. Was die konkrete
Lokalisierung angeht, trifft Snells Behauptung nicht zu; es
war der Renaissance-Autor Jacopo Sannazaro (1458–1530),
der in seinem wirkungsmächtigen Hirtenroman *Arcadia*
von 1504 aus demjenigen Teil der Peloponnes, der für die
Griechen des Altertums die Heimat des Gottes Pan und der
ihn speziell verehrenden Hirten war, eine heidnisch-antike
Wunschwelt der freien Liebe machte, ein Utopia fern der
zur Zeit Sannazaros gültigen christlichen Sexualmoral. Die
Welt der *Bucolica* Vergils dagegen kann man geographisch
nicht fixieren, weil sie ein imaginäres Reich der Poesie ist.
Aber hat Snell zumindest recht mit seiner Charakterisie-
rung dieser Welt, die man Eklogenland nennen kann, als
idyllisch? Zumindest auf den ersten Blick sieht es so aus.
Denn alles, was uns über Klima, Fauna und Flora dieses
Landes gesagt wird, stimmt mit dem überein, was wir heute

5   Arkadien. Die Entdeckung einer geistigen Landschaft. In: Antike und
    Abendland 1, 1945, 26–31; auch in: Ders., Die Entdeckung des Geistes.
    Studien zur Entstehung des europäischen Denkens bei den Griechen.
    Göttingen [5]1980, 257–274.

unter einer Idylle verstehen: Zwar bietet das Gedichtbuch
nirgendwo eine systematische Schilderung dieser Idylle,
aber mehrere über die einzelnen Eklogen verstreute Angaben fügen sich zu einem einigermaßen geschlossenen Bild
zusammen: Stets ist die Jahreszeit angenehm, Wind und
Regen gibt es kaum, was die Hirten tun, findet fast immer
am Tag statt, und weder sind die Berge unwirtliche Auf-
enthaltsorte, noch geht vom Meer eine Bedrohung aus. Es
existieren keine gefährlichen Tiere wie Wölfe oder Löwen,
sondern nur die für die Hirten und die übrigen Menschen
nützlichen Rinder, Ziegen, Schafe und Bienen, und ebenso
nützlich ist die Pflanzenwelt, in der Gift und Dornen so
gut wie ganz fehlen und von der Speise, Tierfutter, Schatten für Hirten und Herden, Hecken sowie Material für die
Anfertigung von Kränzen, Körben und Hirtenflöten gelie-
fert werden. Die Hirten schließlich verbringen ihr Leben
mit Singen und Lieben und natürlich auch mit ihrer Hirtenarbeit, die aber, wie gesagt, kaum thematisiert wird. Sie
ernähren sich vor allem von pflanzlicher Kost und Milch-
produkten, wissen wenig von Geld und wohnen in kleinen
Hütten. Durch all das wirkt ihr Lebensraum wie der eines
idyllischen frühen Entwicklungsstadiums der Menschheit,
wie deren Dasein im Goldenen Zeitalter.

Ist Eklogenland somit tatsächlich eine Wunschwelt, ein
irdisches Paradies? Nein, denn zum einen handelt es sich
hier nicht um die Schilderung einer bestimmten Form
menschlicher Existenz, die der Dichter eskapistisch mit der
Realität kontrastiert, sondern lediglich um ein imaginäres
Reich der Poesie, das kein sorgenfreies Utopia darstellt.
Zum anderen ist in dieses imaginäre Reich die Realität des
Römischen Reiches eingedrungen und hat die Bewohner
des Reichs der Poesie in Konflikt mit der Politik derer gebracht, die im realen Römischen Reich die Macht inneha-

ben. Das kommt bereits in *Ecl.* 1,3f. implizit zur Sprache,
wenn Meliboeus sagt, er verlasse als Verbannter seine Heimat. Was er damit sagen will, dürften die zeitgenössischen
Leser sofort erfasst haben: Er ist das Opfer einer nach dem
Sieg Oktavians und des Antonius über die Caesar-Mörder
bei Philippi 42 v. Chr. erfolgten Zwangsmaßnahme, die
darin bestand, dass die beiden Imperatoren den Veteranen
ihrer Heere in mehreren Städten Italiens Grundstücke zu-
wiesen, nachdem sie deren Besitzer hatten enteignen lassen.
Für Meliboeus als Betroffenen bedeutet das unter anderem,
dass er, wie er in V. 77 sagt, niemals mehr Lieder singen
werde, also als Hirtendichter nun zu schweigen hat. Er äußert das Tityrus gegenüber, einem Hirten, der offenkundig von den Konfiskationen verschont blieb, weil er unter
dem Schutz des »göttlichen« Jünglings steht; dieser hat ihn
sogar zum Singen bukolischer Verse ermuntert und ihm
somit gestattet, was dem Dialogpartner Meliboeus künftig versagt ist. Durch die Gegenüberstellung eines Hirten,
der »singen« darf, mit einem anderen, der damit aufhören
muss, baut Vergil eine Spannung auf, die von Anfang an in
die Idylle von Eklogenland Verunsicherung einbringt. Zugleich möchte er, wie man annehmen darf, mit Blick auf
seine reale Gegenwart zwischen den Zeilen signalisieren,
dass auch er und die anderen Dichter des zeitgenössischen
Rom politisch beunruhigt sind. Denn sie alle können sich
angesichts der »Lage der Nation« in der Mitte der dreißiger
Jahre über eines keineswegs sicher sein: dass selbst Kollegen, die, wie in Eklogenland der Hirte Tityrus, bisher von
staatlichen Eingriffen in ihr Leben ausgenommen waren,
ihre von solchen Maßnahmen unbeschwerte »kleine« Poesie – sie wird in den *Bucolica* durch den idyllischen Daseinsbereich der singenden Hirten repräsentiert – weiterhin
verfassen können.

Wie die politische Verunsicherung der Idylle von Eklogenland, die der Dichter im Eröffnungsgedicht 1 sehr
eindringlich veranschaulicht, sich in den übrigen Gedichten direkt oder indirekt artikuliert, kann hier nicht im
Einzelnen aufgezeigt werden; ich begnüge mich mit kurzen Bemerkungen zu Ekloge 9, in der das Thema »Land-
enteignung« wieder explizit angesprochen wird. Dieses
Gedicht fungiert als vorläufiger Abschluss des Eklogenbuches, da es an das erste Gedicht anknüpft und Ekloge 10
mit einem Gattungsdialog zwischen Bukolik und Elegie,
den die Begegnung des Cornelius Gallus mit der Hirtenwelt inszeniert, eine Art Koda bildet. Ekloge 9 ist also fast
so exponiert wie ihr Pendant, Ekloge 1, und das verleiht
dem Problem, mit dem sich beide Texte auseinandersetzen,
besondere Bedeutung. Hält man sie nebeneinander, sieht
man, dass die Verunsicherung sich zur Hoffnungslosigkeit
gesteigert hat. Denn während in Ekloge 1 dem enteigneten
Hirten Meliboeus der in seinem Grund und Boden nicht
geschmälerte Hirt Tityrus kontrastiert und so ein gewisser
Ausgleich geschaffen wird, fehlt ein solcher in Ekloge 9.
Sie beginnt damit, dass Moeris auf die Frage des Lykidas,
wohin er unterwegs sei, erwidert, er müsse bei dem Eigen-
tümer seines Äckerchens Ziegenböcke abliefern. Außerdem
erfahren wir von ihm, der Hirt Menalkas habe nicht, wie
Lykidas gehört haben will, durch seine Lieder allen Besitz
der Hirten retten können. Und das erklärt er so (V. 11b–13):

> Es vermögen nur so viel,
> Lykidas, mitten zwischen den Waffen des Mars unsre Lieder,
> wie die chaonischen Tauben, so sagt man, beim Nahen des Adlers.

Wie im Prolog zur zweiten Buchhälfte das Singen über Könige und Schlachten mit dem Weiden von Schafen kon-
frontiert wird (6,3–5), so treten hier die Waffen des Mars

in einen Gegensatz zu den Liedern der Hirten. Aber jetzt
erscheint kriegerische Gewalt nicht etwa nur als potenti-
elles Thema für diese Lieder, das zugunsten der »kleinen«
Poesie ausgeblendet werden muss, sondern als zerstöreri-
sche Macht, welcher der Hirtengesang nicht gewachsen ist.
Dieser vermag daher nicht mehr mit voller Kraft zu tönen,
so dass wir statt der Lieder, die in den vorausgegangenen
Eklogen erklangen, nur noch Bruchstücke vernehmen. Es
sind Ausschnitte aus Texten des mit seinen Liedern gegenüber den Vollstreckern der Konfiskationen machtlosen
Hirten Menalkas, die jetzt nur noch zitiert werden. Sowohl
Lykidas als auch Moeris, die die »Fragmentarisierung« der
Bukolik aus der Notlage heraus betreiben, lassen erkennen,
dass sie sogar Mühe haben, sich an die Texte zu erinnern.
Moeris begründet seine Gedächtnisschwäche mit seinem
Alter und dem Versagen seiner Stimme. Er singt also zum
einen wie Meliboeus keine Lieder mehr, weil man ihn von
seiner Ackerscholle vertrieben hat, zum anderen aufgrund
körperlicher Schwäche. Das alles signalisiert dem Leser,
dass der Schluss des ihm vorliegenden literarischen Werkes
unmittelbar bevorsteht. Und dieser ist ja auch erreicht. Die
»Geschichte« von Eklogenland ist zu Ende, es wird innerhalb eines Gedichtes kein Hirtengesang mehr zu hören sein,
lediglich noch die erotische Klage des Elegikers Cornelius
Gallus (10,31–69). Nachdem der Dichter der *Bucolica* sie
wiedergegeben hat, erhebt er, der jetzt kurz verrät, dass er
in der Rolle eines Hirten zu uns sprach und dass er Gallus
liebt, sich aus dem Schatten, indem er offenbar ebenso saß
wie zu Beginn der ersten Ekloge der singende und flötende
Hirt Tityrus, und fordert seine gesättigten Ziegen auf, nun,
da der Abendstern komme, nach Hause zu gehen.

Wie man sieht, kann Eklogenland nicht als die idylli-
sche Wunschwelt betrachtet werden, als die Bruno Snell

sie in seinem Aufsatz darstellt. Die Idylle eines Reiches der
Poesie, das uns die *Bucolica* tatsächlich vor Augen führen,
ist keineswegs frei von Störungen; diese werden durch das
Eindringen des realen Römischen Reiches in das fiktive Reich der Poesie verursacht, und sie verunsichern den
Dichter sowie die Personen seiner Eklogen. Aber auch ohne
eine Wunschwelt zu präsentieren, hat Vergils Gedichtbuch
eine enorme Wirkung ausgeübt, und zwar sowohl auf antike und mittelalterliche als auch auf neuzeitliche Literatur
bis in unsere Gegenwart. Die meisten Rezipienten späterer
Jahrhunderte nahmen Feinheiten des Textes wie immanen-
te Metapoetik oder Intertextualität kaum wahr und waren
dennoch entzückt von dem, was sie in Vergils formschönen
Versen fanden. Doch darüber soll erst in einem speziellen
Aufsatz dieses Bandes berichtet werden (S. 299ff.); jetzt
kehren wir zu den *Georgica* zurück und verschaffen uns einen Überblick auch über dieses Opus.

Werke und Tage

Am Anfang der *Georgica* sagt der Lehrdichter in fünfein-
halb Versen, wie er sein Opus gegliedert hat. In Buch 1, um
das es jetzt zunächst gehen soll, wolle er »singen«, was die
Saaten üppig mache (*faciat*) und unter welchem Gestirn (*sidere*) man die Erde pflügen solle. Dem entspricht die Zwei-
teilung des Buches in Lehren zur Agrikultur (V. 43–203)
und zum ländlichen Terminkalender sowie den Wetterzeichen (V. 204–465), und allein schon durch die Worte *faciat*
und *sidere* deutet Vergil an, dass Hesiods *Werke und Tage* in
diesem ersten von insgesamt vier Sektionen des Lehrgangs
ein wichtiger Bezugstext sein werden. Denn der griechische
Dichter sagt, was Bauern *machen* müssen und an welchem

Tag, also unter welchem *Gestirn*, das geschehen soll. Wie man sieht, ist subtile Intertextualität wie in den *Bucolica* ein Mittel der Darstellung, und gleichfalls wird wie dort Oktavian angesprochen, jetzt zum ersten Mal mit einem Namen: Caesar. Der Dichter ruft ihn in V. 24ff. als künftigen Gott an, nachdem er zuvor zwölf Götter, denen die Römer in Zusammenhang mit der bäuerlichen Arbeit opferten, um Hilfe bei seinem »kühnen Beginnen« (1,40) gebeten hat. Was wir in den ersten 42 Versen lesen, ist der Prolog zum gesamten Opus, und wie in den *Bucolica* wird auch die zweite Werkhälfte durch einen Prolog eröffnet (3,1–48). Bereits daran kann man erkennen, das je zwei Bücher einen von zwei Hauptabschnitten des Lehrgedichts bilden: Der erste behandelt die unbelebte Natur und Pflanzen, der zweite die Tiere. Beide Hauptabschnitte münden zudem in ein besonders langes Finale, einen Abschnitt, in dem der Dichter aus der gerade erteilten Lektion allgemeine Äußerungen zu »Gott und der Welt« ableitet, z. B. am Ende von Buch 2 darüber, dass das Bauerndasein als eine vom Glück gesegnete Existenzform zu betrachten sei. Darlegungen solcher Art finden sich auch innerhalb der einzelnen Bücher, und sie sind wie die Finalia so organisch in die fortlaufenden Unterweisungen integriert, dass man sie nur in Anführungsstrichen als Exkurse bezeichnen kann.

Auf einen solchen »Exkurs« stößt man in Buch 1 schon ab V. 118. Zuvor ist von Maßnahmen vor und nach der Saat die Rede, und hier begegnet uns erstmals eine Spezialität der Schilderung bäuerlicher Tätigkeiten, auf die man im gesamten Werk immer wieder stößt: Der Landmann wird uns wie ein gegen Feinde kämpfender Soldat oder ein sich um seine Zöglinge bemühender Pädagoge präsentiert, und analog tragen unbelebte Natur, Pflanzen und Tiere Züge von Menschen, die besiegt oder erzogen werden müssen.

So heißt es gleich von dem Bauern, der nach der Aussaat das Feld bearbeitet, er greife das Feld »im Nahkampf« an (1,104f.), und in Buch 2 z. B. wird in der Lektion über die Pflanzenpflege (354–396) dem Winzer angeraten, mit Reben wie mit zum Jüngling heranwachsenden Knaben umzugehen, indem er sie zunächst schont und erst dann, wenn sie kräftig sind und keine Angst mehr vor dem Messer haben, ihnen die »Haare« schert (362–370). Metaphern wie diese lassen durch die nicht wirklich für Landleute bestimmten Lehren die dahinter verborgene Aussage Vergils »durchscheinen«: Der Bauer, der in harter Arbeit die Natur bezähmt und kultiviert und so das von ihm angestrebte Ordnungssystem seines kleinen »Reiches« schafft, dürfte für Oktavian stehen, der seine Gegner innerhalb und außerhalb des römischen Imperiums niederringt und danach Mitbürger wie besiegte Feinde an seine Reorganisation des Staates gewöhnt. Philip Hardie hat vermutlich recht, wenn er in der Gleichsetzung des Imperators mit einem *agricola* (»der, welcher den Acker kultiviert«) einen Appell an Oktavian sieht und folglich die *Georgica* als einen impliziten Fürstenspiegel liest.[6]

Zurück zu Buch 1! Mag der Ackermann noch so heftig »kämpfen«, so können ihn doch, wie der Lehrdichter konstatiert, mehrere Schädlinge, darunter die »böse Gans«, bei seiner Arbeit stark behindern (118–121a), und direkt an diesen Gedanken schließt der erste »Exkurs« an. Er legt dar, Juppiter habe den *labor* (Arbeit), der dem Bauern so schwer fällt, ganz bewusst notwendig gemacht, indem er das Goldene Zeitalter beendet und dadurch den Menschen gezwungen habe, vielerlei Fertigkeiten zu entwickeln. Harte Arbeit

---

6   Political Education in Virgil's *Georgics*. In: Studi Italiani di Filologia Classica 97, 2004, 83–111.

wird mithin als segensreich betrachtet, aber der Dichter
nennt sie, die doch »alles meistert«, wie die schädliche Gans
»böse« (V. 145f.: *labor improbus*). Warum? Nun, mag die
harte Arbeit auch noch so effektiv sein, so bereitet sie als
solche dennoch keine Freude, ist also die »verdammt harte
Arbeit«.[7] Sie kann sogar ganz umsonst sein, wie der Dichter
am Ende des ersten Hauptteils von Buch 1 zeigt, wobei er
den umsonst sich abrackernden Landmann mit jemandem
vergleicht, dem, wenn er mühsam flussaufwärts rudert und
dabei nur einmal die Arme sinken lässt, die Strömung sein
Schiffchen jählings mitreißt (199b–203). Von diesem nicht
gerade zu unbeirrter Plackerei ermunternden Szenario lenkt
der Dichter sofort den Blick hinauf zum Himmel, um zu
den Gestirnen überzuleiten, nach deren Auf- und Niedergang sich die Termine des Bauernjahrs ausrichten und die
Hinweise auf eine Veränderung des Wetters geben können.
Jetzt hat der Dichter Gelegenheit, zusätzlich zur Feldarbeit
des Bauern die Tätigkeiten zu schildern, die dieser ausübt,
während Säen und Ernten ruhen, und da hierzu z. B. auch
das Feiern von Festen und andere Freizeitbeschäftigungen
gehören, werden uns pittoreske Genrebilder geboten. Anschaulich sind ebenso die Naturbeschreibungen, die mit
den Ausführungen zu den Wetterzeichen verbunden sind,
etwa die Schilderung eines Sturms (316–334). Signale, so
lesen wir am Schluss des Abschnitts, sende auch die Sonne, die vor Aufruhr, Betrug und Kriegen warnen könne;
sie und böse Omina, deren Aufzählung das Buchfinale
(466–514) einleitet, hätten auch die Ermordung Caesars
angekündigt. Von den Iden des März kommt der Dichter
dann zur Schlacht bei Philippi und über diese zu Oktavian,
den er in einem Gebet anfleht, der »gestürzten Welt« – da-

---

7 R. Jenkyns, *Labor improbus*. In: Classical Quarterly 43, 1993, 154–161.

mit meint er das Römische Reich, das noch an den Folgen des Bürgerkriegs leidet und von äußeren Feinden bedroht ist – zu Hilfe zu eilen. Somit wird Buch 1 in unverkennbarer Ringkomposition von Anrufungen Oktavians gerahmt.

Weinbau im Land der Mitte

In deutlichem Gegensatz zum Finale des ersten Buches mit dem voller Sorge um den Staat gesprochenen Gebet wird Buch 2 durch heitere Worte eröffnet, mit denen der Lehrdichter Bacchus herbeizitiert. Es ist dann auch der unter dem Schutz dieses Gottes stehende Wein, der in dem insgesamt die Pflanzung von Bäumen thematisierenden zweiten Hauptabschnitt der *Georgica* dominiert. Schon in der ersten Hälfte des Buches, in der wir über die Vielfalt innerhalb der Pflanzenwelt informiert werden (9–225), erhält eine Liste diverser Weinsorten den breitesten Raum (89–102). Unter ihnen befinden sich auch italische, aber bevor der Lehrdichter sich den Arbeiten des Winzers auf heimischer Erde zuwendet, lenkt er, von der Verschiedenheit der Böden für die Baum- und Pflanzenzucht ausgehend, den Blick nach Osten und berichtet von allerlei exotischen Gewächsen wie der Zitrone, die, wie er wissen will, als Mittel gegen das von bösen Stiefmüttern gebraute Gift, Mundgeruch und die Atemnot älterer Menschen eingesetzt werde (126–135). Damit hat er sich weit weg nach Persien entfernt, ruft sich aber von dort zurück nach Italien, um seinem Land nun einen überschwänglichen Lobpreis, eine Art Nationalhymne, zu widmen; dieser »Exkurs« umfasst immerhin 41 Verse (136–176). Er entstand etwa während der Zeit, in der Rom und der Orient einen wichtigen Entscheidungskampf zwischen West und Ost ausfochten: die Seeschlacht bei Aktium; da-

rin trat Oktavian gegen die ägyptische Königin Kleopatra
und ihren Liebhaber Antonius an und wehrte – so redete
seine Propaganda es den ihn favorisierenden Römern ein
– als Repräsentant »westlicher« Tugenden wie Genügsam-
keit und Mannhaftigkeit die Vertreter »östlicher« Untugen-
den wie effeminierter Weichlichkeit und ausschweifender
Schwelgerei von Italien ab. Dementsprechend ist vieles, was
der Lehrdichter über sein Land schreibt, als Kontrast zum
Orient konzipiert und stimmt deshalb nicht so ganz mit
der Wirklichkeit überein. So behauptet er etwa, in Italien
herrsche »ständiger Frühling und Sommer in Monaten, die
ihm fremd sind« (V. 149), aber das sagt er mit Rücksicht
auf das römische Vorurteil, im Orient sei es immer glühend
heiß, und es dürfte implizieren, dass man den Norden für
stets eiskalt hielt. Denn so erscheint Italien als das Land der
Mitte zwischen klimatischen Extremen, und als wohltuend
»medium« beschreibt der Dichter es auch unter anderen
Aspekten.

Hatte in Buch 1 über die Agrikultur im Zusammenhang
mit den einzelnen Aktionen des Bauern die Kampfmeta-
pher dominiert, bevorzugt der Dichter für die Lehren, die
er dem Winzer erteilt, die Bildersprache, die diesem die
Rolle des Erziehers zuweist; die bereits als Beispiel genannte
Passage über die Reben, von denen wie von heranwachsenden Knaben die Rede ist, gehört zu der mit V. 226 begin-
nenden Sektion des Buches, in der es um die verschiedenen
Arbeiten des Pflanzers geht. Erziehen ist eine angenehmere
Tätigkeit als Kämpfen, und so kann man sagen: Mit Buch
2 steht Buch 1 über den »Soldaten«, der oft mit größter
Mühe, ja sogar vergeblich, sein Handwerk ausübt, ein Abschnitt im laufenden Lehrgang gegenüber, der dem fiktiv
als Schüler angesprochenen Bauern mehr Mut macht als
die Lektionen über Agrikultur. Diesen Gegensatz zeigt na-

mentlich der Vergleich der beiden Finalia. Aus den letzten
17 Versen von Buch 1 spricht Angst, die durch die unsichere
politische Lage in der Zeit, als Vergil die *Georgica* schrieb,
hervorgerufen ist; das Finale des zweiten Buches (458–542)
schildert uns den Lebensraum der Bauern als eine heile
Welt fern von den Problemen, die Macht und Reichtum
mit sich bringen können. Mit dem Lob des Landlebens
verbindet der Schluss des ersten von zwei Buchpaaren eine
positiv-optimistische Aussage über das Theatrum mundi,
und das wird sich am Ende des zweiten Buchpaars wiederholen. So schafft Vergil mit seiner Werkstruktur offenkundig bewusst einen Kontrast zu derjenigen des Lukrez,
seines römischen Vorgängers in der Gattung »Lehrgedicht«.
Denn in *De rerum natura* münden die drei Buchpaare, die
es umfasst, jeweils in ein von pessimistischer Weltbetrach-
tung geprägtes Finale; dies gilt vor allem für dasjenige von
Buch 6 mit seinen erschütternden Ausführungen über die
Pest in Athen. Vergil ist Lukrez zwar in vielfacher Hinsicht
verpflichtet – Buch 2 und 3 der *Georgica* stellen besonders
viele intertextuelle Bezüge zu *De rerum natura* her –, aber
ideologisch setzt der jüngere Dichter sich von dem älteren
zumindest partiell ab. Während dieser in seinem Opus auf
der Basis des atomistischen Epikureismus die Furcht vor
den Göttern und vor dem Tod als verfehlt anprangert und
somit die traditionelle römische Religion ablehnt, bekennt
Vergil sich mitten im Finale zu Buch 2 in direkter Konfron-
tation mit Lukrez zum Götterglauben (490–494):

Glücklich ist der, der's verstand, zu erkennen den Grund aller Dinge,
der auch jegliche Angst und das unerbittliche Schicksal
unter die Füße zwang, auch des gierigen Acherons Tosen;
aber beglückt ist auch der, dem die ländlichen Götter vertraut sind,
Pan und der alte Silvanus, dazu die Nymphen, die Schwestern.

Obwohl der Dichter der *Georgica*, wie er hier verkündet, am herkömmlichen Kult festhält, bringt er im Kontext dieser Aussage, dem Lob des Landlebens, klar zum Ausdruck, dass er auf dem Gebiet der Ethik wie Lukrez ein Epikureer ist.

Groß- und Kleinvieh in »kleiner« Poesie

Nachdem der Lehrdichter sich in Buch 2 nur einmal kurz vor Oktavian als einem siegreichen Imperator verbeugt hat (170b–172), wendet er sich ihm im Prolog zu Buch 3 (1–48), also in der Mitte seines Werks, wieder so extensiv zu wie an dessen Anfang. Er selbst präsentiert sich allegorisch als Feldherr. Denn er will die Musen vom Helikon herab in der Art eines Triumphators in seine Heimatstadt Mantua führen, an deren Fluss Mincius einen Tempel mit einer Oktavianstatue in der Mitte errichten, sportliche Wettkämpfe veranstalten und auf dem Portal des Tempels Siege des Imperators in der orientalischen Welt abbilden. Mag sein, dass Vergil schon jetzt an das Abfassen der *Aeneis* denkt, auch wenn seine Ikonographie kaum Berührungen mit dem Epos aufweist. Aber ein solches zu schreiben dürfte er planen, und dafür dient ihm das zweite Buchpaar der *Georgica* in gewisser Weise als Vorübung. Er doziert dort über Tierzucht, und vor allem Pferde und Rinder (3,49–283) ebenso wie die Bienen mit ihrem Staat (4,8–314) eignen sich noch weit besser als Ackerboden und Pflanzen dazu, »vermenschlicht« zu werden. So stehen in Buch 3, das wir zunächst betrachten wollen, die Zuchtkuh (51b–55), das auf Waffengeklirr mit Bewegungsdrang reagierende Füllen (83b–88), der Stier, der mit einem Nebenbuhler um das Erringen der begehrten Kuh kämpft (219–241), und die Stute, die ihr brünstiges Verlangen nach dem Paarungsvorgang über

Berge und durch Ströme treibt (269–283), für bestimmte
Typen, die auch im Epos auftreten. Was speziell die *Aeneis* betrifft, ähneln den rivalisierenden Bullen die im Duell
aufeinander stoßenden Helden Aeneas und Turnus, was
in dem Epos ein auf die Stierszene in den *Georgica* rekur-
rierendes Gleichnis bestätigt (*Aen.* 12,715–724), und Dido
entspricht der rasenden Stute insofern, als sie in ihrer Liebe
zu Aeneas vom *furor* (»Wahnsinn, Raserei«) getrieben wird
(*Aen.* 4,101). Wie verderblich dieser Affekt im Bereich der
Erotik sein kann, demonstriert der Lehrdichter unmittelbar
vor dem Ende der ersten Hälfte des dritten Buches, indem
er einen »Exkurs« über die Exzesse der nach Sex verlangen-
den Tiere einlegt (242–283) und darin als Pendant aus der
Welt der Menschen den Mythos von Hero und Leander
rekapituliert (258–263).

Noch ist es aber »kleine« Poesie, die Vergil schreibt,
und da passt es gut, dass nach den Großtieren, die er in
die Nähe von Gestalten des Epos rücken kann, die Schafe
und Ziegen, also Kleintiere, in seinem Lehrprogramm vor-
gesehen sind (284–477). Dabei handelt es sich um ein Thema, welches die vor den *Georgica* entstandenen *Bucolica* ins
Gedächtnis ruft, und diesen Bezug macht der Lehrdichter
dadurch deutlich sichtbar, dass er in V. 322–326 wie in *Ecl.*
10,70–72 als Hirte spricht und in V. 435–439 erklärt, er müsse beim Liegen im Freien Angst vor einer bösen Schlange
haben – wohl als Hüter einer Herde; zumindest der Autor
des pseudovergilianischen *Culex* dürfte die Verse so gelesen
haben, weil er sich davon zu einer Szene mit einem Hirten
anregen ließ, den ein riesiges Reptil angreift. Im Rahmen
seiner Lehren über die Kleintierhaltung wirft der Dichter
der *Georgica* erneut einen Blick über Italien hinaus auf ferne Regionen, um ein Gegenbild zum »Land der Mitte« zu
schaffen: Er schaltet einen »Exkurs« über libysche und sky-

thische Nomaden ein (339–383). Dabei schildert er die (für ihn) im Norden wohnenden Hirten in mehr Versen als die Afrikaner, offenbar weil er hier einige (wenig glaubwürdige) Kuriositäten zum Besten geben kann; so behauptet er, die in Dauerfrost lebenden Menschen müssten den sonst flüssigen Wein mit Äxten zerhacken (364). Das ist belustigend und soll es vielleicht auch sein. Denn in vermutlich betontem Kontrast zu Passagen wie dieser bietet der Lehrdichter uns wenig später ein ganz und gar nicht amüsantes, nein, Grauen erregendes Szenario: Im Finale von Buch 3 verknüpft er seine Lektion über die Therapie von Krankheiten der Kleintiere (440–477) mit der Schilderung einer Seuche, an der einmal im Ostalpengebiet Vieh und wilde Tiere zugrunde gingen (478–566).

Als Prätext für diesen besonders eindrucksvollen Abschnitt seiner *Georgica* diente Vergil die Beschreibung der Pest des Jahres 429 v. Chr. in Athen, die Lukrez am Ende seines Werks in freier Adaptation der Berichterstattung des Historikers Thukydides (2,47–54) liefert. Bei dem älteren Lehrdichter fällt auf, dass er das Grauen ohne jede Anteilnahme reportiert, weshalb man sich an die wissenschaftliche Diktion eines medizinischen Handbuchs erinnert fühlt. Der Dichter der *Georgica* dagegen erzählt bereits in diesem Text mit der Empathie, die für die *Aeneis* charakteristisch ist, ja geht so weit, ein Tier zu porträtieren, das beim Tod eines anderen Tiers wie ein Mensch reagiert: einen Stier, der, als der andere, mit dem er den Pflug zieht, plötzlich tot zusammenbricht und der Bauer ihn abhalftert, so von Trauer erfüllt wird, dass ihn die Schatten der Wälder, die weichen Wiesen und der über die Felsen strömende Fluss nicht trösten können und er erschöpft mit erstarrten Augen zu Boden sinkt (520–524). Am Schluss der Sektion über die Seuche steht bei dem »klinisch« objektiv erzählenden Verfasser von *De rerum natura* eine Szene, in der die Verwandten von Pesttoten sich bei dem Versuch, die Leichen auf Scheiterhaufen zu legen, die für andere bestimmt sind, mit deren Angehörigen raufen. Lukrez beendet also sein Lehrgedicht mit einem Bild, das die totale Verzweiflung malt. Vergil dagegen platziert den »Totentanz der Tiere«[8] im Finale seines vorletzten Buches und lässt zumindest in den letzten Versen bei den Menschen Hoffnung aufkommen: Sie, die dem großen Sterben der Kreatur gegenüber zunächst hilflos sind und sich an den Kleidern infizieren, die sie aus den Fellen der Kadaver anfertigen, ergreifen dann doch eine rettende Maßnahme: Sie vergraben alles, was von den Pestopfern übrig ist.

Bienenstaat und Bienenmythos

Hatte Vergil mit seinen Pferden und Rindern kleine Einzelporträts von Tieren mit Zügen epischer Helden geschaffen, so ergriff er bei seiner Lektion über den Bienenstaat im ersten von zwei Hauptabschnitten des vierten Buchs (1–280) die Gelegenheit, teils den römischen Staat, wie er sich ihm nach dem Sieg Oktavians bei Aktium darbot, zu evozieren, teils ihm ein Kontrastbild gegenüberzustellen. Aus dieser Thematik dürfte es sich ergeben haben, dass der Lehrdichter jetzt nicht fast ausschließlich Anweisungen für den Umgang mit Tieren gibt wie bisher, sondern zusätzlich zu diesbezüglichen Lektionen einen Abschnitt über deren Leben und Sitten bietet. Entsprechend ihrer Bedeutung ist diese Sektion in die Mitte zwischen zwei Passagen gelegt,

8 F. Klingner, Virgil: Bucolica, Georgica, Aeneis. Zürich/Stuttgart 1967, 295.

die Lehren aneinanderreihen: Diese werden in V. 8–148
(nach einem kurzen Prolog wie am Anfang von Buch 2)
in die erste Hälfte einer Schilderung des Bienenjahrs integriert und münden in einen »Exkurs«, in dem der Dichter den liebevoll gepflegten Garten eines alten Mannes aus
Korykus in Kleinasien als ein Paradies schildert, sich dann
aber selbst zu seinem eigentlichen Gegenstand zurückruft
(116–148). Daran schließt sich der »ethnographische« Abschnitt an (149–227), in dem drei Besonderheiten der Bie-
nengesellschaft hervorgehoben sind: 1. Arbeitsteilung, 2.
Freiheit vom Sexualtrieb, 3. Monarchie eines Königs (nicht
einer Königin, da die Antike nicht wusste, dass es sich um
eine solche handelt). Es folgen ab V. 228 in Fortsetzung der
Schilderung des Bienenjahrs Ausführungen zur Honigernte
und zu Schädlingen, und nachdem der Lehrdichter Krankheiten der Bienen und Heilungsmöglichkeiten erörtert hat,
gelangt er zu der Verspartie, die zum zweiten Hauptabschnitt des Buches überleitet. Darin beschreibt er die Vorbereitungen zu einer Bugonie (von griech. *boûs* »Rind« und
goné »Erzeugung«), durch die, wie man in der Antike glaubte, ein Bienenschwarm entsteht (281–314): Man verstopfte
einem Kalb Maul und Nüstern, tötete es durch Schläge,
stampfte die Eingeweide durch die unversehrte Haut zu
Brei und ließ es in einem kleinen Schuppen liegen, wo sich
dann natürlich Insektenschwärme einfanden. Der Lehrdichter vergegenwärtigt uns den Vorgang mit Anteilnahme
am Leiden der Kreatur.

Die winzigen Bienen eignen sich bestens als Stoff für
»kleine« Poesie, und da diese stets einen spielerischen Cha-
rakter hat, fällt es schwer, angesichts bestimmter Eigenhei-
ten des Bienenstaates zu entscheiden, ob der Lehrdichter sie
jeweils als vorbildlich für den römischen Staat betrachtet,
oder ob er uns einfach amüsieren will. Wenn er z. B. von

der uneingeschränkten Verehrung des Bienenkönigs durch
seine Untertanen spricht (210–218), darf man annehmen,
dass der Lehrdichter ernsthaft an die Analogie denkt, die
die politische Entwicklung Roms nach Aktium aufzuweisen hatte: In den Jahren bis 27 v. Chr., in welche die Publikation der *Georgica* fiel, dürfte klar zu erkennen gewesen
sein, dass aus der Republik eine Monarchie werden würde,
und diese Tendenz hat Vergil offenkundig positiv gesehen.
Aber wie steht es damit, dass die Bienen, wie der Dichter in V. 197–202 lehrt, frei von Sexualität sind und sich
dennoch fortpflanzen, indem sie von Blättern und Kräutern ihre Jungen lesen? Sollen wir uns an den »Exkurs« des
dritten Buches über die Liebesraserei von Mensch und Tier
erinnern und es begrüßen, dass der Bienenstaat nicht durch
furor in Unordnung gebracht werden kann? Oder blickt der
Lehrdichter auf die wundersam »Kinder kriegenden« Bienen wie Gulliver auf die Liliputaner und neigt dazu, wenigstens hier etwas über sie zu schmunzeln? Das muss wohl
offen bleiben. Bessere Voraussetzungen für die Interpretation bietet die Aristaeus-Sage in der zweiten Hälfte von Buch
4, die erzählt, wie es zur allerersten Bugonie kam (315–558).
Wir haben es dabei mit einem Epyllion (»Kleinepos«) zu
tun, zu dessen Besonderheit es gehört, dass in eine Haupt-
handlung eine Nebenhandlung als eine eigene Geschichte eingelegt ist. Hier finden wir den bekannten Mythos
vom vergeblichen Versuch des Orpheus, Eurydike aus der
Unterwelt zurückzuholen, und darin wird erklärt, warum
dem von Apollo mit der Göttin Kyrene gezeugten Bauern
Aristaeus plötzlich sein ganzer Bienenschwarm eingeht: Als
Aristaeus sich in seiner Verzweiflung an die Mutter wendet,
trägt diese ihm auf, den Meergott Proteus zu befragen, und
von ihm erfährt er in der »story within the story« (453–
527), die Nymphen hätten dem göttlichen Landmann die

Bienen zur Strafe dafür genommen, dass er Eurydike habe vergewaltigen wollen und sie auf der Flucht vor ihm von einer giftigen Schlange getötet worden sei. Kyrene gibt ihm nunmehr den Auftrag, die Vorbereitungen für eine Bugonie zu treffen, und da er ihre Weisungen befolgt, bekommt er wieder einen Bienenschwarm.

Soweit in Kürze der Inhalt des die *Georgica* abschließenden Mythos, von dem man erwarten sollte, dass er implizit etwas aussagt, was den Lektionen des Dichters über die Arbeit des Landmanns eine höhere Bedeutung verleiht. Ein Landmann ist nun auch Aristaeus, und da er die Lektion, die ihm seine Mutter erteilt, gehorsam lernt und entsprechend agiert, dürfte er den Bauern symbolisieren, welcher sich an die Unterweisungen des Lehrdichters hält. Der Bauer wiederum kann, wie wir sahen, mit Oktavian gleichgesetzt werden, weil er wie dieser »kultiviert«. Das Resultat einer solchen Tätigkeit ist beim Bauern der landwirtschaftliche Ertrag, bei dem Imperator der Erfolg seiner Politik, die zur Beendigung des Bürgerkrieges, der Besiegung auswärtiger Feinde und der Restauration des Staates führt. Eine »Restauration« gelingt auch Aristaeus insofern, als er gemäß dem Gebot seiner Mutter die Bugonie vollzieht und so die Genese neuer Bienen als Ersatz für die verlorenen ermöglicht. Sein Handeln hat Erfolg, weil er einer Gottheit gehorcht. Orpheus dagegen ist Proserpina, die ihm untersagt hat, sich nach Eurydike umzudrehen, ungehorsam, noch dazu aufgrund seiner rasenden Liebe, einer Form von *furor* (V. 495), und hat daher keinen Erfolg. Will Vergil ihn etwa negativ gesehen wissen? Er ist immerhin ein »Kollege« des mythischen Sängers, und man sollte deshalb Mitgefühl von ihm erwarten. Genau das lässt nun Proteus in seiner Erzählung der Geschichte von Orpheus und Eurydike erkennen, während der Lehrdichter die Aristaeus-Geschichte ohne Empathie vorträgt. Außerdem blickt auch Vergil sich in den *Georgica* einmal um:[9] im Epilog (559–566) bei seiner Rückschau auf die *Bucolica*, deren ersten Vers er dabei fast wörtlich zitiert. Solidarisiert er sich letztlich doch mit dem »Kollegen«? Aber er schaut kurz vorher im Epilog auch nach vorne: auf Oktavian, der, gerade am Euphrat militärisch engagiert, mit seinen Taten den Aufstieg zum Götterhimmel anstrebt. Schlägt folglich sein Herz für Sänger und Imperator zugleich, spricht er mit zwei Stimmen? Auf diese immer wieder vor allem an den Autor der *Aeneis* gestellte Frage wird es ganz sicher nie eine überzeugende Antwort geben.

Eine kurze Bemerkung zur Übersetzung

Wie meine 2015 in der *Sammlung Tusculum* erschienene *Aeneis*-Übersetzung habe ich auch die *Bucolica* und *Georgica* in deutschen Hexametern wiedergegeben und mich dabei, so weit es irgend ging, der Gegenwartssprache bedient, also Lexik und Syntax eines aus dem 18. Jahrhundert überkommenen Dichteridioms, das bis in unsere Zeit für metrische Übertragungen antiker Poesie verwendet wurde, strikt vermieden. Anhand einer Auswahl von Beispielen für den klassizistischen Stil, in dem die von Maria und Johannes Götte 1958 vorgelegte Versübertragung der *Aeneis*[10] geschrieben ist, versuche ich in der Einführung zu meiner

9 M. Gale, Poetry and the Backward Glance in Virgil's *Georgics* and *Aeneid*. In: Transactions of the American Philological Association 133, 2003, 323–352, dort S. 333ff.

10 Die bibliographischen Angaben zu den in diesem Abschnitt genannten Übersetzungen findet man in der Bibliographie S. 329.

Ausgabe des Epos zu zeigen, dass eine solche Diktion heute nicht nur unfreiwillig komisch wirkt, sondern auch einem breiteren Publikum kaum noch verständlich sein dürfte; diese Beispiele, von denen mehrere auch aus Göttes metrischer *Bucolica*- und *Georgica*-Übersetzung geschöpft werden könnten, sind hier nicht abgedruckt, da man sie am genannten Ort (S. 36f.) einsehen kann. Weil heute allgemeine Unzufriedenheit mit den traditionellen Versübertragungen herrscht, wird antike Dichtung fast nur noch in Prosa wiedergegeben. Das hat zwar den Vorteil, dass ein Maximum an Wörtlichkeit erzielt werden kann, aber es ist nun einmal rhythmisch gebundene Sprache, in der Vergil schrieb. Die Hirten in den *Bucolica* singen sogar, und für ein antikes Lehrgedicht wie die *Georgica*, die einen stellenweise trockenen Lehrstoff in höchst kunstvollen Versen behandeln, ist die Spannung zwischen Inhalt und Form, die dadurch entsteht, charakteristisch; gerade dieses Spezifikum kann nur eine metrische Übersetzung vermitteln, auch wenn sie natürlich den poetischen Glanz des Originals nicht zu erreichen vermag. Mancher Sprachpurist mag daran Anstoß nehmen, dass ich gelegentlich nicht vor Fremdlexemen und längst eingebürgerten Anglizismen zurückscheue, aber in das heutige Deutsch, um das ich mich bemühe, sind sie so fest integriert, dass man in diesem Punkt, wie ich meine, umdenken sollte. Ich habe freilich nicht gegen die spätestens seit Johann Heinrich Voß gültigen metrischen Gesetze für den deutschen Hexameter verstoßen; dass ich etwas öfter als üblich Wörter und Eigennamen mit einem »i«, das man wie ein »j« lesen kann, so messe, als hätten sie eine Silbe weniger, möge man mir verzeihen.[11]

---

11   Dem »17-Silben-Zwang« fielen auch diesmal ab und zu einzelne Wörter zum Opfer, aber ich habe sorgfältig darauf geachtet, dass in solchen

Wie mit meiner Verdeutschung der *Aeneis* bin ich auch mit derjenigen von *Bucolica* und *Georgica* mehreren Vorgängern insoweit verpflichtet, als ich immer wieder auf Verse stieß, deren Wiedergabe durch den einen oder anderen von ihnen sich kaum oder gar nicht »verbessern« ließ. Das gilt im Falle der Hirtengedichte vor allem für die Prosaübertragungen von Friedrich Klingner und Michael von Albrecht, aber durchaus auch für die metrische Verdeutschung der beiden Göttes, im Falle des Lehrgedichts für die Prosaübertragung Manfred Errens im ersten Band seines Kommentars und diejenige Otto Schönbergers sowie wiederum für die Göttesche Verdeutschung. Allen sechs Kollegen schulde ich mithin großen Dank.

Mein Dank gebührt außerdem erneut Regina Höschele und Maria Anna Oberlinner sowie jetzt erstmals Simone Klinger für sorgfältige Durchsicht meines Typoskripts. Simone Klinger sei dieses Buch gewidmet.

München, im Januar 2016   Niklas Holzberg

Fällen dennoch sinngemäß übersetzt ist.

BUCOLICA

HIRTENGEDICHTE

ECLOGA I

Meliboeus Tityrus

MELIBOEUS

Tityre, tu patulae recubans sub tegmine fagi
silvestrem tenui Musam meditaris avena.
nos patriae finis et dulcia linquimus arva:
nos patriam fugimus; tu, Tityre, lentus in umbra
formosam resonare doces Amaryllida silvas.   5

TITYRUS

O Meliboee, deus nobis haec otia fecit:
namque erit ille mihi semper deus, illius aram
saepe tener nostris ab ovilibus imbuet agnus.
ille meas errare boves, ut cernis, et ipsum
ludere quae vellem calamo permisit agresti.   10

MELIBOEUS

Non equidem invideo, miror magis: undique totis
usque adeo turbatur agris. En ipse capellas
protinus aeger ago! hanc etiam vix, Tityre, duco:
hic inter densas corylos modo namque gemellos,
spem gregis, a! silice in nuda conixa reliquit.   15
saepe malum hoc nobis, si mens non laeva fuisset,
de caelo tactas memini praedicere quercus.
sed tamen iste deus qui sit, da, Tityre, nobis.

TITYRUS

Urbem quam dicunt Romam, Meliboee, putavi
stultus ego huic nostrae similem, quo saepe solemus   20
pastores ovium teneros depellere fetus.
sic canibus catulos similes, sic matribus haedos

EKLOGE 1

Meliboeus. Tityrus

MELIBOEUS
Tityrus, unter dem Dach der Buche, der weithin verzweigten,
ruhst du, ersinnst ein Lied des Waldes auf zierlichem Schilfrohr.
Ich dagegen verlasse die Heimat, die süßen Gefilde:
Ich bin verbannt von daheim; du, Tityrus, lässig im Schatten,
lehrst »Amaryllis, du Schöne!« im Widerhall tönen die Wälder.

TITYRUS
O Meliboeus, mir hat ein Gott diesen Frieden geschaffen:
Denn er wird mir ein Gott stets sein, oft wird den Altar ein
zartes Lamm aus meinem Stall mit Blut ihm benetzen.
Er hat – du siehst's – meinen Rindern umherzuschweifen gewährt und
mir auch selbst, was ich will, zu spielen auf ländlichem Schilfrohr.

MELIBOEUS
Ich missgönn's dir nicht, staune vielmehr: Ringsum auf den ganzen
Äckern ist große Unruhe. Schau, meine Ziegen, ich treib sie
selbst voller Kummer voran! Kaum, Tityrus, schlepp ich noch *die* mit:
Zwillinge warf sie just hier im dichten Haselgesträuch, die
Hoffnung der Herde; auf nacktem Gestein, ach, ließ sie sie liegen.
Eichen, vom Himmel berührt, ich erinnre mich, weissagten oft uns
dieses Unheil – o wär mein Verstand nur nicht töricht gewesen!
Aber dieser Gott, wer ist es denn, Tityrus, sag's mir!

TITYRUS
Jene Stadt, die Rom sie nennen, die hielt, Meliboeus,
dumm wie ich war, ich für ähnlich der unsren, zu welcher wir Hirten
oft, wie gewohnt, hintreiben die zarten Jungen der Lämmer.
So sind, wusst ich, den Hunden die Welpen, die Böckchen den Müttern

noram, sic parvis componere magna solebam.
verum haec tantum alias inter caput extulit urbes
quantum lenta solent inter viburna cupressi.   25
MELIBOEUS
Et quae tanta fuit Romam tibi causa videndi?
TITYRUS
Libertas, quae sera tamen respexit inertem,
candidior postquam tondenti barba cadebat,
respexit tamen et longo post tempore venit,
postquam nos Amaryllis habet, Galatea reliquit.   30
namque (fatebor enim) dum me Galatea tenebat,
nec spes libertatis erat nec cura peculi.
quamvis multa meis exiret victima saeptis,
pinguis et ingratae premeretur caseus urbi,
non umquam gravis aere domum mihi dextra redibat.   35
MELIBOEUS
Mirabar quid maesta deos, Amarylli, vocares,
cui pendere sua patereris in arbore poma:
Tityrus hinc aberat. ipsae te, Tityre, pinus,
ipsi te fontes, ipsa haec arbusta vocabant.
TITYRUS
Quid facerem? neque servitio me exire licebat   40
nec tam praesentis alibi cognoscere divos.
hic illum vidi iuvenem, Meliboee, quotannis
bis senos cui nostra dies altaria fumant.
hic mihi responsum primus dedit ille petenti:
'pascite ut ante boves, pueri; summittite tauros.'   45
MELIBOEUS
Fortunate senex, ergo tua rura manebunt,
et tibi magna satis, quamvis lapis omnia nudus
limosoque palus obducat pascua iunco.
non insueta gravis temptabunt pabula fetas,

ähnlich, ich pflegte so zu vergleichen mit Kleinem das Große.
Doch die hob ihr Haupt so hoch zwischen anderen Städten
wie zwischen schwankenden Faulbaumbüschen stets die Zypressen.

MELIBOEUS

Und was war der so wichtige Grund für dich, Rom zu besuchen?

TITYRUS

Freiheit war es, die spät, aber doch mich Trägen noch ansah,
als schon ziemlich weiß beim Scheren der Bart mir herabfiel,
dennoch mich ansah und nach einer langen Zeit doch herbeikam,
seit mich besitzt Amaryllis und mich verließ Galatea.
Denn – ich gesteh's – so lang mich gefangen hielt Galatea,
gab's keine Hoffnung auf Freiheit und kein Bemühn, was zu sparen.
Wie viel Schlachtvieh aus meinen Hürden auch kam und wie fett auch
für die undankbare Stadt den Käse wir pressten,
nie kam schwer von Geld meine Rechte wieder nach Hause.

MELIBOEUS

Und ich fragte mich staunend, warum, Amaryllis, die Götter
traurig du anriefst, für wen du die Äpfel ließest am Baume:
Tityrus war nicht da. Sogar die Pinien, selbst die
Quellen, Tityrus, riefen nach dir, ja sogar diese Büsche.

TITYRUS

Was hätt ich tun sollen? Konnte ich doch aus dem Sklavenstand anders
nicht heraus noch woanders so nah die Götter erkennen.
Hier, Meliboeus, erblickte ich diesen Jüngling, für den jetzt
an zweimal sechs Tagen alljährlich unser Altar raucht.
Hier gab dieser zuerst mir auf meine Bitte die Antwort:
»Weidet wie früher die Kühe, lasst Stiere aufwachsen, Kinder.«

MELIBOEUS

Glücklicher Alter, so wird denn erhalten bleiben dein Land dir,
und dir groß genug, mag alles auch nacktes Gestein sein
und die Weiden ein Sumpf überziehen mit schlammigen Binsen.
Ungewohnte Weide wird trächtigen Tieren nicht schaden,

nec mala vicini pecoris contagia laedent.   50
fortunate senex, hic inter flumina nota
et fontis sacros frigus captabis opacum;
hinc tibi quae semper vicino ab limite saepes
Hyblaeis apibus florem depasta salicti
saepe levi somnum suadebit inire susurro;   55
hinc alta sub rupe canet frondator ad auras,
nec tamen interea raucae, tua cura, palumbes
nec gemere aëria cessabit turtur ab ulmo.

        TITYRUS
Ante leves ergo pascentur in aequore cervi
et freta destituent nudos in litore piscis,   60
ante pererratis amborum finibus exul
aut Ararim Parthus bibet aut Germania Tigrim,
quam nostro illius labantur pectore vultus.

        MELIBOEUS
At nos hinc alii sitientis ibimus Afros,
pars Scythiam et rapidum cretae veniemus Oaxen   65
et penitus toto divisos orbe Britannos.
en umquam patrios longo post tempore finis
pauperis et tuguri congestum caespite culmen
post aliquot, mea regna videns, mirabor aristas?
impius haec tam culta novalia miles habebit,   70
barbarus has segetes. en quo discordia civis
perduxit miseros? his nos consevimus agros!
insere nunc, Meliboee, piros, pone ordine vites.
ite meae, felix quondam pecus, ite capellae.
non ego vos posthac viridi proiectus in antro   75
dumosa pendere procul de rupe videbo,
carmina nulla canam; non me pascente, capellae,
florentem cytisum et salices carpetis amaras.

schlimme Ansteckung durch das Nachbarvieh nicht sie verseuchen.
Glücklicher Alter, hier zwischen Flüssen, die dir vertraut sind,
und den heiligen Quellen wirst schattige Kühle du atmen;
hier vom Nachbarrain wird wie schon immer die Hecke,
wo die Bienen vom Hybla sich nähren von Blüten der Weide,
oft mit leichtem Summen dich locken, in Schlaf zu versinken;
unter der Felswand wird in die Lüfte singen der Winzer,
heisere Ringeltauben werden, dir lieb, unterdes und
Turteltauben von hohen Ulmen zu klagen nicht aufhörn.

TITYRUS

Eher werden im Meer sich ernähren die flüchtigen Hirsche
und die See auf dem Strand nackt liegen lassen die Fische,
eher trinkt als Verbannter nach langer Irrfahrt durch Ost und
West der Germane vom Tigris, vom Wasser des Arar der Parther,
als dass seine Erscheinung aus meinem Herzen entschwände.

MELIBOEUS

Aber wir gehen dann teils von hier zu den dürstenden Afrern,
teils zum Oaxes, der mit sich Kreide führt und nach Skythien
und zu den ganz vom gesamten Erdkreis getrennten Britannern.
Schau, werd je viel später ich meine Heimatgefilde
und den mit Rasen bedeckten Dachfirst der ärmlichen Hütte
sehen, mein Reich, und dann staunen, weil wenige Ähren noch wachsen?
Dies so gepflegte Land – ein gottloser Söldner wird's haben,
ein Barbar diese Saaten. Wohin, schau, brachte die armen
Bürger die Zwietracht? Für diese Leute bestellten das Feld wir!
Pfropf nun Birnbäume, Reben in Reihen pflanz, Meliboeus!
Geht, ihr einstmals glücklichen Tiere, geht, meine Ziegen!
Nie werd, ausgestreckt in der grünen Grotte, ich künftig
euch in der Ferne sehn, wie ihr schwebt am buschigen Felsen,
nie mehr Lieder singen; nicht werdet ihr Ziegen mit mir als
Hüter blühenden Klee und bittere Salweiden rupfen.

TITYRUS

Hic tamen hanc mecum poteras requiescere noctem
fronde super viridi: sunt nobis mitia poma,   80
castaneae molles et pressi copia lactis.
et iam summa procul villarum culmina fumant
maioresque cadunt altis de montibus umbrae.

TITYRUS

Aber du könntest doch hier bei mir diese Nacht noch auf einem
grünen Lager aus Laub dich ausruhn: Äpfel, die reif sind,
hab ich und weiche Kastanien und frischen Käse in Fülle.
Schon steigt Rauch von den Dächern der Landhäuser auf in der Ferne,
länger fallen bereits von den hohen Bergen die Schatten.

ECLOGA II

Formosum pastor Corydon ardebat Alexin,
delicias domini, nec quid speraret habebat.
tantum inter densas, umbrosa cacumina, fagos
adsidue veniebat. ibi haec incondita solus
montibus et silvis studio iactabat inani: 5
　'O crudelis Alexi, nihil mea carmina curas?
nil nostri miserere? mori me denique coges.
nunc etiam pecudes umbras et frigora captant,
nunc viridis etiam occultant spineta lacertos,
Thestylis et rapido fessis messoribus aestu   10
alia serpyllumque herbas contundit olentis.
at mecum raucis, tua dum vestigia lustro,
sole sub ardenti resonant arbusta cicadis.
nonne fuit satius tristis Amaryllidos iras
atque superba pati fastidia? nonne Menalcan,   15
quamvis ille niger, quamvis tu candidus esses?
o formose puer, nimium ne crede colori:
alba ligustra cadunt, vaccinia nigra leguntur.
　Despectus tibi sum, nec qui sim quaeris, Alexi,
quam dives pecoris, nivei quam lactis abundans.   20
mille meae Siculis errant in montibus agnae:
lac mihi non aestate novum, non frigore defit.
canto quae solitus, si quando armenta vocabat,
Amphion Dircaeus in Actaeo Aracyntho.
nec sum adeo informis: nuper me in litore vidi,   25
cum placidum ventis staret mare; non ego Daphnin
iudice te metuam, si numquam fallit imago.
　O tantum libeat mecum tibi sordida rura

EKLOGE 2

Für den schönen Alexis, die Wonne des Herrn, war der Hirte
Korydon entbrannt, doch nichts gab Anlass zu hoffen.
Nur unter dichte Buchen mit ihren schattigen Gipfeln
kam er ständig. Dort schleuderte Bergen und Wäldern er einsam
dies hier kunstlos entgegen, jedoch sein Bemühn war erfolglos:
»Kümmert dich, Grausamer, mein Gesang denn gar nicht, Alexis?
Hast du kein Mitleid mit mir? Du wirst in den Tod mich noch treiben!
Jetzt sucht auch das Vieh begierig nach Schatten und Kühlung,
jetzt verschafft auch den grünen Eidechsen Zuflucht der Dornbusch;
Thestylis stößt für die Schnitter, die matt sind von glühender Hitze,
Knoblauch und Thymian, die duftenden Kräuter, im Mörser.
Aber während ich deinen Spuren folge, ertönen
mit mir in sengender Sonne die Büsche von schrillen Zikaden.
War es nicht besser zu dulden den finsteren Zorn und den stolzen
Hochmut der Amaryllis? Oder Menalkas, obwohl doch
schwarze Haut er hat, obwohl schneeweiß ist die deine?
Ach du schöner Knabe, vertrau nicht zu sehr deiner Farbe:
Ab fällt weißer Liguster, man pflückt Hyazinthen, die schwarz sind.
Ich werd verachtet von dir, wer ich bin, du fragst's nicht, Alexis,
und wie reich an Vieh, wie reichlich mir schneeweiße Milch strömt.
Tausend Lämmer schweifen mir über Siziliens Berge:
Frische Milch fehlt nie mir im Sommer, nie, wenn es kalt ist.
Singen kann ich, wie stets Amphion vom Dirkequell auf dem
attischen Arakynthus sang, wenn er rief nach den Rindern.
Wahrlich, ich bin auch nicht hässlich: Ich sah mich neulich am Strand, als
windstill das Meer dalag; vor Daphnis brauch ich – du magst selbst
urteilen – mich nicht zu fürchten, wenn Spiegelbilder nicht trügen.
Hättst du doch Spaß daran, mit mir das ärmliche Land und

atque humilis habitare casas et figere cervos,
haedorumque gregem viridi compellere hibisco!   30
mecum una in silvis imitabere Pana canendo:
Pan primus calamos cera coniungere pluris
instituit, Pan curat ovis oviumque magistros.
nec te paeniteat calamo trivisse labellum:
haec eadem ut sciret, quid non faciebat Amyntas?   35
est mihi disparibus septem compacta cicutis
fistula, Damoetas dono mihi quam dedit olim,
et dixit moriens: "te nunc habet ista secundum";
dixit Damoetas, invidit stultus Amyntas.
praeterea duo, nec tuta mihi valle reperti,   40
capreoli, sparsis etiam nunc pellibus albo,
bina die siccant ovis ubera: quos tibi servo.
iam pridem a me illos abducere Thestylis orat;
et faciet, quoniam sordent tibi munera nostra.

    Huc ades, o formose puer: tibi lilia plenis   45
ecce ferunt Nymphae calathis; tibi candida Nais,
pallentis violas et summa papavera carpens,
narcissum et florem iungit bene olentis anethi;
tum casia atque aliis intexens suavibus herbis
mollia luteola pingit vaccinia calta.   50
ipse ego cana legam tenera lanugine mala
castaneasque nuces, mea quas Amaryllis amabat;
addam cerea pruna (honos erit huic quoque pomo),
et vos, o lauri, carpam et te, proxima myrte,
sic positae quoniam suavis miscetis odores.   55
    Rusticus es, Corydon; nec munera curat Alexis,
nec, si muneribus certes, concedat Iollas.
heu heu, quid volui misero mihi? floribus Austrum
perditus et liquidis immisi fontibus apros.
quem fugis, a, demens? habitarunt di quoque silvas   60

niedrige Hütten dort zu bewohnen, den Hirsch zu durchbohren
und die Herde der Böcklein zum grünen Hibiskus zu treiben!
Mit mir vereint wirst singend in Wäldern du Pan imitieren:
Mehrere Rohre aus Schilf zu verbinden mit Wachs hat als erster
Pan uns gelehrt, Pan sorgt für Schafe und Hüter der Schafe.
Auch soll's dich nicht gereuen, am Schilfrohr die Lippe zu wetzen:
Um grad dieses zu können, was tat nicht alles Amyntas?
Eine Flöte aus sieben Schierlingsstengeln verschiedner
Länge besitze ich, welche mir einstmals Damoetas geschenkt hat;
sterbend sagte er: ›Dich hat sie nun als zweiten Besitzer‹;
so Damoetas, doch mir hat's missgönnt der dumme Amyntas.
Ferner sind da zwei Rehlein; in einem gefährlichen Tal fand
ich sie mit Fellen, die noch mit Weiß gesprenkelt sind; täglich
trinken sie zweimal ein Schafeuter leer: Die heb ich für dich auf.
Thestylis bittet schon längst mich, von mir zu ihr sie zu bringen,
wird's auch erreichen, da du ja meine Geschenke missachtest.
    Komm, du schöner Knabe, hierher: Für dich bringen Lilien,
sieh nur, in vollen Körben die Nymphen; die strahlende Naïs
pflückt für dich blasse Violen und Häupter von Mohnblumen, bindet
auch Narzissen und Blüten von duftendem Dill ineinander,
webt Zimtnelken dazwischen und andere liebliche Kräuter,
und Hyazinthen, die zarten, die schmückt sie mit hellgelbem Goldlack.
Silbrige Quitten mit zartem Flaum will selber ich pflücken
und Kastanien, wie Amaryllis, die Meine, sie liebte;
Wachspflaumen will ich dazu tun – auch *die* Frucht kommt dann zu Ehren –,
pflücken, Lorbeer, will ich auch dich, und dich, gleich daneben,
Myrte; mischt ihr doch, so gelegt, eure lieblichen Düfte.
    Bäurisch, Korydon, bist du; nicht kümmern Alexis Geschenke;
gäbst du Geschenke im Wettstreit, nicht unterläge Ïollas.
Wehe, wehe, was wünschte ich Armer mir? Ließ doch den Südwind
los ich auf Blumen, auf klare Quellen ich Elender Säue!
Wem entfliehst du, ach, von Sinnen? Auch Götter bewohnten

Dardaniusque Paris. Pallas quas condidit arces
ipsa colat; nobis placeant ante omnia silvae.
torva leaena lupum sequitur, lupus ipse capellam,
florentem cytisum sequitur lasciva capella,
te Corydon, o Alexi: trahit sua quemque voluptas.   65
aspice, aratra iugo referunt suspensa iuvenci,
et sol crescentis decedens duplicat umbras;
me tamen urit amor: quis enim modus adsit amori?
    A, Corydon, Corydon, quae te dementia cepit?
semiputata tibi frondosa vitis in ulmo est: 70
quin tu aliquid saltem potius, quorum indiget usus,
viminibus mollique paras detexere iunco?
invenies alium, si te hic fastidit, Alexin.'

Wälder und Paris der Troer. Bewohne Pallas doch selbst die
Burg, die sie schuf; uns sollen vor allem die Wälder gefallen.
Grimmig jagt nach dem Wolf die Löwin, der Wolf nach der Ziege,
blühendem Schneckenklee jagt nach die muntere Ziege,
dir, o Alexis, Korydon: Jeden reißt seine Lust hin.
Schau, den Pflug, der am Joch hängt, bringen nach Hause die Ochsen,
und die scheidende Sonne verdoppelt die wachsenden Schatten;
mich aber brennt die Liebe: Ja, gibt's denn ein Maß für die Liebe?

Korydon, Korydon, welch ein Wahnsinn hat, ach, dich ergriffen?
Halb hast du an der belaubten Ulme die Reben beschnitten:
Willst du nicht lieber wenigstens etwas, das nützt und gebraucht wird,
flechten aus Weidenruten und aus geschmeidigen Binsen?
Finden wirst *du*, wenn dich dieser verschmäht, einen andren Alexis.«

ECLOGA III

Menalcas Damoetas
Palaemon

MENALCAS
Dic mihi, Damoeta, cuium pecus? an Meliboei?
DAMOETAS
Non, verum Aegonis; nuper mihi tradidit Aegon.
MENALCAS
Infelix o semper, oves, pecus! ipse Neaeram
dum fovet ac ne me sibi praeferat illa veretur,
hic alienus ovis custos bis mulget in hora,   5
et sucus pecori et lac subducitur agnis.
DAMOETAS
Parcius ista viris tamen obicienda memento:
novimus et qui te, transversa tuentibus hircis,
et quo – sed faciles Nymphae risere – sacello…
MENALCAS
Tum, credo, cum me arbustum videre Miconis   10
atque mala vitis incidere falce novellas.
DAMOETAS
Aut hic ad veteres fagos cum Daphnidos arcum
fregisti et calamos: quae tu, perverse Menalca,
et cum vidisti puero donata, dolebas,
et si non aliqua nocuisses, mortuus esses.   15
MENALCAS
Quid domini faciant, audent cum talia fures?
non ego te vidi Damonis, pessime, caprum
excipere insidiis multum latrante Lycisca?

EKLOGE 3

Menalkas. Damoetas.
Palaemon

MENALKAS

Sag mir, Damoetas, wem gehört denn das Vieh? Meliboeus?

DAMOETAS

Nein, sondern Aegon; anvertraut hat es vor kurzem mir Aegon.

MENALKAS

Stets unglückliches Vieh, ihr Schafe! Während er selbst im
Arm die Neaera hält und bangt, mich könnt sie ihm vorziehn,
melkt ein fremder Hirte die Schafe hier zweimal pro Stunde;
so wird dem Vieh der Saft und die Milch den Lämmern entzogen.

DAMOETAS

Denk dran, sparsamer vorwerfen sollte man Männern dergleichen:
Ich weiß, wer dich – schräg beobachtet haben's die Böcke –
und in welchem Tempelchen – leichtfertig lachten die Nymphen …

MENALKAS

Damals, glaube ich, war's, als sie sahn, wie die Pflanzung des Mikon
ich gestutzt hab mitsamt seinen Reben mit tückischer Sichel.

DAMOETAS

Oder hier bei den alten Buchen, als du des Daphnis
Bogen und Pfeile zerbrachst: Geärgert hast, übler Menalkas,
du dich, als du sahst, dass man die einem Knaben geschenkt hat.
Hättst du nicht irgendwie ihm geschadet, du wärest gestorben.

MENALKAS

Was sollen Herren denn tun, wenn Diebe so etwas wagen?
Sah ich dich nicht, du Schlechtester, aus dem Hinterhalt Damons
Bock ihm wegfangen, während doch ständig bellte Lykiska?

et cum clamarem 'quo nunc se proripit ille?
Tityre, coge pecus', tu post carecta latebas.   20

DAMOETAS

An mihi cantando victus non redderet ille,
quem mea carminibus meruisset fistula caprum?
si nescis, meus ille caper fuit; et mihi Damon
ipse fatebatur, sed reddere posse negabat.

MENALCAS

Cantando tu illum? aut umquam tibi fistula cera   25
iuncta fuit? non tu in triviis, indocte, solebas
stridenti miserum stipula disperdere carmen?

DAMOETAS

Vis ergo inter nos quid possit uterque vicissim
experiamur? ego hanc vitulam (ne forte recuses,
bis venit ad mulctram, binos alit ubere fetus)   30
depono; tu dic mecum quo pignore certes.

MENALCAS

De grege non ausim quicquam deponere tecum:
est mihi namque domi pater, est iniusta noverca,
bisque die numerant ambo pecus, altera et haedos.
verum, id quod multo tute ipse fatebere maius,   35
insanire libet quoniam tibi, pocula ponam
fagina, caelatum divini opus Alcimedontis,
lenta quibus torno facili superaddita vitis
diffusos hedera vestit pallente corymbos.
in medio duo signa, Conon et – quis fuit alter,   40
descripsit radio totum qui gentibus orbem,
tempora quae messor, quae curvus arator haberet?
necdum illis labra admovi, sed condita servo.

DAMOETAS

Et nobis idem Alcimedon duo pocula fecit
et molli circum est ansas amplexus acantho,   45

Und als ich dann schrie: »Wohin rennt der da jetzt? Treib das
Vieh zusammen, Tityrus«, warst du versteckt hinterm Riedgras.

DAMOETAS

Sollte er nicht, von mir besiegt im Singen, den Bock, den
meine Flöte durch Lieder verdient hat, mir übergeben?
Falls du's nicht weißt, der Bock war meiner, und Damon gestand es
selber mir zu, doch er sagte, er könne ihn nicht übergeben.

MENALKAS

Du ihn im Singen? Hast eine durch Wachs verbundene Flöte
je du besessen? Du Stümper, hast nicht auf Kreuzwegen immer
dein erbärmliches Lied du verhunzt auf quietschender Pfeife?

DAMOETAS

Möchtest du also, dass wir im Wechsel erproben, was jeder
kann? Die junge Kuh hier – ich sage, damit du nicht ablehnst:
Zweimal kommt sie zum Melkkübel, nährt zwei Kälber mit ihrem
Euter –, die setze ich; sag, was ist dein Einsatz im Wettstreit?

MENALKAS

Nichts aus der Herde wag ich dagegen zu setzen: Denn einen
Vater und eine böse Stiefmutter hab ich daheim; das
Vieh zähln beide zweimal am Tag, sie auch noch die Böckchen.
Aber etwas, das noch mehr wert ist, wie du gestehn wirst,
weil du nun mal gerne verrückt bist, setze ich ein: aus
Buchenholz Becher, Alkimedons Schnitzwerk, des göttlichen; eine
biegsame Rebe, die über mattgrünen Efeu verstreute
Dolden umhüllt, ist geschickt über diese gelegt mit dem Stichel.
Mittendrin zwei Figuren: Konon und – wer war der andre,
der mit dem Stab darstellte die ganze Welt für die Völker
samt den Zeiten für gebückte Pflüger und Schnitter?
Die hab ich nicht an die Lippen gesetzt: Ich verwahr sie verborgen.

DAMOETAS

Dieser Alkimedon hat auch für mich zwei Becher gemacht und
ringsherum die Henkel mit weichem Akanthus umschlungen

Orpheaque in medio posuit silvasque sequentis:
necdum illis labra admovi, sed condita servo.
si ad vitulam spectas, nihil est quod pocula laudes.

MENALCAS

Numquam hodie effugies; veniam quocumque vocaris.
audiat haec tantum vel qui venit: ecce Palaemon.   50
efficiam posthac ne quemquam voce lacessas.

DAMOETAS

Quin age, si quid habes; in me mora non erit ulla,
nec quemquam fugio: tantum, vicine Palaemon,
sensibus haec imis (res est non parva) reponas.

PALAEMON

Dicite, quandoquidem in molli consedimus herba.   55
et nunc omnis ager, nunc omnis parturit arbos,
nunc frondent silvae, nunc formosissimus annus.
incipe, Damoeta; tu deinde sequere, Menalca.
alternis dicetis: amant alterna Camenae.

DAMOETAS

Ab Iove principium Musae, Iovis omnia plena: 60
ille colit terras, illi mea carmina curae.

MENALCAS

Et me Phoebus amat: Phoebo sua semper apud me
munera sunt, lauri et suave rubens hyacinthus.

DAMOETAS

Malo me Galatea petit, lasciva puella,
et fugit ad salices et se cupit ante videri.   65

MENALCAS

At mihi sese offert ultro, meus ignis, Amyntas,
notior ut iam sit canibus non Delia nostris.

DAMOETAS

Parta meae Veneri sunt munera: namque notavi
ipse locum aëriae quo congessere palumbes.

und in die Mitte Orpheus gesetzt und den Wald, der ihm nachfolgt:
Die hab ich nicht an die Lippen gesetzt; ich verwahr sie verborgen.
Schaust auf die Kuh du, hast keinen Grund du, die Becher zu loben.

MENALKAS

Niemals entrinnst du mir heut; wohin du mich rufen magst, komm ich.
Hören soll dies nur – lass sehn, wer kommt: Da schau, der Palaemon!
Ich bring's hin, dass fortan mit der Stimme du keinen mehr forderst.

DAMOETAS

Los denn, sofern du was hast; ich möchte dabei nicht im Weg stehn,
lauf auch vor keinem davon: Nur das sollst, Nachbar Palaemon,
du dir tief in die Seele – es ist nicht geringfügig – schreiben.

PALAEMON

Singt, da wir ja nun im weichen Grase uns lagern.
Jetzt will jegliches Feld, jetzt jeglicher Baum was gebären,
jetzt sind die Wälder grün, jetzt zeigt das Jahr sich am schönsten.
Du fang an, Damoetas, und du wirst ihm folgen, Menalkas.
Abwechselnd werdet ihr singen: Denn abwechselnd lieben's die Musen.

DAMOETAS

Meine Muse beginnt mit Juppiter, alles erfüllt er:
Er sorgt für die Länder, ihm liegt mein Singen am Herzen.

MENALKAS

Mich hat Phoebus gern: Bei mir hat immer er seine
Gaben, Lorbeer sowie, mit lieblichem Rot, Hyazinthen.

DAMOETAS

Nach mir wirft Galatea, das lockere Mädchen, den Apfel,
flieht dann zum Weidengebüsch, und zu sehn sein möchte sie vorher.

MENALKAS

Mir aber bietet Amyntas von selber sich an, meine Flamme;
also ist meinen Hunden die Delia nicht mehr vertrauter.

DAMOETAS

Meiner Venus stehen Geschenke bereit: Denn ich merkte
gut mir, wo Ringeltauben nisten in luftiger Höhe.

MENALCAS

Quod potui, puero silvestri ex arbore lecta   70
aurea mala decem misi; cras altera mittam.

DAMOETAS

O quotiens et quae nobis Galatea locuta est!
partem aliquam, venti, divum referatis ad auris!

MENALCAS

Quid prodest quod me ipse animo non spernis, Amynta,
si, dum tu sectaris apros, ego retia servo?   75

DAMOETAS

Phyllida mitte mihi: meus est natalis, Iolla;
cum faciam vitula pro frugibus, ipse venito.

MENALCAS

Phyllida amo ante alias; nam me discedere flevit,
et longum 'formose, vale, vale,' inquit Iollas.

DAMOETAS

Triste lupus stabulis, maturis frugibus imbres,   80
arboribus venti, nobis Amaryllidos irae.

MENALCAS

Dulce satis umor, depulsis arbutus haedis,
lenta salix feto pecori, mihi solus Amyntas.

DAMOETAS

Pollio amat nostram, quamvis est rustica, Musam:
Pierides, vitulam lectori pascite vestro.   85

MENALCAS

Pollio et ipse facit nova carmina: pascite taurum,
iam cornu petat et pedibus qui spargat harenam.

DAMOETAS

Qui te, Pollio, amat, veniat quo te quoque gaudet;
mella fluant illi, ferat et rubus asper amomum.

MENALCAS

Qui Bavium non odit, amet tua carmina, Maevi,   90

MENALKAS

Zehn Goldäpfel, gepflückt vom Waldbaum, so viel ich halt konnte,
hab ich dem Knaben geschickt; zehn weitere schick ich ihm morgen.

DAMOETAS

O wie oft und wie schön hat zu mir Galatea gesprochen!
Tragt's zu den Ohren der Götter zumindest teilweise, Winde!

MENALKAS

Was hilft's mir, dass im Herzen du mich nicht verachtest, Amyntas,
wenn, während Eber du jagst, ich nur auf die Stellnetze aufpass?

DAMOETAS

Schicke die Phyllis zu mir: Ich habe Geburtstag, Ïollas;
wenn für die Feldfrucht ein Kalb ich opfere, komme du selber.

MENALKAS

Phyllis lieb ich vor andern; sie hat ja geweint, als ich fortging,
und: »Du Schöner, leb wohl, leb wohl«, rief lange Ïollas.

DAMOETAS

Schlimm ist der Wolf für die Ställe, für reife Früchte der Regen,
Sturm für Bäume, für mich, wenn in Rage gerät Amaryllis.

MENALKAS

Süß für entwöhnte Böckchen ist Arbutus, Nass für die Saaten,
biegsame Weide fürs trächtige Vieh, für mich nur Amyntas.

DAMOETAS

Pollio liebt, mag noch so bäurisch sie sein, meine Muse:
Weidet für euren Leser ein junges Rind, Pieriden!

MENALKAS

Pollio selbst macht neue Gedichte: Weidet ihm einen
Stier, der schon stößt mit den Hörnern und Sand aufwühlt mit den Hufen.

DAMOETAS

Wer dich, Pollio, liebt, der komme dorthin, wo's auch dich freut;
Honig fließe für ihn, und der Brombeerbusch trage Amomum.

MENALKAS

Wer nicht den Bavius hasst, der liebe deine Gedichte,

atque idem iungat vulpes et mulgeat hircos.

DAMOETAS

Qui legitis flores et humi nascentia fraga,
frigidus, o pueri – fugite hinc! – latet anguis in herba.   93

MENALCAS

Cogite oves, pueri: si lac praeceperit aestus,   98
ut nuper, frustra pressabimus ubera palmis.   99

DAMOETAS

Parcite, oves, nimium procedere: non bene ripae   94
creditur; ipse aries etiam nunc vellera siccat.   95

MENALCAS

Tityre, pascentes a flumine reice capellas;   96
ipse, ubi tempus erit, omnis in fonte lavabo.   97

DAMOETAS

Heu heu, quom pingui macer est mihi taurus in ervo.   100
idem amor exitium pecori pecorisque magistro.

MENALCAS

Hisce arte – neque amor causa est – vix ossibus haerent;
nescio quis teneros oculus mihi fascinat agnos.

DAMOETAS

Dic quibus in terris, et eris mihi magnus Apollo,
tres pateat caeli spatium non amplius ulnas.   105

MENALCAS

Dic quibus in terris inscripti nomina regum
nascantur flores, et Phyllida solus habeto.

PALAEMON

Non nostrum inter vos tantas componere lites:
et vitula tu dignus et hic, et quisquis amores
aut metuet dulcis aut experietur amaros.   110
claudite iam rivos, pueri: sat prata biberunt.

Maevius, spanne auch Füchse an und melke auch Böcke.

DAMOETAS

Die ihr da Blumen pflückt und am Boden wachsende Erdbeern,
Knaben, entflieht! Es verbirgt sich im Gras eine eiskalte Schlange.

MENALKAS

Sammelt die Schafe, ihr Knaben: Wenn wieder wie neulich der Milch die
Hitze zuvorkommt, umsonst presst unsere Hand dann die Euter.

DAMOETAS

Wagt euch zu weit nicht vor, ihr Schafe: Nicht gut ist's, dem Ufer
hier zu vertrauen; auch jetzt noch trocknet das Fell sich der Widder.

MENALKAS

Tityrus, treibe zurück von dem Fluss deine weidenden Ziegen;
wenn's an der Zeit ist, dann wasche ich alle selbst in der Quelle.

DAMOETAS

Wehe, wie mager ist, weh!, mein Stier in den üppigen Erven!
Gleiche Liebe bereitet Verderben dem Vieh und dem Hüter.

MENALKAS

Eng hängen die hier – der Grund ist nicht Liebe – mit Mühe an ihren
Knochen; ein böser Blick verhext mir die Lämmer, die zarten.

DAMOETAS

Sage, in welchen Ländern – du wirst mir der große Apoll sein –
weiter nicht als drei Ellen der Raum des Himmels sich ausdehnt.

MENALKAS

Sage, in welchen Ländern, mit Königsnamen beschriftet,
Blumen blühen; dann sollst du die Phyllis als einziger haben.

PALAEMON

Nicht ist's an mir, den so großen Streit zwischen euch zu entscheiden:
Du verdienst die Kuh und er auch und jeder, der Liebe
künftig fürchtet, wenn süß sie ist, oder als bitter sie wahrnimmt.
Schließt jetzt die Gräben, ihr Knaben: Genug schon tranken die Wiesen.

ECLOGA IV

Sicelides Musae, paulo maiora canamus:
non omnis arbusta iuvant humilesque myricae;
si canimus silvas, silvae sint consule dignae.
    Ultima Cumaei venit iam carminis aetas,
magnus ab integro saeclorum nascitur ordo.   5
iam redit et Virgo, redeunt Saturnia regna,
iam nova progenies caelo demittitur alto.
tu modo nascenti puero, quo ferrea primum
desinet ac toto surget gens aurea mundo,
casta fave Lucina: tuus iam regnat Apollo.   10
    Teque adeo decus hoc aevi, te consule, inibit,
Pollio, et incipient magni procedere menses;
te duce, si qua manent sceleris vestigia nostri,
inrita perpetua solvent formidine terras.
ille deum vitam accipiet divisque videbit   15
permixtos heroas et ipse videbitur illis,
pacatumque reget patriis virtutibus orbem.
    At tibi prima, puer, nullo munuscula cultu
errantis hederas passim cum baccare tellus
mixtaque ridenti colocasia fundet acantho.   20
ipsae lacte domum referent distenta capellae
ubera, nec magnos metuent armenta leones.   22
occidet et serpens, et fallax herba veneni   24
occidet; Assyrium vulgo nascetur amomum.   25
    At simul heroum laudes et facta parentis
iam legere et quae sit poteris cognoscere virtus,
molli paulatim flavescet campus arista
incultisque rubens pendebit sentibus uva

EKLOGE 4

Lasst uns, sizilische Musen, ein wenig Erhabneres singen:
Niedrige Tamarisken und Büsche erfreuen nicht alle;
singen von Wäldern wir, seien auch wert eines Konsuls die Wälder.
  Schon ist die letzte Zeit des kumäischen Liedes gekommen,
neu wird die große Reihe der Weltzeitalter geboren.
Schon kehrt wieder die Jungfrau und wieder das Reich des Saturnus,
schon wird neuer Nachwuchs gesandt von der Höhe des Himmels.
Sei dem Knaben, der grad geboren wird und durch den das
Eisengeschlecht zuerst vergeht und das goldne im Weltall
aufsteigt, gewogen, du keusche Lucina: Schon herrscht dein Apollo.
  Anfangen, Pollio, wird unter dir als Konsul mit Glanz das
Aevum, beginnen den Lauf die großen Monde; wenn *du* herrschst,
werden, wenn Spuren unserer Schuld noch da sind, auch diese
schwinden und so von ständiger Furcht die Länder befreien.
Er empfängt dann das Leben der Götter und sieht mitten unter
Göttern Heroen und wird auch selber von ihnen gesehen
und regiert den durch Taten des Vaters befriedeten Erdkreis.
  Dir aber, Knabe, wird ohne Anbau die Erde in Fülle
kleine Erstlingsgeschenke, verschlungenen Efeu mit Narden,
und, mit dem heitren Akanthus vermischt, Kolokasien spenden.
Heimbringen werden von selbst milchstrotzende Euter die Ziegen,
und die Herden werden die großen Löwen nicht fürchten.
Untergehn wird auch die Schlange, es wird das tückische Giftkraut
untergehn, überall wird assyrischer Balsam erblühen.
  Kannst du aber schon lesen vom Ruhm der Heroen und deines
Vaters Taten und kannst, was Tapferkeit ist, schon erkennen,
wird allmählich gelb von weichen Ähren das Blachfeld,
wird die Traube rot an wilden Dornbüschen hängen,

et durae quercus sudabunt roscida mella.   30
pauca tamen suberunt priscae vestigia fraudis,
quae temptare Thetin ratibus, quae cingere muris
oppida, quae iubeant telluri infindere sulcos.
alter erit tum Tiphys et altera quae vehat Argo
delectos heroas; erunt etiam altera bella   35
atque iterum ad Troiam magnus mittetur Achilles.
hinc, ubi iam firmata virum te fecerit aetas,
cedet et ipse mari vector, nec nautica pinus
mutabit merces; omnis feret omnia tellus.
non rastros patietur humus, non vinea falcem;   40
robustus quoque iam tauris iuga solvet arator.
nec varios discet mentiri lana colores,
ipse sed in pratis aries iam suave rubenti
murice, iam croceo mutabit vellera luto;
sponte sua sandyx pascentis vestiet agnos.   45
    'Talia saecla' suis dixerunt 'currite' fusis
concordes stabili fatorum numine Parcae.
adgredere o magnos (aderit iam tempus) honores,
cara deum suboles, magnum Iovis incrementum!
aspice convexo nutantem pondere mundum,   50
terrasque tractusque maris caelumque profundum;
aspice venturo laetantur ut omnia saeclo!
    O mihi tum longae maneat pars ultima vitae,
spiritus et quantus sat erit tua dicere facta!
non me carminibus vincat nec Thracius Orpheus   55
nec Linus, huic mater quamvis atque huic pater adsit,
Orphei Calliopea, Lino formosus Apollo.
Pan etiam, Arcadia mecum si iudice certet,
Pan etiam Arcadia dicet se iudice victum.
Incipe, parve puer, risu cognoscere matrem: 60
matri longa decem tulerunt fastidia menses.

und ausschwitzen werden den Honigseim knorrige Eichen.

Wenige Spuren der alten Schuld aber werden noch bleiben;
Thetis per Schiff zu erproben, mit Mauern Städte zu gürten,
Furchen ins Erdreich zu schneiden, das werden diese befehlen.

Einen anderen Tiphys wird's dann, eine andere Argo,
die erlesene Helden trägt, einen anderen Kriegszug
geben, und wieder nach Troja geschickt wird der große Achilles.

Bist du dann schon erstarkt und macht dich zum Manne das Alter,
weicht auch der Seemann vom Meer, der Fichtenstamm wird keine Waren
austauschen; alles hervorbringen wird dann jeglicher Boden.

Hacken wird die Erde, der Weinberg die Sichel nicht dulden,
auch wird der kräftige Pflüger vom Joch seine Stiere befreien.

Nicht wird verschiedene Farben die Wolle vortäuschen lernen,
nein, von selbst wird im Gras der Widder die Farbe des Felles
bald zu lieblichem Purpurrot, bald zu Safrangelb wandeln;
Scharlach wird von allein die weidenden Lämmer bekleiden.

»Solche Jahrhunderte nun durchlauft!« So sagten's den Spindeln,
einmütig durch den festen Willen der Fata, die Parzen.

O tritt an deine hohen Ehrenämter – die Zeit kommt
näher schon –, teures Götterkind, Juppiters mächtiger Nachwuchs!
Sieh mit gewölbter Masse das Weltall beben samt seinen
Ländern, den Weiten des Meeres sowie der Tiefe des Himmels;
sieh, wie alles sich freut auf des Weltzeitalters Erscheinen!

Bleiben möge mir dann einer langen Lebenszeit letzter
Teil und so großes Talent, wie genug ist zum Preis deiner Taten!
Nicht soll mich beim Singen der thrakische Orpheus besiegen,
Linus nicht, mag auch jenem die Mutter und diesem der Vater
beistehn, Orpheus Kalliope, Linus der schöne Apollo.

Pan selbst, falls er mit mir sich misst vor Arkadiens Richtstuhl,
Pan selbst wird besiegt vor Arkadiens Richtstuhl sich nennen.

Kleiner Knabe, beginn zu erkennen die Mutter durch Lachen:
Lange Beschwerden haben zehn Monde gebracht deiner Mutter.

Incipe, parve puer: qui non risere parentes,
nec deus hunc mensa, dea nec dignata cubili est.

Kleiner Knabe, beginn: Wer nicht angelacht hat die Eltern,
den hat des Tischs kein Gott, keine Göttin des Lagers gewürdigt.

ECLOGA V

Menalcas Mopsus

MENALCAS
Cur non, Mopse, boni quoniam convenimus ambo,
tu calamos inflare levis, ego dicere versus,
hic corylis mixtas inter considimus ulmos?
MOPSUS
Tu maior: tibi me est aequum parere, Menalca,
sive sub incertas Zephyris motantibus umbras   5
sive antro potius succedimus. aspice ut antrum
silvestris raris sparsit labrusca racemis.
MENALCAS
Montibus in nostris solus tibi certat Amyntas.
MOPSUS
Quid, si idem certet Phoebum superare canendo?
MENALCAS
Incipe, Mopse, prior, si quos aut Phyllidis ignis   10
aut Alconis habes laudes aut iurgia Codri.
incipe: pascentis servabit Tityrus haedos.
MOPSUS
Immo haec, in viridi nuper quae cortice fagi
carmina descripsi et modulans alterna notavi,
experiar: tu deinde iubeto certet Amyntas.   15
MENALCAS
Lenta salix quantum pallenti cedit olivae,
puniceis humilis quantum saliunca rosetis,
iudicio nostro tantum tibi cedit Amyntas.
sed tu desine plura, puer: successimus antro.

EKLOGE 5

Menalkas. Mopsus

MENALKAS

Mopsus, warum, da wir uns doch trafen und beide begabt sind,
du zu blasen das leichte Rohr, ich Verse zu singen,
sitzen wir hier nicht, wo Ulmen und Haselsträucher vermischt sind?

MOPSUS

Du bist der Ältre: Für mich ist es recht, dir zu folgen, Menalkas,
ob zum unsichren Schatten – die Westwinde schaffen Bewegung –,
oder ob zu der Grotte wir lieber hingehen. Schau, wie
wilder Wein die Grotte mit spärlichen Trauben umrankt hat.

MENALKAS

Aufnehmen kann es in unseren Bergen mit dir nur Amyntas.

MOPSUS

Wie, wenn der sich bemühte, im Lied zu besiegen den Phoebus?

MENALKAS

Mopsus, beginn; zeig, ob zum Erglühen für Phyllis du etwas
hast, ob zu Alkons Lob oder auch zur Schmähung des Kodrus.
Du beginne: Die weidenden Böckchen wird Tityrus hüten.

MOPSUS

Lieber die Verse, die jüngst in die frische Rinde der Buche
ich geritzt hab und die ich abwechselnd spielte und aufschrieb,
will ich erproben: Lass dann zum Wettstreit Amyntas sich stellen.

MENALKAS

Wie der blassen Olive die biegsame Salweide nachsteht,
purpurnen Rosenhecken nachsteht die niedere Narde,
so steht dir Amyntas nach, wie ich es beurteil.
Aber, Knabe, davon nicht mehr: Wir sind in der Grotte.

MOPSUS

Exstinctum Nymphae crudeli funere Daphnin   20
flebant (vos coryli testes et flumina Nymphis),
cum complexa sui corpus miserabile nati
atque deos atque astra vocat crudelia mater.
non ulli pastos illis egere diebus
frigida, Daphni, boves ad flumina; nulla nec amnem   25
libavit quadripes nec graminis attigit herbam.
Daphni, tuum Poenos etiam ingemuisse leones
interitum montesque feros silvasque loquuntur.
Daphnis et Armenias curru subiungere tigris
instituit, Daphnis thiasos et ducere Bacchi   30
et foliis lentas intexere mollibus hastas.
vitis ut arboribus decori est, ut vitibus uvae,
ut gregibus tauri, segetes ut pinguibus arvis,
tu decus omne tuis. postquam te fata tulerunt,
ipsa Pales agros atque ipse reliquit Apollo.   35
grandia saepe quibus mandavimus hordea sulcis,
infelix lolium et steriles nascuntur avenae;
pro molli viola, pro purpurea narcisso
carduus et spinis surgit paliurus acutis.
spargite humum foliis, inducite fontibus umbras,   40
pastores (mandat fieri sibi talia Daphnis),
et tumulum facite, et tumulo superaddite carmen:
'Daphnis ego in silvis, hinc usque ad sidera notus,
formosi pecoris custos, formosior ipse.'

MENALCAS

Tale tuum nobis carmen, divine poeta,   45
quale sopor fessis in gramine, quale per aestum
dulcis aquae saliente sitim restinguere rivo.
nec calamis solum aequiperas, sed voce magistrum:
fortunate puer, tu nunc eris alter ab illo.

MOPSUS

Daphnis, ausgelöscht vom grausamen Tode, beweinten –
Haselsträucher und Flüsse, ihr seid ihre Zeugen – die Nymphen,
als den erbarmungswürdigen Leib ihres Sohnes umarmte
und die Götter und Sterne grausam nannte die Mutter.
Keiner trieb von der Weide die Rinder, o Daphnis, in jenen
Tagen zum kühlenden Fluss; kein Tier benetzte die Lippen
da mit dem Flusswasser oder rührte auch nur einen Halm an.
Daphnis, punische Löwen sogar – so erzählt man es – klagten
über deinen Tod, auch die wilden Berge und Wälder.
Vor den Wagen armenische Tiger zu spannen, das lehrte
Daphnis, und anzuführen die Reigentänze des Bacchus
und die geschmeidigen Stäbe mit weichem Laub zu umwinden.
Wie auf die Rebe der Baum, auf die Trauben die Rebe, wie auf die
Stiere die Herde stolz ist, das fruchtbare Feld auf die Saaten,
bist du ganz der Stolz der Deinen. Als dann das Geschick dich
fortriss, verließ selbst Pales und selbst Apollo die Äcker.
Wo großkörnige Gerste den Furchen wir oft übergaben,
kommt jetzt wertloser Lolch und tauber Hafer zum Vorschein;
statt des zarten Veilchens, der purpurroten Narzisse
starrt die Distel empor und mit spitzen Stacheln der Stechdorn.
Streut auf den Boden Blätter und spendet Schatten den Quellen,
Hirten – dass solches für ihn geschehe, ist Auftrag des Daphnis –,
macht einen Grabhügel, setzt auf den Grabhügel dann einen Spruch drauf:
»Daphnis war ich in Wäldern, bekannt bis hoch zu den Sternen,
Hüter von schönem Vieh war ich, aber selber noch schöner.«

MENALKAS

Göttlicher Dichter, dein Lied bedeutet für uns, was für Müde
tiefer Schlaf ist im Grase, was das Löschen des Dursts bei
glühender Hitze mit süßem Wasser am sprudelnden Bache.
Nicht mit der Flöte nur, im Gesang auch kommst du dem Meister,
glücklicher Knabe, gleich, wirst jetzt der Zweite nach ihm sein.

nos tamen haec quocumque modo tibi nostra vicissim   50
dicemus Daphninque tuum tollemus ad astra;
Daphnin ad astra feremus: amavit nos quoque Daphnis.

MOPSUS

An quicquam nobis tali sit munere maius?
et puer ipse fuit cantari dignus, et ista
iam pridem Stimichon laudavit carmina nobis.   55

MENALCAS

Candidus insuetum miratur limen Olympi
sub pedibusque videt nubes et sidera Daphnis.
ergo alacris silvas et cetera rura voluptas
Panaque pastoresque tenet Dryadasque puellas.
nec lupus insidias pecori, nec retia cervis   60
ulla dolum meditantur: amat bonus otia Daphnis.
ipsi laetitia voces ad sidera iactant
intonsi montes; ipsae iam carmina rupes,
ipsa sonant arbusta: 'deus, deus ille, Menalca!'
sis bonus o felixque tuis! en quattuor aras: 65
ecce duas tibi, Daphni, duas, altaria, Phoebo.
pocula bina novo spumantia lacte quotannis
craterasque duo statuam tibi pinguis olivi,
et multo in primis hilarans convivia Baccho
(ante focum, si frigus erit; si messis, in umbra)   70
vina novum fundam calathis Ariusia nectar.
cantabunt mihi Damoetas et Lyctius Aegon;
saltantis Satyros imitabitur Alphesiboeus.
haec tibi semper erunt, et cum sollemnia vota
reddemus Nymphis, et cum lustrabimus agros.   75
dum iuga montis aper, fluvios dum piscis amabit,
dumque thymo pascentur apes, dum rore cicadae,
semper honos nomenque tuum laudesque manebunt.
ut Baccho Cererique, tibi sic vota quotannis

Ich aber will, wie ich's kann, als Gegenstück dieses von mir dir
singen und deinen Daphnis empor zu den Sternen erheben,
Daphnis empor zu den Sternen: Geliebt hat Daphnis ja mich auch.

MOPSUS

Wäre denn etwas für mich ein größres Geschenk als ein solches?
Wert war's wirklich der Knabe, besungen zu werden, und dieses
Lied von dir hat Stimichon längst vor mir schon gepriesen.

MENALKAS

Strahlend bewundert die ungewohnte Schwelle des Himmels
Daphnis und sieht unter seinen Füßen Wolken und Sterne.
Freude ergreift somit die heiteren Wälder und alles
übrige Land, den Pan, die Dryadenmädchen und Hirten.
Aufzulauern dem Vieh plant nicht der Wolf, gegen Hirsche
sinnt kein Netz auf List: Liebt Daphnis, der Gute, doch Frieden.
Lieder schmettern froh zu den Sternen hinauf die belaubten
Berge sogar; ertönen lassen die Felsen sogar, die
Büsche sogar schon Gesänge: »Ein Gott ist, ein Gott er, Menalkas!«
Gütig und segensreich sei für die Deinen! Daphnis, da sind, schau,
vier Altäre: Für dich sind's zwei und zwei für Apollo.
Ich will künftighin dir zwei schäumende Becher mit frischer
Milch, zwei Krüge mit fettem Olivenöl aufstellen jährlich
und vor allem das Mahl aufheiternd mit reichlichem Bacchus –
vor dem Herd, wenn es kalt ist, zur Zeit der Ernte im Schatten –,
Chierwein ausgießen als frischen Nektar aus Schalen.
Singen werden Damoetas mir und der Lyktier Aegon;
nachtun wird es den tanzenden Satyrn Alphesiboeus.
Dies wird immer für dich geschehn, wenn den Nymphen Gelübde
festlich wir einlösen, wenn wir auch unsere Äcker entsühnen.
Immer werden, solange die Bergeshöhen der Eber,
Flüsse der Fisch liebt, Bienen sich nähren von Thymian und die
Grillen vom Tau, deine Ehre, dein Ruhm und dein Name bestehen.
Wie dem Bacchus und wie der Ceres, so werden die Bauern

agricolae facient: damnabis tu quoque votis.   80

MOPSUS

Quae tibi, quae tali reddam pro carmine dona?
nam neque me tantum venientis sibilus Austri
nec percussa iuvant fluctu tam litora, nec quae
saxosas inter decurrunt flumina vallis.

MENALCAS

Hac te nos fragili donabimus ante cicuta;   85
haec nos 'formosum Corydon ardebat Alexin',
haec eadem docuit 'cuium pecus? an Meliboei?'

MOPSUS

At tu sume pedum, quod, me cum saepe rogaret,
non tulit Antigenes (et erat tum dignus amari),
formosum paribus nodis atque aere, Menalca.   90

jährlich Gelübde dir tun: Auch du wirst Erfüllung verlangen.

MOPSUS

Welche Geschenke soll denn für so ein Lied ich dir geben?
Denn so freut mich nicht das Pfeifen des nahenden Südwinds,
auch nicht so sehr, wenn ans Ufer hinschlägt die Brandung und nicht, wenn
Flüsse heruntersausen inmitten von felsigen Schluchten.

MENALKAS

Vorher schenk ich dir diese zerbrechliche Flöte aus Schierling;
»Für den schönen Alexis entbrannt war Korydon« lehrte
diese mich, ebenso dies: »Wem gehört denn das Vieh? Meliboeus?«

MOPSUS

Nimm den Hirtenstab du, den Antigenes, bat er auch oft mich,
nicht bekam, er, wert doch, dass man ihn liebte; der Stab ist
schön durch den Erzbeschlag und das Gleichmaß der Knoten, Menalkas.

ECLOGA VI

Prima Syracosio dignata est ludere versu
nostra nec erubuit silvas habitare Thalea.
cum canerem reges et proelia, Cynthius aurem
vellit et admonuit: 'pastorem, Tityre, pinguis
pascere oportet ovis, deductum dicere carmen.'   5
nunc ego (namque super tibi erunt qui dicere laudes,
Vare, tuas cupiant et tristia condere bella)
agrestem tenui meditabor harundine Musam:
non iniussa cano. si quis tamen haec quoque, si quis
captus amore leget, te nostrae, Vare, myricae,   10
te nemus omne canet; nec Phoebo gratior ulla est
quam sibi quae Vari praescripsit pagina nomen.
   Pergite, Pierides. Chromis et Mnasyllos in antro
Silenum pueri somno videre iacentem,
inflatum hesterno venas, ut semper, Iaccho;   15
serta procul, tantum capiti delapsa, iacebant
et gravis attrita pendebat cantharus ansa.
adgressi (nam saepe senex spe carminis ambo
luserat) iniciunt ipsis ex vincula sertis.
addit se sociam timidisque supervenit Aegle,   20
Aegle Naiadum pulcherrima, iamque videnti
sanguineis frontem moris et tempora pingit.
ille dolum ridens 'quo vincula nectitis?' inquit;
'solvite me, pueri; satis est potuisse videri.
carmina quae vultis cognoscite; carmina vobis,   25
huic aliud mercedis erit.' simul incipit ipse.
tum vero in numerum Faunosque ferasque videres
ludere, tum rigidas motare cacumina quercus;

EKLOGE 6

Erstmals mit syrakusanischen Versen zu spielen fand würdig
meine Thalea und schämte sich nicht, in den Wäldern zu wohnen.
Als ich von Königen sang und Schlachten, da zupfte am Ohr der
Kynthier mich und mahnte: »Ein Hirt soll, Tityrus, fett die
Schafe mästen, doch Lieder, die fein gesponnen sind, singen.«
Nun will ich – denn reichlich wirst solche du haben, die, Varus,
singen wollen dein Lob und von bitteren Kriegen erzählen –
also ein ländliches Lied mit dem zierlichen Schilfrohr ersinnen:
Nichts, was ich *nicht* soll, sing ich. Wenn *das* aber auch, wenn gepackt von
Liebe es jemand liest – meine Tamarisken, die werden,
Varus, dich rühmen und jeder Hain; kein Blatt ist dem Phoebus
lieber als das, das den Namen des Varus vorn an der Stirn trägt.
   Fahrt, Pieriden, jetzt fort! Mnasyllos und Chromis, die Knaben,
sahen Silenus, wie der in einer Grotte im Schlaf lag
mit vom gestrigen Wein, wie immer, geschwollenen Adern;
Kränze, vom Kopfe geglitten, lagen daneben, und schwer hing
ihm an der Hand der Humpen mit abgegriffenem Henkel.
Auf ihn sich stürzend – der Greis hatte oft sie um das erhoffte
Lied ja betrogen –, fesseln sie ihn nun grad mit den Kränzen.
Als Komplizin gesellt sich dann noch zu den Ängstlichen Aegle,
Aegle, die schönste Najade, und die malt, als er schon sehn kann,
ihm blutrote Maulbeeren auf die Stirn und die Schläfen.
Der lacht über die List, und er sagt: »Was knüpft ihr mir Fesseln?
Knaben, bindet mich los; dass ihr mich habt sehn können, reicht schon.
Lernt das Lied kennen, das ihr wünscht; ihr bekommt euer Lied, doch
die etwas andres als Lohn.« Zugleich beginnt er von selber.
Da hättst du sehn können, wie die Faune und Tiere im Rhythmus
tanzten, da, wie die knorrigen Eichen die Wipfel bewegten;

nec tantum Phoebo gaudet Parnasia rupes,
nec tantum Rhodope mirantur et Ismarus Orphea.   30
    Namque canebat uti magnum per inane coacta
semina terrarumque animaeque marisque fuissent
et liquidi simul ignis; ut his ex omnia primis,
omnia et ipse tener mundi concreverit orbis;
tum durare solum et discludere Nerea ponto   35
coeperit et rerum paulatim sumere formas;
iamque novum terrae stupeant lucescere solem,
altius atque cadant summotis nubibus imbres,
incipiant silvae cum primum surgere cumque
rara per ignaros errent animalia montis.   40
    Hinc lapides Pyrrhae iactos, Saturnia regna,
Caucasiasque refert volucris furtumque Promethei.
his adiungit, Hylan nautae quo fonte relictum
clamassent, ut litus 'Hyla, Hyla' omne sonaret;
et fortunatam, si numquam armenta fuissent,   45
Pasiphaen nivei solatur amore iuvenci.
a, virgo infelix, quae te dementia cepit?
Proetides implerunt falsis mugitibus agros,
at non tam turpis pecudum tamen ulla secuta est
concubitus, quamvis collo timuisset aratrum   50
et saepe in levi quaesisset cornua fronte.
a, virgo infelix, tu nunc in montibus erras:
ille latus niveum molli fultus hyacintho
ilice sub nigra pallentis ruminat herbas
aut aliquam in magno sequitur grege. 'claudite, Nymphae, 55
Dictaeae Nymphae, nemorum iam claudite saltus,
si qua forte ferant oculis sese obvia nostris
errabunda bovis vestigia; forsitan illum
aut herba captum viridi aut armenta secutum
perducant aliquae stabula ad Gortynia vaccae.'   60

so sehr freut sich nicht der Fels des Parnass über Phoebus,
so sehr staunt nicht Rhodope, Ismarus nicht über Orpheus.

    Denn er sang, wie im weiten Leerraum zusammengeballt die
Keime von Erde und Luft und Meer und zugleich von dem klaren
Feuer gewesen waren, und wie aus ihnen als ersten
alles zusammenwuchs, auch das junge Weltrund; wie dann der
Boden sich festigte, Nereus auszusperren im Meere
anfing und anzunehmen allmählich die Formen der Dinge;
wie jetzt die Erde staunt, dass die neue Sonne erstrahlt und
Wolken höher entrückt sind und Regen aus ihnen herabfällt,
während sich erstmals die Wälder emporzurecken beginnen,
Tiere durch ahnungslose Berge streifen, noch spärlich.

    Dann erzählt er vom Steinwurf der Pyrrha, vom Reich des Saturnus
und von kaukasischen Vögeln sowie vom Raub des Prometheus,
ferner, an welcher Quelle zurückblieb Hylas, wie ihn die
Seeleute riefen und »Hylas« am ganzen Gestade ertönte;
und Pasiphaë, die, gäb's keine Rinder, beglückt wär,
tröstet er mit der Liebe zu einem schneeweißen Jungstier.
Ach, unselige Frau, welcher Wahnsinn hat dich ergriffen?
Proetus' Töchter erfüllten mit unechtem Muhen die Felder,
keine jedoch ging so einem schändlichen Beischlaf mit Vieh nach,
auch wenn für den Nacken den Pflug sie befürchtete und oft
tastete, ob auf der glatten Stirn sich Hörner befänden.
Ach, unselige Frau, nun schweifst du umher im Gebirge:
Er, auf weiche Blumen gestützt die schneeweiße Flanke,
käut unter schwarzer Steineiche wieder die zartgrünen Kräuter
oder geht einer nach in der großen Herde. »Ihr Nymphen,
kretische Nymphen, schließt, schließt zu die bewaldeten Triften,
seht, ob irgendwelche verirrten Spuren des Stieres
meinen Augen begegnen; vielleicht verführt ihn das grüne
Gras oder Rinderherden geht er nach, und so könnten
irgendwelche Kühe zum Stall von Gortyn ihn locken.«

Tum canit Hesperidum miratam mala puellam;
tum Phaethontiadas musco circumdat amarae
corticis atque solo proceras erigit alnos.
tum canit, errantem Permessi ad flumina Gallum
Aonas in montis ut duxerit una sororum,   65
utque viro Phoebi chorus adsurrexerit omnis;
ut Linus haec illi divino carmine pastor
floribus atque apio crinis ornatus amaro
dixerit: 'hos tibi dant calamos, en accipe, Musae,
Ascraeo quos ante seni, quibus ille solebat   70
cantando rigidas deducere montibus ornos.
his tibi Grynei nemoris dicatur origo,
ne quis sit lucus quo se plus iactet Apollo.'
      Quid loquar aut Scyllam Nisi, quam fama secuta est
candida succinctam latrantibus inguina monstris   75
Dulichias vexasse rates et gurgite in alto
a! timidos nautas canibus lacerasse marinis;
aut ut mutatos Terei narraverit artus,
quas illi Philomela dapes, quae dona pararit,
quo cursu deserta petiverit et quibus ante   80
infelix sua tecta super volitaverit alis?
      Omnia, quae Phoebo quondam meditante beatus
audiit Eurotas iussitque ediscere laurus,
ille canit, pulsae referunt ad sidera valles;
cogere donec ovis stabulis numerumque referri   85
iussit et invito processit Vesper Olympo.

Dann singt jener vom Mädchen, das über die goldenen Äpfel
staunte, umgibt dann Phaëthons Schwestern mit Moos auf der bittren
Rinde und lässt sie als schlanke Erlen vom Grund sich erheben.
Dann singt er, wie den Gallus – er streifte umher am Permessus –
eine der Schwestern hinauf ins Gebirge Aoniens führte
und wie der ganze Chor des Apoll sich erhob vor dem Manne;
wie dann Linus der Hirte, das Haar mit Blumen und bittrem
Eppich geschmückt, ihm sagte in gottbegeistertem Liede:
»Diese Rohrflöte geben dir – da, empfang sie – die Musen,
wie zuvor dem askräischen Alten; er pflegte, auf dieser
spielend, die knorrigen Eschen herabzuziehn von den Bergen.
Auf ihr sollst du vom Ursprung des Haines von Grynium künden,
dass sich keines Hains dann mehr noch rühme Apollo.«
Rede ich ferner von Skylla, der Tochter des Nisus, die – sagt die
Kunde –, die schneeweißen Lenden mit bellenden Monstern umgürtet,
heimgesucht hat die dulichischen Schiffe und tief in den Wogen,
ach, mit den Hunden der See die verängstigten Schiffer zerfleischte?
Oder von seinem Bericht über Tereus' verwandelte Glieder,
auch vom Mahl, das ihm zudachte als ein Geschenk Philomela,
auch von der Eile, mit der sie zur Einöde strebte, und wie die
Arme zuvor überm eigenen Haus auf Schwingen umherflog?
Alles, was einst, wenn Phoebus übte, beglückt der Eurotas
hörte und seinen Lorbeerbäumen zu lernen befahl, das
singt er; den Widerhall tragen hinauf zu den Sternen die Täler,
bis in die Ställe die Schafe zu treiben und die dann zu zählen
Vesper befahl und heraufkam überm Olymp, der's nicht wollte.

ECLOGA VII

Meliboeus Corydon Thyrsis

MELIBOEUS

Forte sub arguta consederat ilice Daphnis,
compulerantque greges Corydon et Thyrsis in unum,
Thyrsis ovis, Corydon distentas lacte capellas,
ambo florentes aetatibus, Arcades ambo,
et cantare pares et respondere parati.   5
huc mihi, dum teneras defendo a frigore myrtos,
vir gregis ipse caper deerraverat: atque ego Daphnin
aspicio. ille ubi me contra videt, 'ocius' inquit
'huc ades, o Meliboee; caper tibi salvus et haedi;
et, si quid cessare potes, requiesce sub umbra.   10
huc ipsi potum venient per prata iuvenci,
hic viridis tenera praetexit harundine ripas
Mincius, eque sacra resonant examina quercu.'
quid facerem? neque ego Alcippen nec Phyllida habebam
depulsos a lacte domi quae clauderet agnos,   15
et certamen erat, Corydon cum Thyrside, magnum;
posthabui tamen illorum mea seria ludo.
alternis igitur contendere versibus ambo
coepere, alternos Musae meminisse volebant.
hos Corydon, illos referebat in ordine Thyrsis.   20

CORYDON

Nymphae, noster amor, Libethrides: aut mihi carmen,
quale meo Codro, concedite (proxima Phoebi
versibus ille facit) aut, si non possumus omnes,
hic arguta sacra pendebit fistula pinu.

EKLOGE 7

Meliboeus. Korydon. Thyrsis

MELIBOEUS

Zufällig saß unter einer rauschenden Steineiche Daphnis;
Thyrsis und Korydon hatten die Herden zusammengetrieben,
Korydon Ziegen, von Milch nur so strotzende, Thyrsis die Schafe,
beide blühend in ihrer Jugend, Arkader beide,
und im Singen gleich und gerüstet zu Wechselgesängen.
Hierher, als gegen Kälte die zarten Myrten ich schützte,
hatte der Herr der Herde, mein Bock, sich verirrt: Und ich seh da
Daphnis. Dieser ruft, als auch er mich erblickt: »Meliboeus,
schnell, komm her; in Sicherheit sind dein Bock und die Zicklein;
kannst du ein wenig pausieren, dann ruhe dich aus hier im Schatten.
Hierher kommen von selbst über Wiesen die Stiere zum Trinken,
hier säumt zartes Schilfrohr das grüne Ufer des Mincius,
und aus der heiligen Eiche ertönt das Summen der Bienen.«
Was hätt ich tun sollen? Hatte ich doch nicht Alkippe, nicht Phyllis,
die die entwöhnten Lämmer daheim mir hätt einsperren können,
aber ein großer Wettkampf war »Korydon gegen den Thyrsis«;
gut, zurückgesetzt hab ich dann doch hinterm Spiel meine Pflichten.
Also begannen die beiden den Wettstreit im Wechsel; die Musen
wollten, dass die sich im Wechsel auf deren Verse besannen.
Korydon sang die einen, nach ihm jeweils Thyrsis die andern.

KORYDON

Nymphen, von mir geliebt, vom Libethrum, gebt mir Gesang wie
meinem Kodrus – er macht ja Verse, die denen Apolls am
nächsten kommen –, oder, wenn wir es nicht allesamt können,
soll an der heiligen Pinie hier hängen die klangreiche Flöte!

THYRSIS

Pastores, hedera nascentem ornate poetam,   25
Arcades, invidia rumpantur ut ilia Codro;
aut, si ultra placitum laudarit, baccare frontem
cingite, ne vati noceat mala lingua futuro.

CORYDON

Saetosi caput hoc apri tibi, Delia, parvus
et ramosa Micon vivacis cornua cervi.   30
si proprium hoc fuerit, levi de marmore tota
puniceo stabis suras evincta coturno.

THYRSIS

Sinum lactis et haec te liba, Priape, quotannis
exspectare sat est: custos es pauperis horti.
nunc te marmoreum pro tempore fecimus; at tu,   35
si fetura gregem suppleverit, aureus esto.

CORYDON

Nerine Galatea, thymo mihi dulcior Hyblae,
candidior cycnis, hedera formosior alba,
cum primum pasti repetent praesepia tauri,
si qua tui Corydonis habet te cura, venito.   40

THYRSIS

Immo ego Sardoniis videar tibi amarior herbis,
horridior rusco, proiecta vilior alga,
si mihi non haec lux toto iam longior anno est.
ite domum pasti, si quis pudor, ite iuvenci.   44

CORYDON

Hic focus et taedae pingues, hic plurimus ignis   49
semper, et adsidua postes fuligine nigri.   50
hic tantum Boreae curamus frigora quantum
aut numerum lupus aut torrentia flumina ripas.

THYRSIS

Stant et iuniperi et castaneae hirsutae,

THYRSIS

Hirten, Arkader, schmückt mit Efeu den werdenden Dichter,
dass vor Neid dann dem Kodrus die Eingeweide zerplatzen;
oder, lobt er zu heftig, umkränzt mit Narde die Stirn mir,
dass keine böse Zunge schade dem künftigen Dichter.

KORYDON

Delia, des borstigen Ebers Kopf hier weiht dir Jung-Mikon,
und das verzweigte Geweih eines lange lebenden Hirsches.
Bleibt ihm das Jagdglück treu, wirst du ganz aus glänzendem Marmor
dastehn, die Waden umschnürt mit purpurroten Kothurnen.

THYRSIS

Jährlich, Priap, eine Schale voll Milch zu erwarten und diese
Fladen, genügt: Du bist Wächter in einem bescheidenen Garten.
Jetzt hab ich dich aus Marmor gemacht, meinen Mitteln gemäß; doch
du sollst, wenn Nachkommenschaft meine Herde auffüllt, aus Gold sein.

KORYDON

Nereus' Kind, Galatea, mir süßer als Quendel vom Hybla,
weißer noch als Schwäne und schöner als schimmernder Efeu:
Wenn von der Weide zur Krippe hin wiederum streben die Stiere,
sollst du, sofern du etwas empfindest für Korydon, kommen.

THYRSIS

Nein, *ich* möchte dir bittrer erscheinen als sardische Kräuter,
stachliger auch als Mäusedorn, schlechter als Algen am Strande,
wenn mir nicht länger noch als ein ganzes Jahr dieser Tag ist.
Geht, wenn ihr Anstand habt, nach Haus von der Weide, ihr Stiere!

KORYDON

Hier gibt's einen Herd und fette Fackeln, hier immer
sehr viel Feuer, und schwarz sind vom ständigen Ruße die Pfosten.
Hier scher ich mich um Boreas' Frost so wenig wie um die
Zahl sich ein Wolf schert oder ein reißender Fluss um die Ufer.

THYRSIS

Struppig stehen Wacholderbüsche hier und Kastanien,

strata iacent passim sua quaeque sub arbore poma,
omnia nunc rident: at si formosus Alexis   55
montibus his abeat, videas et flumina sicca.   56

CORYDON

Muscosi fontes et somno mollior herba,   45
et quae vos grata viridis tegit arbutus umbra,   46
solstitium pecori defendite: iam venit aestas   47
torrida, iam laeto turgent in palmite gemmae.   48

THYRSIS

Aret ager, vitio moriens sitit aëris herba,   57
Liber pampineas invidit collibus umbras:
Phyllidis adventu nostrae nemus omne virebit,
Iuppiter et laeto descendet plurimus imbri.   60

CORYDON

Populus Alcidae gratissima, vitis Iaccho,
formosae myrtus Veneri, sua laurea Phoebo;
Phyllis amat corylos: illas dum Phyllis amabit,
nec myrtus vincet corylos, nec laurea Phoebi.

THYRSIS

Fraxinus in silvis pulcherrima, pinus in hortis,   65
populus in fluviis, abies in montibus altis:
saepius at si me, Lycida formose, revisas,
fraxinus in silvis cedet tibi, pinus in hortis.

MELIBOEUS

Haec memini, et victum frustra contendere Thyrsin.
ex illo Corydon Corydon est tempore nobis.   70

überall verstreut unterm eigenen Baum liegen Früchte,
alles lacht jetzt: Jedoch wenn diese Berge verlässt der
schöne Alexis, dann siehst wohl auch die Flüsse du trocken.

KORYDON

Ihr bemoosten Quellen und du, Gras, sanfter als Schlaf, und
grünender Arbutus, der mit willkommenem Schatten euch zudeckt,
wehrt die Sonne des Mittags dem Vieh ab: Es naht schon der Sommer
dörrend, die Knospen schwellen bereits an der fruchtbaren Rebe.

THYRSIS

Dürr ist der Acker, in drückender Luft stirbt dürstend das Gras ab;
Liber vergönnte nicht die Weinlaubschatten den Hügeln:
Kommt unsre Phyllis, ergrünt der gesamte Hain, und in großer
Fülle strömt dann Juppiter nieder mit fruchtbarem Regen.

KORYDON

Herkules ist die Pappel am liebsten, der Weinstock Iacchus,
Venus, der schönen, die Myrte, dem Phoebus ist es sein Lorbeer;
Haselstauden jedoch liebt Phyllis: Solang sie sie liebt, ist
ihnen die Myrte nicht, nicht der Lorbeer Apolls überlegen.

THYRSIS

Schönste im Wald ist die Esche, die Pinie ist's in den Gärten,
an den Flüssen die Pappel, auf hohen Bergen die Tanne:
Wenn aber, schöner Lykidas, du mich öfter besuchst, dann
weicht in den Wäldern die Esche vor dir, in den Gärten die Pinie.

MELIBOEUS

So weit weiß ich's noch, dies auch: Besiegt nach fruchtlosem Kampf war
Thyrsis. Seitdem ist zum Korydon Korydon wahrhaft geworden.

ECLOGA VIII

Pastorum Musam Damonis et Alphesiboei,
immemor herbarum quos est mirata iuvenca
certantis, quorum stupefactae carmine lynces,
et mutata suos requierunt flumina cursus,
Damonis Musam dicemus et Alphesiboei.   5

    Tu mihi, seu magni superas iam saxa Timavi
sive oram Illyrici legis aequoris, – en erit umquam
ille dies, mihi cum liceat tua dicere facta?
en erit ut liceat totum mihi ferre per orbem
sola Sophocleo tua carmina digna coturno?   10
a te principium, tibi desinam: accipe iussis
carmina coepta tuis, atque hanc sine tempora circum
inter victrices hederam tibi serpere laurus.

    Frigida vix caelo noctis decesserat umbra,
cum ros in tenera pecori gratissimus herba: 15
incumbens tereti Damon sic coepit olivae.

DAMON
Nascere, praeque diem veniens age, Lucifer, almum,
coniugis indigno Nysae deceptus amore
dum queror et divos, quamquam nil testibus illis
profeci, extrema moriens tamen adloquor hora.   20

    incipe Maenalios mecum, mea tibia, versus.
Maenalus argutumque nemus pinosque loquentis
semper habet, semper pastorum ille audit amores
Panaque, qui primum calamos non passus inertis.

    incipe Maenalios mecum, mea tibia, versus.   25
Mopso Nysa datur: quid non speremus amantes?
iungentur iam grypes equis, aevoque sequenti

EKLOGE 8

Von der Muse der Hirten Damon und Alphesiboeus,
die beim Gesangswettbewerb die Kuh anstaunte, dabei die
Gräser vergessend, bei deren Gesang die Luchse erstarrten
und nach Verändrung des Laufs die Flüsse stillstanden, von der
Muse des Alphesiboeus und Damon werde ich künden.
  Du, ob hinter dir schon du die Felsen des großen Timavus
lässt oder an Illyriens Küste entlangfährst, – wird jener
Tag je kommen, an dem ich besingen darf deine Taten?
Werd ich Gedichte zu deinem Preis, die allein des Kothurns des
Sophokles würdig sind, aller Welt bekannt machen dürfen?
Mit dir beginn ich, mit dir werd ich enden: Empfang die Gedichte,
die ich auf dein Geheiß begann, und lass diesen Efeu
zwischen den Siegeslorbeeren dir die Schläfen umschlingen.
  Kaum war der kühle Schatten der Nacht vom Himmel gewichen,
da grad, wenn Tau im zarten Gras am liebsten dem Vieh ist,
fing, gestützt auf den glatten Olivenstab, Damon wie folgt an:

DAMON

Geh, dem nährenden Tag zuvorkommend, Lucifer, auf denn,
während ich klag, von der Liebe – unwürdig ist sie – zu meiner
Nysa enttäuscht, und die Götter, obwohl sie als Zeugen mir niemals
halfen, in meiner letzten Stunde doch sterbend noch anruf.
  Fange mit mir mänalische Verse an, meine Flöte!
Einen rauschenden Hain und schwatzende Pinien hat der
Maenalus stets, hört stets die Liebeslieder der Hirten
und den Pan, der zuerst nicht zu schweigen erlaubte dem Schilfrohr.
  Fange mit mir mänalische Verse an, meine Flöte!
Nysa wird Mopsus vermählt: Wer liebt, muss auf alles gefasst sein!
Jetzt verbinden sich Greife mit Pferden; in künftigen Zeiten

cum canibus timidi venient ad pocula dammae.
    incipe Maenalios mecum, mea tibia, versus.   28a
Mopse, novas incide faces: tibi ducitur uxor.
sparge, marite, nuces: tibi deserit Hesperos Oetan.   30
    incipe Maenalios mecum, mea tibia, versus.
o digno coniuncta viro: dum despicis omnis,
dumque tibi est odio mea fistula dumque capellae
hirsutumque supercilium promissaque barba,
nec curare deum credis mortalia quemquam.   35
    incipe Maenalios mecum, mea tibia, versus.
saepibus in nostris parvam te roscida mala
(dux ego vester eram) vidi cum matre legentem.
alter ab undecimo tum me iam acceperat annus,
iam fragilis poteram a terra contingere ramos: 40
ut vidi, ut perii, ut me malus abstulit error!
    incipe Maenalios mecum, mea tibia, versus.
nunc scio quid sit Amor: nudis in cotibus illum
aut Tmaros aut Rhodope aut extremi Garamantes
nec generis nostri puerum nec sanguinis edunt.   45
    incipe Maenalios mecum, mea tibia, versus.
saevus Amor docuit natorum sanguine matrem
commaculare manus; crudelis tu quoque, mater.
crudelis mater magis, an puer improbus ille?
improbus ille puer; crudelis tu quoque, mater.   50
    incipe Maenalios mecum, mea tibia, versus.
nunc et ovis ultro fugiat lupus, aurea durae
mala ferant quercus, narcisso floreat alnus,
pinguia corticibus sudent electra myricae,
certent et cycnis ululae, sit Tityrus Orpheus,   55
Orpheus in silvis, inter delphinas Arion.
    incipe Maenalios mecum, mea tibia, versus.
omnia vel medium fiat mare. vivite silvae:

Kommt das ängstliche Damwild zusammen mit Hunden zur Tränke.
    Fange mit mir mänalische Verse an, meine Flöte!
Mopsus, schneide neue Fackeln: Du führst eine Frau heim.
Streue, Ehemann, Nüsse: Den Oeta verlässt für dich Vesper.
    Fange mit mir mänalische Verse an, meine Flöte!
O einem würdigen Manne Verbundene: Während auf alle
du herabschaust, verhasst meine Flöte, die Ziegen und meine
struppigen Augenbrauen dir sind und mein Bart, der herabwallt,
glaubst du, kein Gott kümmre sich um die menschlichen Dinge.
    Fange mit mir mänalische Verse an, meine Flöte!
An unserm Zaun sah ich dich, als du klein warst, taufrische Äpfel
sammeln – ich zeigte euch da den Weg – mit der Mutter. Ins nächste
Jahr nach dem elften war ich damals gerade gekommen,
konnte vom Boden aus schon die zerbrechlichen Äste erreichen:
Als ich dich sah, wie verging ich, wie riss mich ein schädlicher Wahn fort!
    Fange mit mir mänalische Verse an, meine Flöte!
Nunmehr weiß ich, was Amor ist: Ihn gebaren auf nackten
Klippen Tmarus, Rhodope oder, weit weg, Garamanten
als einen Knaben nicht unserer Art, nicht unseres Blutes.
    Fange mit mir mänalische Verse an, meine Flöte!
Amor, der grausame, lehrte die Mutter, mit Blut ihrer Söhne
ihre Hand zu beflecken; doch du auch, Mutter, bist grausam.
Ist nun die Mutter grausamer oder der ruchlose Knabe?
Ja, der Knabe ist ruchlos; doch du auch, Mutter, bist grausam.
    Fange mit mir mänalische Verse an, meine Flöte!
Jetzt soll fliehn vor den Schafen der Wolf von selber, die harte
Eiche soll goldene Äpfel tragen, die Erle Narzissen,
ausschwitzen soll Tamariskenrinde fettigen Bernstein,
wetteifern sollen die Käuze mit Schwänen, Tityrus sei nun
Orpheus, Orpheus in Wäldern, Arion unter Delphinen.
    Fange mit mir mänalische Verse an, meine Flöte!
Alles werde von mir aus zum Meer. Lebt wohl denn, ihr Wälder:

praeceps aërii specula de montis in undas
deferar; extremum hoc munus morientis habeto.   60
    desine Maenalios, iam desine, tibia, versus.
Haec Damon; vos, quae responderit Alphesiboeus,
dicite, Pierides: non omnia possumus omnes.

ALPHESIBOEUS

Effer aquam et molli cinge haec altaria vitta
verbenasque adole pinguis et mascula tura,   65
coniugis ut magicis sanos avertere sacris
experiar sensus; nihil hic nisi carmina desunt.
    ducite ab urbe domum, mea carmina, ducite Daphnin.
carmina vel caelo possunt deducere lunam,
carminibus Circe socios mutavit Ulixi,   70
frigidus in pratis cantando rumpitur anguis.
    ducite ab urbe domum, mea carmina, ducite Daphnin.
terna tibi haec primum triplici diversa colore
licia circumdo, terque hanc altaria circum
effigiem duco; numero deus impare gaudet.   75
    ducite ab urbe domum, mea carmina, ducite Daphnin.
necte tribus nodis ternos, Amarylli, colores;
necte, Amarylli, modo et 'Veneris' dic 'vincula necto'.
    ducite ab urbe domum, mea carmina, ducite Daphnin.
limus ut hic durescit et haec ut cera liquescit   80
uno eodemque igni, sic nostro Daphnis amore.
sparge molam et fragilis incende bitumine laurus:
Daphnis me malus urit, ego hanc in Daphnide laurum.
    ducite ab urbe domum, mea carmina, ducite Daphnin.
talis amor Daphnin qualis cum fessa iuvencum   85
per nemora atque altos quaerendo bucula lucos
propter aquae rivum viridi procumbit in ulva
perdita, nec serae meminit decedere nocti,
talis amor teneat, nec sit mihi cura mederi.

Ich stürz mich dann kopfüber vom hohen Berg in die Wogen;
dies sollst du als letztes Geschenk von dem Sterbenden haben.
     Jetzt beende mänalische Verse, beende sie, Flöte!
So weit Damon; sagt, Pieriden, was Alphesiboeus
antwortete: Wir alle sind nicht zu allem imstande.

ALPHESIBOEUS

Bringe Wasser, umschling den Altar mit geschmeidigen Binden,
saftiges harziges Grün entzünde und würzigen Weihrauch,
dass ich den nüchternen Sinn meines Gatten durch magische Riten
umzuwenden versuch; hier fehlen nur Zaubergesänge.
     Führt, meine Lieder, führt aus der Stadt nach Hause den Daphnis!
Zaubergesang kann selbst den Mond vom Himmel herabziehn,
Kirkes Zaubergesang hat Ulixes' Gefährten verwandelt,
Singen bringt auf der Wiese die kalte Schlange zum Bersten.
     Führt, meine Lieder, führt aus der Stadt nach Hause den Daphnis!
Erst leg diese drei Fäden in drei verschiedenen Farben
ich rings um dich, und dreimal führe ich um den Altar dies
Bildnis; die ungerade Zahl macht Freude dem Gotte.
     Führt, meine Lieder, führt aus der Stadt nach Hause den Daphnis!
Knüpf, Amaryllis, nun die drei Farben du mit drei Knoten;
knüpf nur und sag, Amaryllis: »Ich knüpfe die Fesseln der Venus.«
     Führt, meine Lieder, führt aus der Stadt nach Hause den Daphnis!
Wie dieser Lehm hier hart wird und wie in ein und derselben
Glut sich verflüssigt das Wachs, so durch meine Liebe auch Daphnis.
Opferschrot streu und entzünd mit Harz den knisternden Lorbeer:
Daphnis, der böse, entflammt mich, ich diesen Lorbeer statt Daphnis.
     Führt, meine Lieder, führt aus der Stadt nach Hause den Daphnis!
So soll Liebe Daphnis fesseln, wie wenn eine Kuh den
Stier durch Wälder und hohe Haine sucht und ermattet
nah einem Wasserlauf im grünen Sumpfgras dahinsinkt,
hoffnungslos, nicht dran denkend, der späten Nacht zu entrinnen,
so soll Liebe ihn fesseln; nicht sei ich bemüht, ihn zu heilen.

    ducite ab urbe domum, mea carmina, ducite Daphnin. 90
has olim exuvias mihi perfidus ille reliquit,
pignora cara sui, quae nunc ego limine in ipso,
Terra, tibi mando; debent haec pignora Daphnin.
    ducite ab urbe domum, mea carmina, ducite Daphnin.
has herbas atque haec Ponto mihi lecta venena   95
ipse dedit Moeris (nascuntur plurima Ponto);
his ego saepe lupum fieri et se condere silvis
Moerin, saepe animas imis excire sepulcris,
atque satas alio vidi traducere messis.
    ducite ab urbe domum, mea carmina, ducite Daphnin. 100
fer cineres, Amarylli, foras rivoque fluenti
transque caput iace, nec respexeris. his ego Daphnin
adgrediar; nihil ille deos, nil carmina curat.
    ducite ab urbe domum, mea carmina, ducite Daphnin.
'aspice: corripuit tremulis altaria flammis   105
sponte sua, dum ferre moror, cinis ipse. bonum sit!
nescio quid certe est, et Hylax in limine latrat'.
credimus? an, qui amant, ipsi sibi somnia fingunt?
    parcite, ab urbe venit, iam parcite carmina, Daphnis.

Führt, meine Lieder, führt aus der Stadt nach Hause den Daphnis!
Hier diese Kleider hat einst der Treulose mir hinterlassen,
seine teuren Pfänder, die jetzt ich direkt an der Schwelle
Erde, dir übergeb; diese Pfänder schulden mir Daphnis.
    Führt, meine Lieder, führt aus der Stadt nach Hause den Daphnis!
Diese Kräuter und diese am Pontus gesammelten Gifte
gab mir Moeris selber – sie wachsen in Fülle am Pontus –;
oftmals sah ich durch sie zum Wolf werden Moeris und sich in
Wäldern verstecken, oftmals heraufbeschwörn aus den Gräbern
Seelen und anderswohin die Saat und die Ernte versetzen.
    Führt, meine Lieder, führt aus der Stadt nach Hause den Daphnis!
Asche bring, Amaryllis, und wirf sie in fließendes Wasser
über den Kopf und sieh nicht zurück. Ich greif mit den Kräutern
Daphnis an, dem die Götter und magische Lieder egal sind.
    Führt, meine Lieder, führt aus der Stadt nach Hause den Daphnis!
»Schau, den Altar ergriff mit zitternden Flammen von selbst die
Asche, die ich zu tragen zögerte. Sei es zum Guten!
Etwas bedeutet's gewiss, und Hylax bellt an der Schwelle.«
Glaube ich's? Oder erfinden Liebende selbst ihre Träume?
    Lasst es, da kommt aus der Stadt – jetzt lasst es, ihr Lieder – mein
                                      [Daphnis.

ECLOGA IX

Lycidas Moeris

LYCIDAS

Quo te, Moeri, pedes? an, quo via ducit, in urbem?

MOERIS

O Lycida, vivi pervenimus, advena nostri
(quod numquam veriti sumus) ut possessor agelli
diceret: 'haec mea sunt; veteres migrate coloni.'
nunc victi, tristes, quoniam fors omnia versat,   5
hos illi (quod nec vertat bene) mittimus haedos.

LYCIDAS

Certe equidem audieram, qua se subducere colles
incipiunt mollique iugum demittere clivo,
usque ad aquam et veteris iam fracta cacumina fagi,
omnia carminibus vestrum servasse Menalcan.   10

MOERIS

Audieras, et fama fuit; sed carmina tantum
nostra valent, Lycida, tela inter Martia quantum
Chaonias dicunt aquila veniente columbas.
quod nisi me quacumque novas incidere lites
ante sinistra cava monuisset ab ilice cornix,   15
nec tuus hic Moeris nec viveret ipse Menalcas.

LYCIDAS

Heu, cadit in quemquam tantum scelus? heu, tua nobis
paene simul tecum solacia rapta, Menalca!
quis caneret Nymphas? quis humum florentibus herbis
spargeret aut viridi fontis induceret umbra?   20
vel quae sublegi tacitus tibi carmina nuper,

EKLOGE 9

Lykidas. Moeris

LYKIDAS

Moeris, wohin zu Fuß? In die Stadt, wohin dieser Weg führt?

MOERIS

O, wir mussten's erleben, Lykidas, dass unsres Gütchens
hergelaufner Besitzer – wir hatten das niemals befürchtet –
sagte: »Dieses ist mein; zieht fort, ihr früheren Siedler!«
Jetzt als Unterlegne und traurig, schicken wir, weil der
Zufall alles verdreht, diese Böckchen ihm – übel bekomm's ihm.

LYKIDAS

Aber ich hatte gehört, von dort, wo die Hügel allmählich
abfallen und in sanfter Neigung sich senken, bis hin zum
Wasser und dem schon geborstenen Wipfel der uralten Buche
habe euch euer Menalkas durch Lieder alles gerettet.

MOERIS

Richtig gehört, so ging das Gerücht; doch vermögen nur so viel,
Lykidas, mitten zwischen den Waffen des Mars unsre Lieder,
wie die chaonischen Tauben, so sagt man, beim Nahen des Adlers.
Hätte nicht, neuen Streit um jeden Preis zu vermeiden,
vorher von links mich gemahnt von der hohlen Eiche die Krähe,
lebte dein Moeris hier nicht mehr und selbst nicht Menalkas.

LYKIDAS

Wehe, zu so einem Frevel ist jemand fähig? Fast wär mit
dir uns der Trost, den du spendest, entrissen worden, Menalkas!
Wer besänge die Nymphen? Wer streute die blühenden Kräuter
auf den Boden und hüllte die Quellen mit schattendem Grün ein?
Oder da wär das Gedicht – ich las es heimlich bei dir jüngst,

cum te ad delicias ferres Amaryllida nostras?
'Tityre, dum redeo (brevis est via), pasce capellas,
et potum pastas age, Tityre, et inter agendum
occursare capro (cornu ferit ille) caveto.'   25

MOERIS

Immo haec, quae Varo necdum perfecta canebat:
'Vare, tuum nomen, superet modo Mantua nobis,
Mantua vae miserae nimium vicina Cremonae,
cantantes sublime ferent ad sidera cycni.'

LYCIDAS

Sic tua Cyrneas fugiant examina taxos,   30
sic cytiso pastae distendant ubera vaccae:
incipe, si quid habes. et me fecere poetam
Pierides, sunt et mihi carmina, me quoque dicunt
vatem pastores; sed non ego credulus illis.
nam neque adhuc Vario videor nec dicere Cinna   35
digna, sed argutos inter strepere anser olores.

MOERIS

Id quidem ago et tacitus, Lycida, mecum ipse voluto,
si valeam meminisse; neque est ignobile carmen.
'huc ades, o Galatea; quis est nam ludus in undis?
hic ver purpureum, varios hic flumina circum   40
fundit humus flores, hic candida populus antro
imminet et lentae texunt umbracula vites.
huc ades; insani feriant sine litora fluctus.'

LYCIDAS

Quid, quae te pura solum sub nocte canentem
audieram? numeros memini, nisi verba tenerem: 45
'Daphni, quid antiquos signorum suspicis ortus?
ecce Dionaei processit Caesaris astrum,
astrum quo segetes gauderent frugibus et quo
duceret apricis in collibus uva colorem.

als du dich neulich begabst zu meinem Schatz Amaryllis –:
»Tityrus, hüt meine Ziegen, bis ich zurückkehr – der Weg ist
kurz –, und treibe sie dann von der Weide zur Tränke; beim Treiben
hüt dich, dem Bock in den Weg zu kommen – er stößt mit den Hörnern.«

MOERIS

Ja, und was – unfertig ist's noch – er singen wollte für Varus:
»Varus, deinen Namen – wenn Mantua uns doch nur bliebe,
Mantua, wehe, zu nah dem bejammernswerten Cremona! –
werden empor zu den Sternen tragen die singenden Schwäne.«

LYKIDAS

Du, so wahr deine Bienen kyrnëischem Taxus entgehn und,
satt vom Klee, deine Kühe die Euter ausdehnen mögen,
hast du was, so beginne! Zum Dichter machten auch mich die
Musen, auch ich habe Lieder, und Sänger nennen auch mich die
Hirten; aber nicht leichthin möchte ich ihnen das glauben.
Nichts, was des Varius oder des Cinna würdig ist, mein ich,
sag ich bis jetzt, nein schnattre als Gans unter singenden Schwänen.

MOERIS

Dies überleg ich, Lykidas, hin und her ganz im Stillen,
ob ich mich drauf besinn; kein unbedeutendes Lied ist's:
»Komm hierher, Galatea; was soll denn das Spiel in den Wellen?
Hier ist purpurner Frühling, es streut hier rings um den Fluss die
Erde bunte Blumen, hier ragt eine strahlende Pappel
über die Grotte, ein Schattendach flechten geschmeidige Reben.
Komm hierher! An den Strand lass schlagen die rasenden Fluten.«

LYKIDAS

Ja, und was dich allein in klarer Nacht ich hab singen
hören! Wüsst ich die Worte nicht, wüsst ich zumindest den Rhythmus:
»Daphnis, was blickst du zum Aufgang der alten Sternbilder? Sieh doch,
jetzt erschien das Gestirn des dionäischen Caesar;
dieses Gestirn bewirkt, dass die Saaten der Frucht sich erfreuen
und die Traube Farbe bekommt auf den sonnigen Hügeln.

insere, Daphni, piros: carpent tua poma nepotes.'   50
> MOERIS

Omnia fert aetas, animum quoque. saepe ego longos
cantando puerum memini me condere soles.
nunc oblita mihi tot carmina, vox quoque Moerin
iam fugit ipsa: lupi Moerin videre priores.
sed tamen ista satis referet tibi saepe Menalcas.   55
> LYCIDAS

Causando nostros in longum ducis amores.
et nunc omne tibi stratum silet aequor, et omnes,
aspice, ventosi ceciderunt murmuris aurae.
hinc adeo media est nobis via; namque sepulcrum
incipit apparere Bianoris. hic, ubi densas   60
agricolae stringunt frondes, hic, Moeri, canamus;
hic haedos depone, tamen veniemus in urbem.
aut si nox pluviam ne colligat ante veremur,
cantantes licet usque (minus via laedit) eamus;
cantantes ut eamus, ego hoc te fasce levabo.   65
> MOERIS

Desine plura, puer, et quod nunc instat agamus;
carmina tum melius, cum venerit ipse, canemus.

Pfropfe Birnen, mein Daphnis: Die Enkel pflücken die Früchte.«
MOERIS
Alles nimmt die Zeit, auch den Geist. Oft habe ich lange
Sonnentage hindurch als Junge, ich weiß noch, gesungen.
Jetzt vergaß ich so viele Lieder, dem Moeris versagt die
Stimme sogar: Zuerst erblickten den Moeris die Wölfe.
Oft genug aber wird diese Verse Menalkas dir singen.
LYKIDAS
Durch die Ausreden hältst du lange hin mein Verlangen.
Hingebreitet vor dir schweigt nun die Fläche des Meers, und,
schau, gelegt hat sich jeder Lufthauch des brausenden Windes.
Grad noch der halbe Weg ist's für uns von hieraus; Bianors
Grab ist allmählich zu sehn; hier, wo die Bauern das dichte
Laubwerk abstreifen, hier, mein Moeris, wollen wir singen;
hier leg ab deine Böckchen, wir kommen ja doch noch zur Stadt hin.
Fürchten wir aber, die Nacht zieht vorher Regen zusammen,
können wir singend gehen – der Weg wird dann leichter; damit wir
singend gehen können, erleichtre ich dich um dein Bündel.
MOERIS
Lass nur, Knabe, nicht mehr; wir wollen tun, was jetzt ansteht.
Lieder singen wir besser dann, wenn er selber dazukommt.

ECLOGA X

Extremum hunc, Arethusa, mihi concede laborem:
pauca meo Gallo, sed quae legat ipsa Lycoris,
carmina sunt dicenda: neget quis carmina Gallo?
sic tibi, cum fluctus subterlabere Sicanos,
Doris amara suam non intermisceat undam,   5
incipe; sollicitos Galli dicamus amores,
dum tenera attondent simae virgulta capellae.
non canimus surdis: respondent omnia silvae.
    Quae nemora aut qui vos saltus habuere, puellae
Naides, indigno cum Gallus amore peribat?   10
nam neque Parnasi vobis iuga, nam neque Pindi
ulla moram fecere, neque Aonie Aganippe.
illum etiam lauri, etiam flevere myricae,
pinifer illum etiam sola sub rupe iacentem
Maenalus et gelidi fleverunt saxa Lycaei.   15
stant et oves circum; nostri nec paenitet illas,
nec te paeniteat pecoris, divine poeta:
et formosus ovis ad flumina pavit Adonis.
venit et upilio, tardi venere subulci,
uvidus hiberna venit de glande Menalcas.   20
omnes 'unde amor iste' rogant 'tibi?' venit Apollo:
'Galle, quid insanis?' inquit. 'tua cura Lycoris
perque nives alium perque horrida castra secuta est.'
venit et agresti capitis Silvanus honore,
florentis ferulas et grandia lilia quassans.   25
Pan deus Arcadiae venit, quem vidimus ipsi
sanguineis ebuli bacis minioque rubentem.
'ecquis erit modus?' inquit. 'Amor non talia curat,

EKLOGE 10

Diese Arbeit gewähr, Arethusa, mir als die letzte:
Wenige Verse, doch solche, die lesen mag selbst die Lykoris,
muss meinem Gallus ich singen. Wer weigerte Verse dem Gallus?
Möge, wenn du dahingleitest unter sikanischen Fluten,
nicht die bittere Doris mit dir ihre Wellen vermischen –
also beginn; lasst uns singen vom Liebeskummer des Gallus,
während das zarte Gebüsch plattnasige Ziegen beknabbern.
Nicht für Taube sing ich: Auf alles erwidern die Wälder.
    Welche Haine und welche Gebirgstäler bargen euch, Nymphen,
als an der Liebe, die seiner nicht würdig war, Gallus zugrund ging?
Weder hielten die Gipfel des Pindus noch die des Parnassus
sonst euch zurück, auch nicht die Aganippe Aoniens.
Lorbeerbüsche sogar beweinten ihn, auch Tamarisken,
auch der pinientragende Maenalus weinte, als einsam
unten am Felsen er lag, das Gestein auch des kalten Lykaeus.
Schafe auch stehen ringsum – sie schämen sich *meiner* nicht, du auch,
göttlicher Dichter, solltest dich nicht schämen der Herde:
Auch der schöne Adonis weidete Schafe an Flüssen.
Auch der Schäfer erschien, die trägen Sauhirten kamen,
feucht von den Wintereicheln erschien dann auch noch Menalkas.
Alle fragen: »Woher diese Liebe?« Apollo erschien und
fragte: »Gallus, was rast du? Lykoris, deine Geliebte,
folgte einem andern durch Schnee und schaurige Feldcamps.«
Auch Silvanus erschien mit seinem ländlichen Kopfschmuck,
blütenreiche Zweige und große Lilien schüttelnd.
Pan, Arkadiens Gott, erschien; selbst sah ich ihn, rot von
Mennige und Holunderbeeren mit blutiger Farbe.
»Kennst du kein Maß?«, sprach er, »um sowas schert sich nicht Amor,

nec lacrimis crudelis Amor nec gramina rivis
nec cytiso saturantur apes nec fronde capellae.'   30
    Tristis at ille 'tamen cantabitis, Arcades,' inquit
'montibus haec vestris; soli cantare periti
Arcades. o mihi tum quam molliter ossa quiescant,
vestra meos olim si fistula dicat amores!
atque utinam ex vobis unus vestrique fuissem   35
aut custos gregis aut maturae vinitor uvae!
certe sive mihi Phyllis sive esset Amyntas
seu quicumque furor – quid tum, si fuscus Amyntas?
et nigrae violae sunt et vaccinia nigra –
mecum inter salices lenta sub vite iaceret;   40
serta mihi Phyllis legeret, cantaret Amyntas.
hic gelidi fontes, hic mollia prata, Lycori,
hic nemus; hic ipso tecum consumerer aevo.
nunc insanus amor duri me Martis in armis
tela inter media atque adversos detinet hostis.   45
tu procul a patria (nec sit mihi credere tantum)
Alpinas, a! dura nives et frigora Rheni
me sine sola vides. a, te ne frigora laedant!
a, tibi ne teneras glacies secet aspera plantas!
    Ibo et Chalcidico quae sunt mihi condita versu   50
carmina pastoris Siculi modulabor avena.
certum est in silvis inter spelaea ferarum
malle pati tenerisque meos incidere amores
arboribus: crescent illae, crescetis, amores.
interea mixtis lustrabo Maenala Nymphis   55
aut acris venabor apros. non me ulla vetabunt
frigora Parthenios canibus circumdare saltus.
iam mihi per rupes videor lucosque sonantis
ire, libet Partho torquere Cydonia cornu
spicula – tamquam haec sit nostri medicina furoris,   60

satt wird von Tränen nie der grausame Amor, von Bächen
nicht das Gras, Klee sättigt die Bienen nicht, Laub nicht die Ziegen.«
    Traurig sagte er: »Arkader, dennoch werdet ihr dies für
eure Berge singen, nur ihr versteht euch aufs Singen,
Arkader. O wie ruhten so sanft dann meine Gebeine,
wenn von meiner Liebe dereinst eure Flöte erzählte!
Und ich wünschte, ich wäre von euch auch einer gewesen,
Hüter der Herde oder ein Winzer, wenn reif sind die Trauben!
Sicher wär eine Phyllis dann mein oder mein ein Amyntas,
oder irgendein Schwarm – wenn Amyntas farbig ist, macht's was?
Dunkel sind Veilchen auch, und dunkel sind auch Hyazinthen –,
ruhte mit mir zwischen Weiden und unter rankenden Reben;
Phyllis flöcht mir dann Kränze, für mich säng Lieder Amyntas.
Hier gibt's kühle Quellen, hier weiche Wiesen, Lykoris,
Wald auch; mit dir möcht hier ich das übrige Leben verbringen.
Rasende Liebe fesselt mich jetzt zwischen Waffen des harten
Mavors, mitten zwischen Geschossen und drohenden Feinden.
Du aber, fern von der Heimat – müsst ich doch so Schlimmes nicht glauben! –
siehst den Alpenschnee, ach, du Harte, den frostigen Rhein auch
ganz allein ohne mich. Ach, möge der Frost dir nicht wehtun!
Ach, in die zarten Sohlen soll raues Eis dir nicht schneiden!
    Hingehn will ich, und das, was im chalkidischen Vers ich
dichtete, spiele ich dann auf dem Rohr des sizilischen Hirten.
Lieber will ich in Wäldern inmitten von Höhlen der Tiere
leiden – gewiss ist's – und meine Liebe ritzen in zarte
Bäume: Sie werden wachsen und du, meine Liebe, mit ihnen.
Mit den Nymphen durchstreif ich indes den Maenalus oder
jage nach hitzigen Ebern. Verbieten wird keinerlei Frost mir,
Bergwälder am Parthenius rings zu umstellen mit Hunden.
Mir ist schon, als zög ich durch Felsen und rauschende Haine;
mir macht es Spaß, kydonische Pfeile vom parthischen Bogen
abzuschießen – als ob Medizin für mein Rasen das wäre

aut deus ille malis hominum mitescere discat.
iam neque Hamadryades rursus nec carmina nobis
ipsa placent; ipsae rursus concedite silvae.
non illum nostri possunt mutare labores,
nec si frigoribus mediis Hebrumque bibamus   65
Sithoniasque nives hiemis subeamus aquosae;
nec si, cum moriens alta liber aret in ulmo,
Aethiopum versemus ovis sub sidere Cancri.
omnia vincit Amor: et nos cedamus Amori.'

    Haec sat erit, divae, vestrum cecinisse poetam,   70
dum sedet et gracili fiscellam texit hibisco,
Pierides: vos haec facietis maxima Gallo,
Gallo, cuius amor tantum mihi crescit in horas
quantum vere novo viridis se subicit alnus.
surgamus: solet esse gravis cantantibus umbra,   75
iuniperi gravis umbra; nocent et frugibus umbrae.
ite domum saturae, venit Hesperus, ite capellae.

und dieser Gott erlernte durch Menschenleid, milde zu werden.
Schon gefallen mir aber nicht mehr die Hamadryaden,
selbst die Gedichte nicht mehr; ja, weicht von mir nun, ihr Wälder!
Jenen vermöchten ja doch meine Leiden nicht zu verändern,
nicht, wenn mitten im Frost das Hebruswasser ich tränke
und sithonischen Schnee im nassen Winter ertrüge,
nicht wenn, während hoch an der Ulme vor Dürre der Bast stirbt,
unter dem Krebsgestirn ich Äthioperschafe umhertrieb'.
Amor siegt über alles: Auch *ich* will Amor mich fügen.«
    Göttinnen, das wird genug sein; gesungen hat's euer Dichter,
während er saß und sein Körbchen sich flocht aus schlankem Hibiskus,
Musen: Ihr werdet zum großen Geschenk dies machen für Gallus,
Gallus, zu dem meine Liebe so wächst von Stunde zu Stunde,
wie eine grünende Erle im jungen Frühling emporsprießt.
Stehen wir auf: Für Singende ist stets schädlich der Schatten,
schädlich Wacholderschatten; auch Feldfrucht schadet der Schatten.
Geht nach Hause nun satt, geht – Hesperus kommt –, meine Ziegen.

GEORGICA

LANDWIRTSCHAFT

LIBER I

Quid faciat laetas segetes, quo sidere terram
vertere, Maecenas, ulmisque adiungere vites
conveniat, quae cura boum, qui cultus habendo
sit pecori, apibus quanta experientia parcis,
hinc canere incipiam. vos, o clarissima mundi   5
lumina, labentem caelo quae ducitis annum;
Liber et alma Ceres, vestro si munere tellus
Chaoniam pingui glandem mutavit arista
poculaque inventis Acheloia miscuit uvis;
et vos, agrestum praesentia numina, Fauni,   10
ferte simul Faunique pedem Dryadesque puellae:
munera vestra cano; tuque o, cui prima frementem
fudit equum magno tellus percussa tridenti,
Neptune; et cultor nemorum, cui pinguia Ceae
ter centum nivei tondent dumeta iuvenci;   15
ipse nemus linquens patrium saltusque Lycaei
Pan, ovium custos, tua si tibi Maenala curae,
adsis, o Tegeaee, favens, oleaeque Minerva
inventrix, uncique puer monstrator aratri,
et teneram ab radice ferens, Silvane, cupressum: 20
dique deaeque omnes, studium quibus arva tueri
quique novas alitis non ullo semine fruges
quique satis largum caelo demittitis imbrem.
tuque adeo, quem mox quae sint habitura deorum
concilia incertum est, urbisne invisere, Caesar,   25
terrarumque velis curam, et te maximus orbis
auctorem frugum tempestatumque potentem
accipiat cingens materna tempora myrto;

BUCH 1

Was die Saaten üppig macht, unter welchem Gestirn die
Erde, Maecenas, man pflügen soll und an Ulmen die Reben
binden, wie Rinder man wartet, wie Kleinvieh zu halten und wie zu
pflegen ist, welche Erfahrung die sparsamen Bienen erfordern,
fange zu künden ich an. Ihr, strahlende Lichter des Weltalls,
die ihr das gleitende Jahr anführt am Himmel; und ihr auch,
Liber und Ceres, Ernährerin, wenn dank eurem Geschenk die
Erde chaonische Eicheln mit strotzenden Ähren vertauscht hat
und mit den neuen Trauben vermischt acheloïsche Becher;
ihr auch, des Landvolks hilfreiche Gottheiten, Faune, herbei nun
kommt miteinander, ihr Faune und ihr, Dryaden: Von euren
Gaben künde ich; du auch, Neptun, dem erstmals, erschüttert
durch den mächtigen Dreizack, auswarf den schnaubenden Hengst die
Erde; du auch, dem dreimal hundert schneeweiße Stiere
stutzen die fetten Sträucher auf Keos, Bewohner der Haine;
selbst auch, den heimischen Hain und den Wald des Lykaeus verlassend,
Pan, du Beschützer der Schafe, sofern dir dein Maenalus lieb ist,
hilf, Tegeäer, mir gütig, und du, Minerva, des Ölbaums
Finderin, Knabe, auch du, Vorführer des hakigen Pfluges,
und, mit der Wurzel die zarte Zypresse uns bringend, Silvanus:
Götter und Göttinnen alle, die eifrig die Fluren ihr schützt und
ohne jedwede Aussaat die neuen Feldfrüchte nährt und
reichlich auf die Saaten den Regen vom Himmel herabschickt.
Du auch vor allem, von dem noch ungewiss ist, in welchem
Götterrat er bald sein wird, ob, Caesar, lieber du Städte
aufsuchen, Länder beschirmen willst und der riesige Erdkreis
dich als Spender der Feldfrucht und Herrscher über das Wetter
aufnimmt, dir die Stirn mit der Myrte der Mutter umwindend;

an deus immensi venias maris ac tua nautae
numina sola colant, tibi serviat ultima Thule,   30
teque sibi generum Tethys emat omnibus undis;
anne novum tardis sidus te mensibus addas,
qua locus Erigonen inter Chelasque sequentis
panditur: ipse tibi iam bracchia contrahit ardens
Scorpios et caeli iusta plus parte reliquit;   35
quidquid eris (nam te nec sperant Tartara regem,
nec tibi regnandi veniat tam dira cupido,
quamvis Elysios miretur Graecia campos
nec repetita sequi curet Proserpina matrem),
da facilem cursum atque audacibus adnue coeptis   40
ignarosque viae mecum miseratus agrestis
ingredere et votis iam nunc adsuesce vocari.

    Vere novo, gelidus canis cum montibus umor
liquitur et Zephyro putris se glaeba resolvit,
depresso incipiat iam tum mihi taurus aratro   45
ingemere et sulco attritus splendescere vomer.
illa seges demum votis respondet avari
agricolae, bis quae solem, bis frigora sensit;
illius immensae ruperunt horrea messes.
ac prius ignotum ferro quam scindimus aequor,   50
ventos et varium caeli praediscere morem
cura sit ac patrios cultusque habitusque locorum,
et quid quaeque ferat regio et quid quaeque recuset.
hic segetes, illic veniunt felicius uvae,
arborei fetus alibi atque iniussa virescunt   55
gramina. nonne vides croceos ut Tmolus odores,
India mittit ebur, molles sua tura Sabaei,
at Chalybes nudi ferrum virosaque Pontus
castorea, Eliadum palmas Epiros equarum?
continuo has leges aeternaque foedera certis   60

ob du als Gott des riesigen Meeres erscheinst und die Schiffer
deine Macht nur verehren, das äußerste Thule dir dient und
als ihren Schwiegersohn Tethys dich kauft für all ihre Wogen;
ob du als neues Sternbild den langsamen Monaten beispringst,
dort, wo zwischen Erigone und den Scheren ein Platz sich
öffnet: Für dich zieht selbst der glühende Skorpion seine
Arme ein, überließ mehr Raum als genug dir am Himmel;
was du auch sein wirst – auf dich als König hofft nicht der Orkus,
und nicht möge dich ankommen so eine grausige Herrschsucht,
mag auch die Felder Elysiums Hellas bestaunen und nicht der
Mutter zu folgen Proserpina recht sein, als sie verlangt wird –,
gib du leichte Fahrt, sei kühnem Beginnen geneigt und,
dich mit mir erbarmend der wegunkundigen Bauern,
gehe voran und gewöhn dich schon jetzt an Gebet und Gelübde.

Wenn der Frühling beginnt und das eisige Nass auf den grauen
Bergen schmilzt und dem Westwind das mürbe Erdreich sich öffnet,
keuchen soll mir da schon der Stier am niedergepressten
Pflug und die in der Furche gescheuerte Pflugschar erglänzen.
Jenes Saatfeld entspricht den Wünschen des gierigen Bauern
schließlich, das zweimal Frost und zweimal Sonne gespürt hat;
nur von diesem sprengt eine riesige Ernte die Scheunen.
Aber bevor wir mit Eisen zerschneiden ein nicht uns bekanntes
Feld, sind Wetterlage und Winde sorgsam zu prüfen,
heimische Art des Anbaus, Geländebeschaffenheit und was
jede Gegend hervorbringen kann und was sie verweigert.
Hier wächst Kornsaat üppiger, dort dagegen die Traube,
Baumfrucht anderswo, dann wieder grünt ganz von selbst das
Wiesengras. Siehst du nicht, wie der Tmolus duftenden Safran,
Indien Elfenbein schickt, seinen Weihrauch der weiche Sabäer,
Eisen der nackte Chalyber, stinkendes Bibergeil Pontus,
und die Siegespalmen olympischer Stuten Epirus?
Diese Gesetze und ewigen Regeln erlegte bestimmten

imposuit natura locis, quo tempore primum
Deucalion vacuum lapides iactavit in orbem,
unde homines nati, durum genus. ergo age, terrae
pingue solum primis extemplo a mensibus anni
fortes invertant tauri, glaebasque iacentis   65
pulverulenta coquat maturis solibus aestas;
at si non fuerit tellus fecunda, sub ipsum
Arcturum tenui sat erit suspendere sulco:
illic, officiant laetis ne frugibus herbae,
hic, sterilem exiguus ne deserat umor harenam.   70
    Alternis idem tonsas cessare novalis
et segnem patiere situ durescere campum;
aut ibi flava seres mutato sidere farra,
unde prius laetum siliqua quassante legumen
aut tenuis fetus viciae tristisque lupini   75
sustuleris fragilis calamos silvamque sonantem.
urit enim lini campum seges, urit avenae,
urunt Lethaeo perfusa papavera somno;
sed tamen alternis facilis labor, arida tantum
ne saturare fimo pingui pudeat sola neve   80
effetos cinerem immundum iactare per agros.
sic quoque mutatis requiescunt fetibus arva,
nec nulla interea est inaratae gratia terrae.
saepe etiam sterilis incendere profuit agros
atque levem stipulam crepitantibus urere flammis: 85
sive inde occultas vires et pabula terrae
pinguia concipiunt, sive illis omne per ignem
excoquitur vitium atque exsudat inutilis umor,
seu pluris calor ille vias et caeca relaxat
spiramenta, novas veniat qua sucus in herbas,   90
seu durat magis et venas adstringit hiantis,
ne tenues pluviae rapidive potentia solis

Gegenden gleich die Natur auf, damals, als erstmals die Steine
auf den verödeten Erdkreis warf Deukalion, aus denen
Menschen entstanden, das harte Geschlecht. Auf! Gleich von dem ersten
Monat des Jahrs an sollen die kräftigen Stiere den fetten
Boden umpflügen, und die Schollen, die daliegen, soll mit
reifender Sonnenglut durchkochen der staubige Sommer;
aber wenn das Land nicht fruchtbar ist, wird es genügen,
erst beim Aufgang Arkturs nur leicht es durch Furchen zu lockern:
dort, damit kein Unkraut den sprießenden Feldfrüchten schadet,
hier, dass aus unfruchtbarem Sand nicht das kärgliche Nass weicht.
    Lass das gemähte Brachfeld rasten alle zwei Jahre,
träge und ungepflegt ruhen und so sich verhärten den Boden,
oder säe den blonden Spelt unter anderem Sternbild
dort, wo zuvor du Hülsenfrucht, üppig mit rasselnden Schoten,
oder der schmächtigen Wicke Frucht und der herben Lupine
leicht zerbrechliche Stängel und rauschende Büschel dir wegnahmst.
Leinsaat dörrt den Boden ja aus, es dörrt ihn der Hafer,
Mohn auch dörrt ihn, der ganz vom lethäischen Schlafe getränkt ist;
aber Anbau im Wechsel macht leicht ihm die Mühe, nur darfst du
nicht dich zieren, mit fettem Mist zu düngen die trocknen
Böden und schmutzige Asche zu streun auf ermattete Felder.
So auch können durch Fruchtwechsel sich die Fluren erholen;
dankbar ist dann die Erde, auch wenn sie zwischendurch brach lag.
Oft half's, unfruchtbare Felder in Flammen zu setzen
und das leere Stroh in prasselnder Glut zu verbrennen:
Sei's, dass geheime Kraft und reiche Nahrung die Erde
so empfängt oder dass alle schädlichen Stoffe durchs Feuer
ausgekocht werden sowie die unnützen Säfte verdampfen
oder dass mehr Wege die Glut und verborgene Poren
öffnet, durch die der Saft aufsteigt in sprossende Pflanzen;
oder sie macht eher hart und verengt die klaffenden Adern,
dass nicht rieselnder Regen, nicht machtvoll die sengende Sonne,

acrior aut Boreae penetrabile frigus adurat.
multum adeo, rastris glaebas qui frangit inertis
vimineasque trahit crates, iuvat arva, neque illum   95
flava Ceres alto nequiquam spectat Olympo,
et qui, proscisso quae suscitat aequore terga,
rursus in obliquum verso perrumpit aratro
exercetque frequens tellurem atque imperat arvis.
    Umida solstitia atque hiemes orate serenas,   100
agricolae; hiberno laetissima pulvere farra,
laetus ager: nullo tantum se Mysia cultu
iactat et ipsa suas mirantur Gargara messes.
quid dicam, iacto qui semine comminus arva
insequitur cumulosque ruit male pinguis harenae,   105
deinde satis fluvium inducit rivosque sequentis
et, cum exustus ager morientibus aestuat herbis,
ecce supercilio clivosi tramitis undam
elicit? illa cadens raucum per levia murmur
saxa ciet scatebrisque arentia temperat arva.   110
quid qui, ne gravidis procumbat culmus aristis,
luxuriem segetum tenera depascit in herba,
cum primum sulcos aequant sata, quique paludis
collectum umorem bibula deducit harena?
praesertim incertis si mensibus amnis abundans   115
exit et obducto late tenet omnia limo,
unde cavae tepido sudant umore lacunae.
    Nec tamen, haec cum sint hominumque boumque labores
versando terram experti, nihil improbus anser
Strymoniaeque grues et amaris intiba fibris   120
officiunt aut umbra nocet. pater ipse colendi
haud facilem esse viam voluit primusque per artem
movit agros, curis acuens mortalia corda,
nec torpere gravi passus sua regna veterno.

nicht durchdringender Frost des Nordwinds die Erde versehre.
Aber vor allem nützt der Flur, wer mit Hacken die zähen
Schollen zerbricht und darüber den Reisigrost schleppt – und die blonde
Ceres schaut ihm dann nicht umsonst vom hohen Olymp zu –,
auch wer die Rücken, welche durch Pflügen des Feldes er aufwirft,
mit dem im rechten Winkel gewendeten Pflug wieder aufreißt,
häufig den Boden abmüht und so den Äckern gebietet.
    Betet um feuchte Sommer und heitere Winter, ihr Bauern,
denn wenn der Winter staubig ist, wächst sehr üppig der Spelt und
üppig gedeiht das Feld: Nie rühmt sich Mysien so sehr
seines Anbaus, und Gargara selbst staunt über die Ernten.
Was aber sag ich von dem, der gleich nach der Aussaat im Nahkampf
angreift das Feld, fruchtlose Sandhaufen kleinschlägt, dann seinen
Saaten den Fluss zuführt durch willig folgende Bäche
und, wenn vom Brand der Acker erglüht und die Pflanzen verenden,
schau, von der Höhe des steilen Pfades die Woge herablockt?
Niederstürzend auf glattem Geröll erzeugt sie ein raues
Murmeln, sprudelt dahin und erfrischt die trockenen Fluren.
Was von dem, der, damit nicht der Halm unter trächtigen Ähren
hinsinkt, die wuchernde Saat, wenn, zart noch sprießend, sie grad die
Höhe der Furchen erreicht, abweiden lässt, und von dem, der
abzieht mit durstigem Sand die sumpfig sich sammelnde Nässe,
dann zumal, wenn in unsicheren Monaten über die Ufer
geht der Fluss und weithin mit Schlamm alles zudeckt, wodurch es
kommt, dass lauwarmes Wasser aus tiefen Pfützen hervordampft?
    Doch obwohl mühseliges Schaffen der Menschen und Rinder
all das versucht hat durch Pflügen – die böse Gans und vom Strymon
Kraniche und mit bitteren Fasern Zichorien sind höchst
hinderlich, oder der Schatten schadet. Er selber, der Vater,
wollte, dass schwer sei der Landbau, und ließ als erster die Äcker
planvoll aufwühlen, schärfte durch Sorgen die Herzen der Menschen
und ließ nicht sein Reich in lastender Dumpfheit erstarren.

ante Iovem nulli subigebant arva coloni;   125
ne signare quidem aut partiri limite campum
fas erat: in medium quaerebant, ipsaque tellus
omnia liberius nullo poscente ferebat.
ille malum virus serpentibus addidit atris
praedarique lupos iussit pontumque moveri,   130
mellaque decussit foliis ignemque removit
et passim rivis currentia vina repressit,
ut varias usus meditando extunderet artes
paulatim et sulcis frumenti quaereret herbam,
ut silicis venis abstrusum excuderet ignem.   135
tunc alnos primum fluvii sensere cavatas;
navita tum stellis numeros et nomina fecit,
Pleïadas, Hyadas claramque Lycaonis Arcton.
tum laqueis captare feras et fallere visco
inventum et magnos canibus circumdare saltus;   140
atque alius latum funda iam verberat amnem
alta petens, pelagoque alius trahit umida lina.
tum ferri rigor atque argutae lammina serrae
(nam primi cuneis scindebant fissile lignum),
tum variae venere artes. labor omnia vicit   145
improbus et duris urgens in rebus egestas.
prima Ceres ferro mortalis vertere terram
instituit, cum iam glandes atque arbuta sacrae
deficerent silvae et victum Dodona negaret.
mox et frumentis labor additus, ut mala culmos   150
esset robigo segnisque horreret in arvis
carduus; intereunt segetes, subit aspera silva
lappaeque tribolique, interque nitentia culta
infelix lolium et steriles dominantur avenae.
quod nisi et adsiduis herbam insectabere rastris   155
et sonitu terrebis aves et ruris opaci

Einst, vor Juppiters Zeit, unterwarf kein Bauer die Fluren;
Unrecht war es, ein Feld zu markieren oder durch eine
Grenze zu teilen: Gemeingut war alles, und freigebig trug die
Erde alles von selbst, weil niemand etwas verlangte.
Er erst gab das üble Gift den verderblichen Schlangen,
hieß die Wölfe auf Raub ausgehen und wogen die Meere,
schüttelte von den Blättern den Honig, entfernte das Feuer,
ließ auch den Wein, der überall floss in den Bächen, versiegen;
denn das Bedürfnis sollte durch Nachdenken vielerlei Künste
langsam hervortreiben, Halme des Korns in den Furchen sich suchen
und aus den Adern des Kieselsteins schlagen verborgenes Feuer.
Da erst spürten gehöhlte Erlenstämme die Flüsse;
damals gab den Sternen der Seemann Nummer und Namen:
Arktos, die leuchtende Tochter Lykaons, Plejaden, Hyaden.
Damals erfand man, das Wild mit Schlingen zu fangen, mit Leim zu
täuschen und große Gebiete des Walds zu umstellen mit Hunden;
schon schlägt dieser den breiten Strom mit dem Wurfnetz und zielt ins
Tiefe, ein anderer zieht aus dem Meer das triefende Zuggarn.
Hartes Eisen kam da, das Blatt der kreischenden Säge –
denn mit Keilen zerteilten das spaltbare Holz sie zuerst noch –,
vielerlei Künste kamen. Die mühsame Arbeit, die böse,
meisterte alles und, drängend in schwieriger Lage, der Mangel.
Ceres lehrte als erste die Menschen, mit Eisen das Erdreich
umzuwenden, als Eicheln und Erdbeern im heiligen Wald zu
Ende gingen bereits und Dodona die Nahrung verwehrte.
Bald auch kam das Getreide in Not; es fraß nun der schlimme
Rost die Halme, es starrten unfruchtbar in den Gefilden
Disteln; die Saat geht ein, es erhebt sich ein raues Gestrüpp von
Kletten und Burzeldornen, und zwischen leuchtenden Saaten
führen wertloser Lolch und tauber Hafer die Herrschaft.
Wenn du daher nicht ständig das Unkraut verfolgst mit der Hacke
und durch Lärmen die Vögel verscheuchst, mit der Sichel bedrängst das

falce premes umbras votisque vocaveris imbrem,
heu magnum alterius frustra spectabis acervum
concussaque famem in silvis solabere quercu.
    Dicendum et quae sint duris agrestibus arma,   160
quis sine nec potuere seri nec surgere messes:
vomis et inflexi primum grave robur aratri
tardaque Eleusinae matris volventia plaustra
tribulaque traheaeque et iniquo pondere rastri,
virgea praeterea Celei vilisque supellex,   165
arbuteae crates et mystica vannus Iacchi;
omnia quae multo ante memor provisa repones,
si te digna manet divini gloria ruris.
continuo in silvis magna vi flexa domatur
in burim et curvi formam accipit ulmus aratri;   170
huic a stirpe pedes temo protentus in octo,
binae aures, duplici aptantur dentalia dorso.
caeditur et tilia ante iugo levis altaque fagus
stivaque, quae currus a tergo torqueat imos,
et suspensa focis explorat robora fumus.   175
    Possum multa tibi veterum praecepta referre,
ni refugis tenuisque piget cognoscere curas.
area cum primis ingenti aequanda cylindro
et vertenda manu et creta solidanda tenaci,
ne subeant herbae neu pulvere victa fatiscat,   180
tum variae inludant pestes: saepe exiguus mus
sub terris posuitque domos atque horrea fecit,
aut oculis capti fodere cubilia talpae,
inventusque cavis bufo et quae plurima terrae
monstra ferunt, populatque ingentem farris acervum   185
curculio atque inopi metuens formica senectae.
contemplator item, cum se nux plurima silvis
induet in florem et ramos curvabit olentis:

Laub am beschatteten Feld und Regen erflehst mit Gelübden,
wehe, dann blickst du umsonst auf den großen Haufen des Nachbarn,
und um den Hunger zu mildern, schüttelst im Wald du die Eiche.
   Sagen muss ich, welche Waffen die harten Landleute haben;
nicht gesät werden kann ohne sie, nicht sprießen die Ernte:
erstens die Pflugschar, des krummen Pfluges wuchtiges Kernholz,
langsam rollende Wagen der eleusinischen Mutter,
Dreschtafeln, Schleifen sowie die Hacken, die unmäßig schwer sind,
ferner das schlichte aus Ruten geflochtene Werkzeug des Keleus,
Flechtwerk aus Arbutus und des Iacchus mystische Schwinge;
halt all dies bereit, das du lang schon mit Sorgfalt beschafft hast,
wenn verdient auf dich wartet der Ruhm eines göttlichen Landbaus.
Gleich zum Krummholz gebändigt, im Walde gebogen mit großer
Kraft, wird die Ulme, bekommt so die Form des gebogenen Pfluges;
angefügt werden diesem, acht Fuß lang und ragend, die Deichsel
und zwei Streichbretter und der Scharbaum mit doppeltem Rücken.
Vorher gefällt wird die leichte Linde fürs Joch und die hohe
Buche für den Sterz, der hinten die niedrigen Räder
lenkt; und es prüfe der Rauch das Kernholz, das über dem Herd hängt.
   Viele Lehren der Alten, die kann ich dir nennen, wenn's dich nicht
schreckt und verdrießt, von Sorgen um kleine Dinge zu hören.
Erstens musst mit der Walze die Tenne du ebnen, von Hand sie
umgraben und verdichten mit zähem Tone, damit nicht
Unkraut eindringt und sie vom Staub besiegt wird und aufreißt,
und dann manch ein Schädling dich narrt: Unterm Boden hat oft die
winzige Maus ihr Haus gebaut und Speicher errichtet,
oder ihr Lager gruben sich blinde Maulwürfe; auch die
Kröte gibt's in den Löchern und was noch an Monstern die Erde
massig erzeugt, und es plündern den riesigen Haufen von Dinkel
Kornwurm und Ameise; diese befürchtet das Darben im Alter.
Pass auch auf, wenn die Mandelbäume sich vielfach in Blüten
hüllen in der Pflanzung und biegen die duftenden Zweige:

si superant fetus, pariter frumenta sequentur,
magnaque cum magno veniet tritura calore;   190
at si luxuria foliorum exuberat umbra,
nequiquam pinguis palea teret area culmos.
semina vidi equidem multos medicare serentis
et nitro prius et nigra perfundere amurca,
grandior ut fetus siliquis fallacibus esset   195
et quamvis igni exiguo properata maderent.
vidi lecta diu et multo spectata labore
degenerare tamen, ni vis humana quotannis
maxima quaeque manu legeret: sic omnia fatis
in peius ruere ac retro sublapsa referri,   200
non aliter quam qui adverso vix flumine lembum
remigiis subigit, si bracchia forte remisit,
atque illum in praeceps prono rapit alveus amni.
     Praeterea tam sunt Arcturi sidera nobis
Haedorumque dies servandi et lucidus Anguis,   205
quam quibus in patriam ventosa per aequora vectis
Pontus et ostriferi fauces temptantur Abydi.
Libra die somnique pares ubi fecerit horas
et medium luci atque umbris iam dividit orbem,
exercete, viri, tauros, serite hordea campis   210
usque sub extremum brumae intractabilis imbrem;
nec non et lini segetem et Cereale papaver
tempus humo tegere et iamdudum incumbere aratris,
dum sicca tellure licet, dum nubila pendent.
vere fabis satio; tum te quoque, medica, putres   215
accipiunt sulci et milio venit annua cura,
candidus auratis aperit cum cornibus annum
Taurus, et adverso cedens Canis occidit astro.
at si triticeam in messem robustaque farra
exercebis humum solisque instabis aristis,   220

Wenn die Frucht überwiegt, folgt ebenso reichlich Getreide,
und bei gewaltiger Hitze beginnt ein gewaltiges Dreschen;
doch wenn die Blätter wuchern und zu viel Schatten erzeugen,
gibt's viel Spreu, und es drischt die Tenne vergeblich die Ähren.
Viele Säende sah ich, welche die Saat präparierten
und mit Natron zuvor und schwarzem Ölschaum begossen,
auf dass größren Ertrag die trügenden Schoten erbrächten,
schneller auch gar würden, selbst bei denkbar winziger Flamme.
Saatgut sah ich, das lange gelesen und mühsam geprüft, dann
dennoch verkam, wenn nicht menschliche Gegenkraft immer die größten
Samen Jahr für Jahr auslas: So stürzt durch das Schicksal
alles ins Schlimmre und wird, absinkend, nach rückwärts getragen,
so wie dem, welcher rudernd sein Schiffchen gegen den Strom nur
mühsam vorantreibt, sofort, wenn einmal nur er die Arme
sinken lässt, flussabwärts die Strömung des Flussbetts es fortreißt.
    Weiter müssen wir so das Gestirn des Arkturus beachten –
auch die Tage der Böckchen, dazu die leuchtende Schlange –,
wie die, die übers windreiche Meer heimkehrend die Fahrt zu
Abydus' austernreichem Schlund und zum Pontus riskieren.
Macht dann die Waage gleich die Stunden des Tags und des Schlafes
und teilt sie schon halb zwischen Licht und Schatten die Erde,
tummelt, Männer, die Stiere und sät auf den Feldern die Gerste,
bis zum Beginn des Regens im Winter, der Arbeit nicht zulässt;
Zeit ist's, die Leinsaat und Ceres' Mohn zu bedecken mit Erdreich,
auch und jetzt sich schon auf den Pflug zu stemmen, solang's der
trockene Boden erlaubt, solange die Wolken noch hängen.
Bohnen steckt man im Frühling, auch dich, Luzerne, empfangen
dann die mürben Furchen; der jährliche Anbau der Hirse
naht, wenn der schimmernde Stier eröffnet das Jahr mit den goldnen
Hörnern und, weichend dem Gegengestirn, der Hundsstern hinabsinkt.
Wenn du jedoch, um Weizen zu ernten und kräftigen Spelt, den
Boden bearbeitest und dabei nur auf Ähren bedacht bist,

ante tibi Eoae Atlantides abscondantur
Cnosiaque ardentis decedat stella Coronae,
debita quam sulcis committas semina quamque
invitae properes anni spem credere terrae.
multi ante occasum Maiae coepere; sed illos   225
exspectata seges vanis elusit avenis.
si vero viciamque seres vilemque phaselum
nec Pelusiacae curam aspernabere lentis,
haud obscura cadens mittet tibi signa Bootes:
incipe et ad medias sementem extende pruinas.   230
    Idcirco certis dimensum partibus orbem
per duodena regit mundi sol aureus astra.
quinque tenent caelum zonae: quarum una corusco
semper sole rubens et torrida semper ab igni;
quam circum extremae dextra laevaque trahuntur   235
caeruleae, glacie concretae atque imbribus atris;
has inter mediamque duae mortalibus aegris
munere concessae divum, et via secta per ambas,
obliquus qua se signorum verteret ordo.
mundus, ut ad Scythiam Riphaeasque arduus arces   240
consurgit, premitur Libyae devexus in Austros.
hic vertex nobis semper sublimis; at illum
sub pedibus Styx atra videt Manesque profundi.
maximus hic flexu sinuoso elabitur Anguis
circum perque duas in morem fluminis Arctos,   245
Arctos Oceani metuentes aequore tingi.
illic, ut perhibent, aut intempesta silet nox
semper et obtenta densentur nocte tenebrae,
aut redit a nobis Aurora diemque reducit;
nosque ubi primus equis Oriens adflavit anhelis,   250
illic sera rubens accendit lumina Vesper.
hinc tempestates dubio praediscere caelo

lass zuvor die Töchter des Atlas beim Morgenrot schwinden
und die flammende gnosische Krone entweichen, bevor den
Furchen du übergibst den geschuldeten Samen und eilig
anvertraust der nicht willigen Erde die Hoffnung des Jahres.
Viele begannen schon vor dem Untergang Maias, jedoch die
Saat enttäuschte dann die Erwartung durch fruchtlosen Hafer.
Willst aber Wicken du säen und einfache Bohnen und willst die
Sorge um die pelusischen Linsen nicht scheuen, dann wird ein
deutliches Zeichen Bootes im Sinken dir senden: Beginn und
lasse die Aussaat sich hinziehen bis zur Mitte der Frostzeit.
    Deswegen lenkt die in feste Teile gegliederte Kreisbahn
durch die zwölf Sternzeichen am Himmel die goldene Sonne.
Fünffach umgeben den Himmel die Zonen: Die eine ist immer
rot von der blitzenden Sonne und immer gedörrt von den Flammen;
diese umziehn auf der rechten und linken Seite ganz außen
bläuliche Zonen, starr von Eis und finsterem Regen;
zwei zwischen ihnen und der in der Mitte, ein Göttergeschenk fürs
elende Menschengeschlecht, die zerschneidet beide ein Weg, wo
umwenden soll die schräge Reihe der Zodiakzeichen.
Wie die Welt sich nach Skythien und zum Riphäergebirge
steil erhebt, so senkt sie herab sich zum libyschen Süden.
Hoch über uns ragt immer der eine Pol; unter uns den
anderen sehen die schwarze Styx und die Schatten der Tiefe.
Riesig gleitet vom einen die Schlange in bauchiger Krümmung
wie ein Fluss um die beiden Bärengestirne und durch sie;
Bärinnen sind's, die sich scheun, in des Ozeans Fluten zu tauchen.
Dort schweigt tiefe, dunkle Nacht stets, wie man erzählt, und
Finsternis ballt sich unter dem Zeltdach der Nacht, oder dorthin
kehrt Aurora von uns zurück, den Tag mit sich führend,
und wenn die Morgensonne mit schnaubenden Pferden uns anhaucht,
zündet sein spätes Licht dort an der rötliche Vesper.
Deshalb können wir vorher bei launischem Himmel das Wetter

possumus, hinc messisque diem tempusque serendi,
et quando infidum remis impellere marmor
conveniat, quando armatas deducere classis   255
aut tempestivam silvis evertere pinum:
nec frustra signorum obitus speculamur et ortus
temporibusque parem diversis quattuor annum.
  Frigidus agricolam si quando continet imber,
multa, forent quae mox caelo properanda sereno,   260
maturare datur: durum procudit arator
vomeris obtunsi dentem, cavat arbore lintres,
aut pecori signum aut numeros impressit acervis.
exacuunt alii vallos furcasque bicornis
atque Amerina parant lentae retinacula viti.   265
nunc facilis rubea texatur fiscina virga,
nunc torrete igni fruges, nunc frangite saxo.
quippe etiam festis quaedam exercere diebus
fas et iura sinunt: rivos deducere nulla
religio vetuit, segeti praetendere saepem,   270
insidias avibus moliri, incendere vepres
balantumque gregem fluvio mersare salubri.
saepe oleo tardi costas agitator aselli
vilibus aut onerat pomis, lapidemque revertens
incusum aut atrae massam picis urbe reportat.   275
  Ipsa dies alios alio dedit ordine luna
felicis operum. quintam fuge: pallidus Orcus
Eumenidesque satae; tum partu Terra nefando
Coeumque Iapetumque creat saevumque Typhoea
et coniuratos caelum rescindere fratres.   280
ter sunt conati imponere Pelio Ossam
scilicet, atque Ossae frondosum involvere Olympum;
ter pater exstructos disiecit fulmine montis.
septima post decimam felix et ponere vitem

wissen, deshalb den Tag der Ernte, die Zeit für die Aussaat
und wann mit Rudern den trügenden Meeresspiegel zu peitschen
günstig ist, wann zu ziehen ins Meer die bewaffnete Flotte
oder im Wald die Fichte, die reif dafür ist, zu fällen:
Nicht vergebens erspähn wir der Sternzeichen Aufgang und Abgang
und das Jahr, das gleichmäßig in vier Zeiten geteilt ist.
 Hält den Bauern im Hause fest ein frostiger Regen,
kann er schon früh viel tun, was bei heiterem Himmel in Eile
er zu erledigen hätte: Es schärft der Pflüger den harten
Zahn an der stumpfen Pflugschar, er höhlt zur Kufe den Baum aus,
prägt ein Zeichen dem Vieh auf oder den Kornhaufen Nummern.
Andere spitzen Pfähle sowie zweizinkige Gabeln,
legen für biegsame Reben bereit amerinische Bänder.
Jetzt sollt handliche Körbchen aus Brombeerranken ihr flechten,
jetzt dörrt Körner am Feuer, jetzt sollt mit dem Stein ihr sie mahlen.
Klar, auch an Festtagen etwas auszuführen gestatten
Götter- und Menschengesetz: Kein frommes Bedenken verbot es
je, einen Bach abzuleiten, zu ziehn einen Zaun um das Saatgut,
Vogelfallen zu stellen, in Brand Dornbüsche zu setzen
oder im heilenden Fluss die blökende Herde zu baden.
Oft auch belädt mit Öl die Flanken des langsamen Esels
oder mit billigem Obst der Treiber, bringt den geschärften
Stein oder auch einen schwarzen Klumpen Pech aus der Stadt heim.
 Luna selbst macht verschiedene Tage in wechselnder Folge
günstig zur Arbeit. Meide den Fünften: Gezeugt wurden da der
bleiche Orkus sowie die Erinnyen; da brachte zur Welt in
grausigen Wehen Iapetus, Koeus, den wilden Typhoeus
und die zum Sturz des Himmels verschworenen Brüder die Erde.
Dreimal versuchten doch die, auf den Pelion den Ossa zu türmen
und den belaubten Olymp auf den Ossa zu wälzen; der Vater
schlug mit dem Blitz die getürmten Berge dreimal auseinander.
Gut ist's, die Reben zu setzen am siebenten Tag nach dem zehnten,

et prensos domitare boves et licia telae   285
addere. nona fugae melior, contraria furtis.
    Multa adeo gelida melius se nocte dedere
aut cum sole novo terras inrorat Eous.
nocte leves melius stipulae, nocte arida prata
tondentur, noctes lentus non deficit umor.   290
et quidam seros hiberni ad luminis ignes
pervigilat ferroque faces inspicat acuto;
interea longum cantu solata laborem
arguto coniunx percurrit pectine telas
aut dulcis musti Volcano decoquit umorem   295
et foliis undam trepidi despumat aëni.
at rubicunda Ceres medio succiditur aestu
et medio tostas aestu terit area fruges.
nudus ara, sere nudus. hiems ignava colono:
frigoribus parto agricolae plerumque fruuntur   300
mutuaque inter se laeti convivia curant;
invitat genialis hiems curasque resolvit,
ceu pressae cum iam portum tetigere carinae,
puppibus et laeti nautae imposuere coronas.
sed tamen et quernas glandes tum stringere tempus   305
et lauri bacas oleamque cruentaque myrta,
tum gruibus pedicas et retia ponere cervis
auritosque sequi lepores, tum figere dammas
stuppea torquentem Balearis verbera fundae,
cum nix alta iacet, glaciem cum flumina trudunt.   310
    Quid tempestates autumni et sidera dicam,
atque, ubi iam breviorque dies et mollior aestas,
quae vigilanda viris? vel cum ruit imbriferum ver,
spicea iam campis cum messis inhorruit et cum
frumenta in viridi stipula lactentia turgent?   315
saepe ego, cum flavis messorem induceret arvis

und gefangene Rinder zu zähmen, ein neues Gewebe
anzufangen. Zur Flucht ist der Neunte gut, nicht für Diebstahl.
   Vieles sogar geht besser in eisiger Nacht oder wenn der
Morgenstern die Erde betaut beim Aufgang der Sonne.
Nachts sind leichte Stoppeln und nachts die trockenen Wiesen
besser zu mähen, das Nass, das geschmeidig macht, schwindet bei Nacht nicht.
Mancher sitzt im Winter bis spät in der Nacht noch beim Schein des
Feuers und schneidet mit scharfem Messer Kienspäne; seine
Frau verkürzt sich inzwischen die lange Mühe durch Singen,
und mit rasselnden Kamm durchfährt sie dabei das Gewebe,
oder sie kocht überm Feuer des Mostes süßlichen Saft ein,
und vom zitternden Kessel streicht sie mit Blättern den Schaum weg.
Doch das rötliche Korn wird bei Mittagshitze gemäht; die
trockenen Früchte drischt bei Mittagshitze die Tenne.
Pflüge und säe nackt. Untätig macht Bauern der Winter:
Wenn es kalt ist, genießen die Landleute meist das Erworbne,
und sie servieren einander vergnügt im Wechsel ein Gastmahl;
freundlich lädt der Winter ein und befreit von den Sorgen,
wie wenn beladene Schiffe endlich den Hafen erreichen
und vergnügt die Matrosen das Heck mit Kränzen behängen.
Zeit ist's aber dann auch, vom Baume sich Eicheln zu streifen,
auch Lorbeeren, Oliven und blutrote Beeren der Myrte,
dann auch den Kranichen Schlingen und Netze den Hirschen zu stellen,
dann langohrige Hasen zu jagen und Damwild zu schießen,
wirbelnd die hanfenen Riemen der balearischen Schleuder,
wenn der Schnee hoch liegt und die Flüsse Eisschollen führen.
   Was soll ich nun sagen von Stürmen und Sternen des Herbstes,
und was die Männer beachten müssen, wenn kürzer der Tag und
milder der Sommer wird oder Regen im Frühling hereinbricht,
wenn schon am Getreide die Ähre starrt auf den Feldern
und auf grünem Halme von Milchsaft strotzend das Korn schwillt?
Oft sah ich, wenn der Bauer aufs goldene Feld seine Schnitter

agricola et fragili iam stringeret hordea culmo,
omnia ventorum concurrere proelia vidi,
quae gravidam late segetem ab radicibus imis
sublimem expulsam eruerent: ita turbine nigro   320
ferret hiems culmumque levem stipulasque volantes.
saepe etiam immensum caelo venit agmen aquarum,
et foedam glomerant tempestatem imbribus atris
collectae ex alto nubes: ruit arduus aether
et pluvia ingenti sata laeta boumque labores   325
diluit; implentur fossae et cava flumina crescunt
cum sonitu fervetque fretis spirantibus aequor.
ipse pater media nimborum in nocte corusca
fulmina molitur dextra, quo maxima motu
terra tremit; fugere ferae et mortalia corda   330
per gentes humilis stravit pavor; ille flagranti
aut Atho aut Rhodopen aut alta Ceraunia telo
deicit; ingeminant Austri et densissimus imber;
nunc nemora ingenti vento, nunc litora plangunt.
hoc metuens caeli menses et sidera serva,   335
frigida Saturni sese quo stella receptet,
quos ignis caelo Cyllenius erret in orbis.
in primis venerare deos atque annua magnae
sacra refer Cereri laetis operatus in herbis
extremae sub casum hiemis, iam vere sereno.   340
tum pingues agni et tum mollissima vina,
tum somni dulces densaeque in montibus umbrae.
cuncta tibi Cererem pubes agrestis adoret:
cui tu lacte favos et miti dilue Baccho,
terque novas circum felix eat hostia fruges,   345
omnis quam chorus et socii comitentur ovantes
et Cererem clamore vocent in tecta; neque ante
falcem maturis quisquam supponat aristis,

führte und dann vom zerbrechlichen Halm abstreifte die Gerste,
wie aufeinander im Kampf losgingen sämtliche Winde,
die weithin ausrissen die wuchernde Saat mit der Wurzel
und in die Höhe warfen: So trug denn der Sturmwind im schwarzen
Wirbel die leichten Halme dahin und die fliegenden Stoppeln.
Oft auch erscheint eine riesige Wasserarmada am Himmel,
und ein scheußliches Unwetter ballen, oben gesammelt,
Wolken mit finsterem Regen zusammen: Der Äther stürzt nieder,
schwemmt, sich heftig ergießend, die üppigen Saaten, der Stiere
Arbeit, fort; voll laufen die Gräben, es schwellen die leeren
Flüsse mit Tosen, es brandet das Meer mit brausenden Wogen.
Zuckende Blitze schleudert inmitten der Sturmnacht der Vater
selbst mit der rechten Hand; von dieser Erschütterung bebt die
riesige Erde, es flieht das Wild, demütige Furcht wirft
bei den Völkern nieder die Herzen der Menschen; er trifft mit
flammender Waffe den Athos oder die hohen Keraunien
oder die Rhodope; Südwind und dichtester Regen verdoppeln
sich; bald klagen die Wälder im Windstoß, bald die Gestade.
Dieses befürchtend schau auf die Himmelsmonate, auf die
Sterne und darauf, wohin sich der kalte Saturnstern zurückzieht,
welche Kreise am Himmel durchirrt das kyllenische Feuer.
Ehre vor allem die Götter und bringe der mächtigen Ceres
jährliche Opfer dar, im üppigen Gras sie verrichtend,
wenn vorbei ist der Winter, bereits im heiteren Frühling.
Dann sind feist die Lämmer, am süffigsten dann auch die Weine,
dann ist der Schlummer süß; dicht sind in den Bergen die Schatten.
Beten zu Ceres soll die gesamte ländliche Jugend:
Tränk ihr die Honigkuchen mit Milch und lieblichem Weine;
glückbringend soll das Opfertier dreimal umschreiten die junge
Feldfrucht; die ganze Schar der Freunde geleite es jubelnd,
und in die Häuser rufe sie schreiend Ceres; und keiner
lege an die reifen Ähren die Sichel, bevor für

quam Cereri torta redimitus tempora quercu
det motus incompositos et carmina dicat.   350
   Atque haec ut certis possemus discere signis,
aestusque pluviasque et agentis frigora ventos,
ipse pater statuit quid menstrua luna moneret,
quo signo caderent Austri, quid saepe videntes
agricolae propius stabulis armenta tenerent.   355
continuo ventis surgentibus aut freta ponti
incipiunt agitata tumescere et aridus altis
montibus audiri fragor, aut resonantia longe
litora misceri et nemorum increbrescere murmur.
iam sibi tum a curvis male temperat unda carinis,   360
cum medio celeres revolant ex aequore mergi
clamoremque ferunt ad litora, cumque marinae
in sicco ludunt fulicae, notasque paludes
deserit atque altam supra volat ardea nubem.
saepe etiam stellas vento impendente videbis   365
praecipites caelo labi, noctisque per umbram
flammarum longos a tergo albescere tractus,
saepe levem paleam et frondes volitare caducas
aut summa nantis in aqua conludere plumas.
at Boreae de parte trucis cum fulminat et cum   370
Eurique Zephyrique tonat domus, omnia plenis
rura natant fossis atque omnis navita ponto
umida vela legit. numquam imprudentibus imber
obfuit: aut illum surgentem vallibus imis
aëriae fugere grues, aut bucula caelum   375
suspiciens patulis captavit naribus auras,
aut arguta lacus circumvolitavit hirundo
et veterem in limo ranae cecinere querelam.
saepius et tectis penetralibus extulit ova
angustum formica terens iter, et bibit ingens   380

Ceres, die Schläfen bekränzt mit geflochtenem Laub von der Eiche,
er einen kunstlosen Reigen getanzt und Gebete gesagt hat.

Und damit all dies wir an sicheren Zeichen erkennen,
Hitze und Regen und Kälte bringende Winde, bestimmte
selber der Vater, was Lunas Wandel bedeutet, bei welchem
Sternbild der Südwind sich legt, was, häufig gesehen, dem Bauern
anzeigt, er solle sein Vieh recht nahe halten beim Stalle.
Gleich wenn die Winde aufsteigen, wühlt es die Wogen des Meeres
auf, sie beginnen zu schwellen, auf Bergeshöhen ist trocknes
Krachen zu hören, oder die Strände geraten in Aufruhr,
weithin brausend, zugleich verstärkt sich das Rauschen der Wälder.
Jetzt verschont kaum noch die gewölbten Schiffe die Woge,
während vom hohen Meer heimfliegen die hurtigen Taucher
und ihr Geschrei zum Strand hintragen, während im Trocknen
Seehühner spielen und die ihm vertrauten Sümpfe der Reiher
hinter sich lässt und hoch dahinfliegt über den Wolken.
Oft auch siehst du, wenn Sturm droht, jäh vom Himmel herunter
Sternschnuppen stürzen, dazu in der nächtlichen Dunkelheit hinter
ihnen ihre langen Flammenspuren erstrahlen,
oft auch umherfliegen leichtes Stroh und fallende Blätter
oder Federn, die auf dem Wasser schwimmen und spielen.
Blitzt es aber vom grimmigen Boreas her und erdröhnt das
Haus des Eurus und Zephyrus, werden mit Wasser gefüllt die
Gräben, es schwimmt die Flur, und es refft die triefenden Segel
jeder Schiffer auf See. Nie bringt ohne Warnung der Regen
Schaden: Zieht er auf, in die tiefsten Täler entfliehn die
sonst hoch fliegenden Kraniche, oder zum Himmel hinauf blickt
und zieht mit geöffneten Nüstern Luft ein die Jungkuh,
oder die Schwalbe fliegt schrill zwitschernd herum um die Teiche
und es singen im Schlamm ihr altes Klaglied die Frösche.
Öfter trägt aus dem innersten Hause die Ameise ihre
Eier, auf engem Wege schreitend, Wasser saugt auf ein

arcus, et e pastu decedens agmine magno
corvorum increpuit densis exercitus alis.
iam variae pelagi volucres et quae Asia circum
dulcibus in stagnis rimantur prata Caystri
certatim largos umeris infundere rores: 385
nunc caput obiectare fretis, nunc currere in undas
et studio incassum videas gestire lavandi;
tum cornix plena pluviam vocat improba voce
et sola in sicca secum spatiatur harena.
ne nocturna quidem carpentes pensa puellae   390
nescivere hiemem, testa cum ardente viderent
scintillare oleum et putris concrescere fungos.

    Nec minus ex imbri soles et aperta serena
prospicere et certis poteris cognoscere signis:
nam neque tum stellis acies obtunsa videtur,   395
nec fratris radiis obnoxia surgere Luna,
tenuia nec lanae per caelum vellera ferri;
non tepidum ad solem pinnas in litore pandunt
dilectae Thetidi alcyones, non ore solutos
immundi meminere sues iactare maniplos.   400
at nebulae magis ima petunt campoque recumbunt,
solis et occasum servans de culmine summo
nequiquam seros exercet noctua cantus.
apparet liquido sublimis in aëre Nisus,
et pro purpureo poenas dat Scylla capillo: 405
quacumque illa levem fugiens secat aethera pinnis,
ecce inimicus atrox magno stridore per auras
insequitur Nisus; qua se fert Nisus ad auras,
illa levem fugiens raptim secat aethera pinnis.
tum liquidas corvi presso ter gutture voces   410
aut quater ingeminant et saepe cubilibus altis
nescio qua praeter solitum dulcedine laeti

riesiger Regenbogen, es lärmt ein Rabenheer, das die
Weide Flügel an Flügel verließ in mächtigem Schwarme.
Allerlei Seevögel sieht man und solche, die ringsum Kleinasiens
Wiesen im frischen Marschlande nah dem Kaÿster durchsuchen,
wetteifernd über die Schulter reichlich Wasser sich sprühen,
bald ihren Kopf ins Wasser tauchen, bald in die Wogen
rennen, dazu mit vergeblichem Eifer zu baden bemüht sind.
Da ruft Regen herbei aus voller Kehle die böse
Krähe, für sich allein spazierend im trockenen Sande.
Selbst die Mädchen, die während der Nacht ihr Wollpensum zupfen,
spüren den Sturm voraus, wenn Funken sprühen das Öl und
mürbe Lichtschnuppen wachsen sie sehn in der brennenden Lampe.
      Ebenso kannst noch bei Regen du sonniges Wetter und öffnen,
heitren Himmel voraussehn durch Schlüsse aus sicheren Zeichen:
Denn dann scheint nicht trübe zu sein der Lichtglanz der Sterne,
Luna nicht aufzusteigen mit Licht, das vom Bruder geborgt ist,
zartes Geflock von Wolle nicht über den Himmel zu ziehen;
Eisvögel, Thetis' Lieblinge, breiten am Strand nicht zur warmen
Sonne die Federn aus, nicht fällt es schmutzigen Schweinen
ein, mit dem Rüssel Heubündel aufzuwühln und zu schleudern.
Aber es sinkt der Nebel schon tiefer und legt sich aufs Feld, und,
oben am Giebel darauf, dass die Sonne untergeht, wartend,
übt sich noch spät vergeblich der Nachtkauz in seinem Gesinge.
Nisus ist dann in der klaren Luft hoch oben zu sehen,
und für die purpurne Locke erleidet Skylla die Strafe:
Wo auch den leichten Äther sie fliehend mit Flügeln durchschneidet,
sieh nur, verfolgt sie mit lautem Gekreische Nisus, ihr wilder
Gegner, quer durch die Luft; wo Nisus hinauf in die Luft steigt,
da durchschneidet sie eilig den leichten Äther mit Flügeln.
Dann wiederholen drei- oder viermal die Raben den hellen
Ruf aus gepresster Kehle, und oft hoch oben im Neste
lärmen mit irgendwie ungewohntem Entzücken im Laub sie

inter se in foliis strepitant: iuvat imbribus actis
progeniem parvam dulcisque revisere nidos.
haud equidem credo, quia sit divinitus illis   415
ingenium aut rerum fato prudentia maior;
verum ubi tempestas et caeli mobilis umor
mutavere vias et Iuppiter uvidus Austris
denset erant quae rara modo, et quae densa relaxat,
vertuntur species animorum, et pectora motus   420
nunc alios, alios dum nubila ventus agebat,
concipiunt: hinc ille avium concentus in agris
et laetae pecudes et ovantes gutture corvi.
     Si vero solem ad rapidum lunasque sequentis
ordine respicies, numquam te crastina fallet   425
hora neque insidiis noctis capiere serenae.
luna revertentis cum primum colligit ignis,
si nigrum obscuro comprenderit aëra cornu,
maximus agricolis pelagoque parabitur imber;
at si virgineum suffuderit ore ruborem,   430
ventus erit: vento semper rubet aurea Phoebe.
sin ortu quarto (namque is certissimus auctor)
pura neque obtunsis per caelum cornibus ibit,
totus et ille dies et qui nascentur ab illo
exactum ad mensem pluvia ventisque carebunt,   435
votaque servati solvent in litore nautae
Glauco et Panopeae et Inoo Melicertae.
     Sol quoque et exoriens et cum se condet in undas
signa dabit: solem certissima signa sequentur,
et quae mane refert et quae surgentibus astris.   440
ille ubi nascentem maculis variaverit ortum
conditus in nubem medioque refugerit orbe,
suspecti tibi sint imbres: namque urget ab alto
arboribusque satisque Notus pecorique sinister.

froh miteinander: Sie freuen sich, wenn dann vorbei ist der Regen,
wiederzusehen die kleine Brut und die lieblichen Nester.
Aber ich glaub, das ist nicht, weil durch Götter sie eine Begabung
oder durch das Schicksal größere Weltweisheit haben;
nein, sobald der Sturm und die wandernde Feuchte des Himmels
ihre Bahn verändern und Juppiter, triefend vom Südwind,
das, was noch eben zerstreut war, verdichtet und auflockert Dichtes,
dann verändert ihr Sinn sich, im Herzen empfangen sie andre
Regungen, andre als grad, als der Wind die Wolken herantrieb:
Daher kommt nun jener Vogelgesang auf den Fluren
und die Freude des Viehs und das frohe Gekrächze der Raben.

    Wenn du die sengende Sonne sowie die Phasen des Monds in
deren Folge beachtest, wird nie dich der Anfang des nächsten
Tages täuschen, die klare Nacht dich nicht tückisch betören.
Nun, sobald ihr Licht, das ihr wiederkehrt, aufsammelt Luna,
wenn sie schwarzen Dunst einschließt in ihr Horn, das dann trüb wird,
ist für Bauern und Meer ein gewaltiger Regen im Anmarsch;
doch wenn ihr überm Gesicht jungfräuliches Rot sich verbreitet,
kommt ein Wind auf: Die goldene Phoebe wird immer bei Wind rot.
Zieht sie beim vierten Aufgehen – das ist das sicherste Zeichen –
rein und mit unverstümmelten Hörnern über den Himmel,
bleiben der ganze Tag und die Tage, die nachfolgen, bis zum
Ende des Monats verschont von Regen und Sturm; am Gestade
lösen ihre Gelübde gerettete Schiffer dann ein dem
Glaukus, der Panopea und Inos Sohn Melikertes.

    Zeichen gibt auch die Sonne, beim Aufgang, und wenn in den Wogen
sie sich verbirgt: Der Sonne folgen die sichersten Zeichen,
die sie am Morgen gibt und dann, wenn aufgehn die Sterne.
Ist sie, sobald sie aufgeht, mit Flecken gesprenkelt und hat sich
in einer Wolke versteckt und die Mitte den Blicken entzogen,
dann argwöhne du Regen: Denn von der Höhe heran dringt
Notus, welcher verderblich für Bäume, Saaten und Vieh ist.

aut ubi sub lucem densa inter nubila sese   445
diversi rumpent radii, aut ubi pallida surget
Tithoni croceum linquens Aurora cubile,
heu, male tum mitis defendet pampinus uvas:
tam multa in tectis crepitans salit horrida grando.
hoc etiam, emenso cum iam decedit Olympo,   450
profuerit meminisse magis; nam saepe videmus
ipsius in vultu varios errare colores:
caeruleus pluviam denuntiat, igneus Euros;
sin maculae incipiunt rutilo immiscerier igni,
omnia tum pariter vento nimbisque videbis   455
fervere: non illa quisquam me nocte per altum
ire neque a terra moveat convellere funem.
at si, cum referetque diem condetque relatum,
lucidus orbis erit, frustra terrebere nimbis
et claro silvas cernes Aquilone moveri.   460
denique, quid Vesper serus vehat, unde serenas
ventus agat nubes, quid cogitet umidus Auster,
sol tibi signa dabit. solem quis dicere falsum
audeat? ille etiam caecos instare tumultus
saepe monet fraudemque et operta tumescere bella.   465
ille etiam exstincto miseratus Caesare Romam,
cum caput obscura nitidum ferrugine texit
impiaque aeternam timuerunt saecula noctem.
tempore quamquam illo tellus quoque et aequora ponti
obscenaeque canes importunaeque volucres   470
signa dabant. quotiens Cyclopum effervere in agros
vidimus undantem ruptis fornacibus Aetnam
flammarumque globos liquefactaque volvere saxa!
armorum sonitum toto Germania caelo
audiit: insolitis tremuerunt motibus Alpes.   475
vox quoque per lucos vulgo exaudita silentis

Oder brechen die Strahlen beim ersten Licht sich in dichten
Wolken hierhin und dorthin, oder verlässt, wenn sie aufgeht,
bleich des Tithonus safranfarbenes Lager Aurora,
weh, dann verteidigt nur schlecht die reifen Trauben das Weinlaub:
So viel schrecklicher Hagel hüpft auf den Dächern dann prasselnd.
Das zu bedenken, wenn den Olympus die Sonne durchmessen
hat und schon herabsteigt, nützt noch mehr; denn wir sehen
oft auf ihrem Gesicht herumirren mancherlei Farben:
Blau prophezeit uns Regen, den Ostwind Rot; aber wenn sich
Flecken ins rötliche Feuer zu mischen beginnen, dann wirst du
sehen, wie alles gleichzeitig brodelt vom Wind und den Wolken:
Keiner soll mich dazu bewegen, in so einer Nacht das
Meer zu befahren, ja auch nur das Tau zu lösen vom Festland.
Strahlt aber, wenn es heraufbringt den Tag und wieder verbirgt, das
Sonnenrund hell, dann musst nicht umsonst du vor Wolken erschrecken
und wirst sehn, wie im Nordwind, der aufklart, schwanken die Wälder.
Schließlich zeigt, was Vesper spät noch bringt, und woher die
heiteren Wolken der Wind treibt, was im Sinn hat der feuchte
Auster, die Sonne dir an. Wer wagt es, die Sonne des Trugs zu
zeihen? Sie auch warnt, wenn unsichtbar Aufruhr bevorsteht,
oftmals, warnt vor Verrat und vor heimlich gärenden Kriegen.
Sie auch, Roma bemitleidend, als ermordet war Caesar,
hüllte damals ihr strahlendes Haupt in ein rostfarbnes Dunkel;
ewige Nacht hat da das verruchte Jahrhundert befürchtet.
Damals gaben indessen auch Erde und Fluten des Meeres,
Unheil verheißende Hunde und Leid prophezeiende Vögel
Zeichen. Wie oft sahn wir, dass das Land der Kyklopen der Ätna
nach dem Zerbersten der Öfen mit glühendem Strom überschwemmte,
feurige Klumpen hervorwälzend und geschmolzene Felsen!
Waffengeklirr am ganzen Himmel vernahm da Germanien,
ungewohnte Erdstöße ließen die Alpen erzittern.
Auch vernahm in schweigenden Hainen das Volk eine laute

ingens, et simulacra modis pallentia miris
visa sub obscurum noctis, pecudesque locutae
(infandum!); sistunt amnes terraeque dehiscunt,
et maestum inlacrimat templis ebur aeraque sudant.   480
proluit insano contorquens vertice silvas
fluviorum rex Eridanus camposque per omnis
cum stabulis armenta tulit. nec tempore eodem
tristibus aut extis fibrae apparere minaces
aut puteis manare cruor cessavit, et altae   485
per noctem resonare lupis ululantibus urbes.
non alias caelo ceciderunt plura sereno
fulgura nec diri totiens arsere cometae.
ergo inter sese paribus concurrere telis
Romanas acies iterum videre Philippi;   490
nec fuit indignum superis bis sanguine nostro
Emathiam et latos Haemi pinguescere campos.
scilicet et tempus veniet, cum finibus illis
agricola incurvo terram molitus aratro
exesa inveniet scabra robigine pila   495
aut gravibus rastris galeas pulsabit inanis
grandiaque effossis mirabitur ossa sepulcris.
     Di patrii Indigetes et Romule Vestaque mater,
quae Tuscum Tiberim et Romana Palatia servas,
hunc saltem everso iuvenem succurrere saeclo   500
ne prohibete! satis iam pridem sanguine nostro
Laomedonteae luimus periuria Troiae;
iam pridem nobis caeli te regia, Caesar,
invidet atque hominum queritur curare triumphos,
quippe ubi fas versum atque nefas: tot bella per orbem,   505
tam multae scelerum facies, non ullus aratro
dignus honos, squalent abductis arva colonis,
et curvae rigidum falces conflantur in ensem.

Stimme, und bleiche Gespenster in wundersamen Gestalten
sah man im Dunkel der Nacht, und – grausig zu sagen ist's – Schafe
redeten; Flüsse stocken, es klafft der Erdboden auf, das
Elfenbein weint in den Tempeln kläglich, die Erzbilder schwitzen.
Wälder schwemmte fort der Eridanus, König der Flüsse,
mit sich in wildem Wirbel sie reißend, und trug über alle
Felder das Vieh mit den Ställen. Und unaufhörlich erschienen
gleichzeitig drohende Fibern auf Eingeweiden, die Unglück
weissagten, quoll aus den Brunnen Blut und hallten die ganze
Nacht hindurch vom Geheule der Wölfe ragende Städte.
Häufiger stürzten sonst nicht herab vom heiteren Himmel
Blitze, und nicht so oft erglühten böse Kometen.
Also hat erneut Armeen der Römer mit gleichen
Waffen gegeneinander losrennen sehen Philippi;
schandbar fanden's die Götter nicht, dass zweimal von unsrem
Blut fett wurden Emathia und weite Gebiete des Haemus.
Ja, es kommt wohl die Zeit, da in jenen Breiten ein Bauer,
wenn er mit krummem Pflug die Erde umwälzt, auf Speere
stößt, vom schäbigen Rost zerfressne, oder mit seiner
schweren Hacke an leere Helme hinschlägt und dann die
riesigen Knochen bestaunt in den ausgeschaufelten Gräbern.
     Götter der Väter, Heroen des Lands und Romulus, Vesta,
die du den tuskischen Tiber bewahrst und Romas Palatium,
hindert wenigstens nicht diesen Jüngling, dass der gestürzten
Welt er zu Hilfe eilt! Wir büßten schon lange genug mit
unserem Blut den Meineid des laomedontischen Troja;
lange missgönnt dich schon der Palast des Himmels uns, Caesar,
und er beklagt, dass du um Triumphe auf Erden bemüht bist,
wo sich doch Recht in Unrecht verkehrt hat: So viele Kriege
gibt's auf der Welt, so viele Arten von Frevel, der Pflug wird
nicht mehr geehrt, verjagt sind die Bauern, die Felder verödet,
und man schmiedet aus krummen Sicheln grausame Schwerter.

hinc movet Euphrates, illinc Germania bellum;
vicinae ruptis inter se legibus urbes   510
arma ferunt; saevit toto Mars impius orbe:
ut cum carceribus sese effudere quadrigae,
addunt in spatia, et frustra retinacula tendens
fertur equis auriga neque audit currus habenas.

Hier entfacht der Euphrat, dort drüben Germanien Kriege;
Nachbarstädte zerreißen den beiderseitigen Pakt und
tragen Waffen; der ruchlose Mars tobt rings auf dem Erdkreis:
Wie wenn Quadrigen hervor aus den Schranken stürzen und stets an
Raum gewinnen, die Pferde den Lenker, der sinnlos am Zaum zerrt,
mitreißen und der Wagen schon nicht mehr gehorcht seinen Zügeln.

LIBER II

Hactenus arvorum cultus et sidera caeli;
nunc te, Bacche, canam, nec non silvestria tecum
virgulta et prolem tarde crescentis olivae.
huc, pater o Lenaee (tuis hic omnia plena
muneribus, tibi pampineo gravidus autumno   5
floret ager, spumat plenis vindemia labris),
huc, pater o Lenaee, veni nudataque musto
tinge novo mecum dereptis crura coturnis.
    Principio arboribus varia est natura creandis.
namque aliae nullis hominum cogentibus ipsae   10
sponte sua veniunt camposque et flumina late
curva tenent, ut molle siler lentaeque genistae,
populus et glauca canentia fronde salicta;
pars autem posito surgunt de semine, ut altae
castaneae nemorumque Iovi quae maxima frondet   15
aesculus atque habitae Grais oracula quercus.
pullulat ab radice aliis densissima silva,
ut cerasis ulmisque; etiam Parnasia laurus
parva sub ingenti matris se subicit umbra.
hos natura modos primum dedit, his genus omne   20
silvarum fruticumque viret nemorumque sacrorum.
    Sunt alii, quos ipse via sibi repperit usus:
hic plantas tenero abscindens de corpore matrum
deposuit sulcis, hic stirpes obruit arvo
quadrifidasque sudes et acuto robore vallos.   25
silvarumque aliae pressos propaginis arcus
exspectant et viva sua plantaria terra;
nil radicis egent aliae, summumque putator

BUCH 2

So viel nun von der Pflege der Flur und den Himmelsgestirnen;
Bacchus, dich und mit dir die Sprossen der Waldbäume, auch den
Schößling des langsam wachsenden Ölbaums will nun ich besingen.
Hierher, Vater Lenaeus – voll ist hier alles von deinen
Gaben, für dich blüht trächtig im herbstlichen Rebengerank der
Acker, und es schäumt in den vollen Kufen die Lese –,
hierher, Vater Lenaeus, komm, streif ab die Kothurne,
tauche mit mir die entblößten Beine in heurigen Most ein.
　　Erstens: Es ist verschieden bei Bäumen die Art der Entstehung.
Einige nämlich kommen von selber, ohne den Zwang der
Menschen hervor und besetzen die Felder weithin und gewundne
Flüsse, wie die geschmeidige Sumpfweide, biegsamer Ginster,
Pappeln und Weidengebüsch mit den blaugrau schimmernden Blättern;
weitere erstehn aus gesetztem Samen: die hohen Kastanien,
auch die Steineiche, die am größten in Juppiters Hainen
grünt, und die Eichen, die als Orakel dienen den Griechen.
Anderen sprosst sehr dichtes Buschwerk hervor aus der Wurzel,
wie Kirschbäumen und Ulmen; sogar vom parnassischen Lorbeer
schießt das Kleine empor im mächtigen Schatten der Mutter.
Schon die Natur gab diese Möglichkeiten; so grünt nun
jede Art von Wäldern, Sträuchern und heiligen Hainen.
　　Andere Formen erschloss auf eigenem Weg die Erfahrung:
Der schnitt Setzlinge ab vom zarten Mutterleib, legte
diese in Furchen; ein anderer deckte Erde auf Stämmchen,
vierfach gespaltene Pfählchen und Pflöckchen aus spitzigem Kernholz.
Baumgewächse warten zum Teil, bis ein Bogen sich senkt als
Ableger und in eigener Erde lebende Pflanze;
keiner Wurzel bedürfen andre; beim Baumschneiden holt man

haud dubitat terrae referens mandare cacumen.
quin et caudicibus sectis (mirabile dictu)   30
truditur e sicco radix oleagina ligno;
et saepe alterius ramos impune videmus
vertere in alterius mutatamque insita mala
ferre pirum et prunis lapidosa rubescere corna.

    Quare agite o proprios generatim discite cultus,   35
agricolae, fructusque feros mollite colendo,
neu segnes iaceant terrae. iuvat Ismara Baccho
conserere atque olea magnum vestire Taburnum.
tuque ades inceptumque una decurre laborem,
o decus, o famae merito pars maxima nostrae,   40
Maecenas, pelagoque volans da vela patenti.
non ego cuncta meis amplecti versibus opto,
non, mihi si linguae centum sint oraque centum,
ferrea vox. ades et primi lege litoris oram;
in manibus terrae: non hic te carmine ficto   45
atque per ambages et longa exorsa tenebo.

    Sponte sua quae se tollunt in luminis oras,
infecunda quidem, sed laeta et fortia surgunt;
quippe solo natura subest. tamen haec quoque, si quis
inserat aut scrobibus mandet mutata subactis,   50
exuerint silvestrem animum, cultuque frequenti
in quascumque voces artis haud tarda sequentur.
nec non et sterilis quae stirpibus exit ab imis
hoc faciat, vacuos si sit digesta per agros;
nunc altae frondes et rami matris opacant   55
crescentique adimunt fetus uruntque ferentem.
iam quae seminibus iactis se sustulit arbos,
tarda venit seris factura nepotibus umbram,
pomaque degenerant sucos oblita priores,
et turpis avibus praedam fert uva racemos.   60

einfach den Wipfel herunter, und den übergibt man der Erde.
Ja, vom zersägten Baumstumpf sogar – es klingt wie ein Wunder –
treibt aus trockenem Holz hervor die Wurzel des Ölbaums;
oft auch sehn wir den Zweig eines Baumes in den eines andren
straflos übergehn, Äpfel, die aufgepfropft sind, den mutierten
Birnbaum tragen, am Pflaumenbaum Steinkornellen sich röten.
    Auf denn, lernt ihre eigne Pflegeweise für jede
Art, ihr Bauern, veredelt die wilden Früchte durch Anbau;
träg soll nicht liegen das Land. Wein auf dem Ismarus pflanzen –
Spaß macht's; dies auch: den großen Taburnus in Ölbäume kleiden.
Du auch hilf und durchlauf mit mir die begonnenen Mühen,
du, meine Zier, Maecenas, mit Recht meiner Glorie größter
Teil, und setz, übers offene Meer dahinfliegend, Segel.
Alles möchte ich nicht mit meinen Versen umfassen,
hätt ich auch hundert Zungen und hundert Münder und eine
Stimme aus Erz. Du hilf, und steure direkt an der Küste;
nah ist das Land: Hier will ich dich nicht mit erfundener Dichtung
aufhalten, nicht mit Umschweifen, nicht mit langen Prologen.
    Was sich ganz von alleine erhebt zum Saume des Lichtes,
steigt zwar unfruchtbar, doch üppig und kräftig empor; im
Erdboden steckt ja seine Natur. Doch dies auch, veredelt's
einer und übergibt es, ausgetauscht, lockeren Gruben,
legt seine Wildheit ab und nimmt durch ständige Pflege
auf Befehl ohne Säumen dann jede künstliche Form an.
Aber auch das, was unten am Stamm unfruchtbar emporsprießt,
wird das dann machen, wenn man's auf freiem Felde verteilt hat;
sonst beschatten's des hohen Mutterbaums Blätter und Äste,
rauben, wenn's wächst, ihm die Frucht und nehmen die Kraft, sie zu tragen.
Schließlich der Baum, der emporsteigt aus Samen, den man gestreut hat,
kommt nur langsam, wird Schatten erst späten Enkeln verschaffen;
seine Früchte entarten, die früheren Säfte vergisst er,
und für Vögel hat hässliche Beeren als Beute die Traube.

scilicet omnibus est labor impendendus, et omnes
cogendae in sulcum ac multa mercede domandae.
sed truncis oleae melius, propagine vites
respondent, solido Paphiae de robore myrtus;
plantis edurae coryli nascuntur et ingens   65
fraxinus Herculeaeque arbos umbrosa coronae
Chaoniique patris glandes; etiam ardua palma
nascitur et casus abies visura marinos.
inseritur vero et fetu nucis arbutus horrida,
et steriles platani malos gessere valentis;   70
castaneae fagus ornusque incanuit albo
flore piri, glandemque sues fregere sub ulmis.
nec modus inserere atque oculos imponere simplex.
nam qua se medio trudunt de cortice gemmae
et tenuis rumpunt tunicas, angustus in ipso   75
fit nodo sinus; huc aliena ex arbore germen
includunt udoque docent inolescere libro.
aut rursum enodes trunci resecantur, et alte
finditur in solidum cuneis via, deinde feraces
plantae immittuntur: nec longum tempus, et ingens   80
exiit ad caelum ramis felicibus arbos
miratastque novas frondes et non sua poma.
      Praeterea genus haud unum nec fortibus ulmis
nec salici lotoque neque Idaeis cyparissis,
nec pingues unam in faciem nascuntur olivae,   85
orchades et radii et amara pausia baca,
pomaque et Alcinoi silvae, nec surculus idem
Crustumiis Syriisque piris gravibusque volemis.
non eadem arboribus pendet vindemia nostris
quam Methymnaeo carpit de palmite Lesbos;   90
sunt Thasiae vites, sunt et Mareotides albae,
pinguibus hae terris habiles, levioribus illae,

Arbeit muss man natürlich für alle aufwenden, alle
sind in die Furche zu zwingen, um hohen Preis dann zu zähmen.
Aber Ölbäume kommen besser aus Stämmen, aus Senkern
Reben und aus gediegenem Kernholz die Myrte von Paphos;
harte Haseln, die riesige Esche, der schattige Baum für
Herkules' Kranz, des chaonischen Vaters Eicheln entstehn aus
Setzlingen; so entstehn auch die ragende Palme sowie die
Tanne, die alles sehn wird, was auf dem Meere sich abspielt.
Struppiger Arbutus wird mit der Frucht des Nussbaums veredelt,
wilde Platanen, sie tragen dann kräftige Bäume voll Äpfeln;
weiß wird von Kastanienblüten die Buche, die Esche
weiß von der Birnblüte, Eicheln zerknackt das Schwein unter Ulmen.
Auch nicht auf einerlei Art erfolgt Okulieren und Pfropfen.
Wo durch die Mitte der Rinde die Knospen hervordrängen und ihr
zartes Gewand zerreißen, dort wird dann ein Spältchen genau im
Astloch gemacht; darin verschließt man ein Reis von dem fremden
Baume, und einzuwachsen lehrt man's im saftigen Baste.
Astreine Stämme wiederum kürzt man zurecht, und man spaltet
tief in das Kernholz hinein einen Weg mit Keilen und setzt dann
Pfropfreiser ein: Und nicht lange, so steigt ein gewaltiger Baum mit
fruchtbaren Ästen hinauf zum Himmel und staunt über seine
neuen Blätter und seine Früchte, die ihm nicht gehören.
    Ferner gibt es nicht *eine* Art nur von kräftigen Ulmen,
nicht von Weiden, vom Lotusbaum und von Zypressen vom Ida,
nicht in einerlei Form nur wachsen die fetten Oliven,
Radien und Orchaden und Pausien mit bitteren Beeren,
auch in Alkinous' Hain die Früchte nicht, nicht von demselben
Reis sind crustumische, syrische Birnen und schwere Volemen.
Nicht ist die Weinlese unserer Bäume dieselbe wie jene,
welche Lesbos pflückt von der methymnäischen Rebe;
thasische Reben gibt es, es gibt mareotische weiße,
jene für leichtere Böden geeignet, jene für fette,

et passo psithia utilior tenuisque lageos
temptatura pedes olim vincturaque linguam,
purpureae preciaeque et, quo te carmine dicam,   95
Rhaetica? nec cellis ideo contende Falernis.
sunt et Aminneae vites, firmissima vina,
Tmolius adsurgit quibus et rex ipse Phanaeus,
argitisque minor, cui non certaverit ulla
aut tantum fluere aut totidem durare per annos.   100
non ego te, dis et mensis accepta secundis,
transierim, Rhodia, et tumidis, bumaste, racemis.
sed neque quam multae species nec nomina quae sint
est numerus (neque enim numero comprendere refert);
quem qui scire velit, Libyci velit aequoris idem   105
discere quam multae Zephyro turbentur harenae
aut, ubi navigiis violentior incidit Eurus,
nosse quot Ionii veniant ad litora fluctus.
      Nec vero terrae ferre omnes omnia possunt.
fluminibus salices crassisque paludibus alni   110
nascuntur, steriles saxosis montibus orni;
litora myrtetis laetissima; denique apertos
Bacchus amat colles, Aquilonem et frigora taxi.
aspice et extremis domitum cultoribus orbem
Eoasque domos Arabum pictosque Gelonos: 115
divisae arboribus patriae. sola India nigrum
fert hebenum, solis est turea virga Sabaeis.
quid tibi odorato referam sudantia ligno
balsamaque et bacas semper frondentis acanthi?
quid nemora Aethiopum molli canentia lana,   120
velleraque ut foliis depectant tenuia Seres?
aut quos Oceano propior gerit India lucos,
extremi sinus orbis, ubi aëra vincere summum
arboris haud ullae iactu potuere sagittae?

besser für Süßwein sind psithische, auch der leichte Lageos,
der in die Beine geht und von dem die Zunge gelähmt wird,
auch Purpureen und Prezien und, wie preis ich im Lied dich,
Rhaetica? Doch mit Falernerkellern miss dich noch lang nicht!
Auch aminneische Reben gibt's, langlebige Weine,
denen der tmolische nachsteht, ja selbst der König von Phanae,
auch der argitische kleine, mit dem es keiner wohl aufnimmt,
weder an Ertrag noch an Haltbarkeit über die Jahre.
Dich will ich nicht übergehn, bei Opfer und Nachtisch willkommen,
Rhodia, dich nicht, Bumastus, mit deinen schwellenden Trauben.
Doch für die Menge der Sorten und auch die verschiedenen Namen
gibt es keine Zahl – es nützt ja auch nichts, sie zu zählen –;
wer sie zu wissen wünschte, der müsste auch lernen, wie viele
Sandkörner Zephyrus aufwirbelt über der libyschen Wüste,
oder wissen, wie viele Wogen vom Jonischen Meer ans
Ufer gelangen, wenn Eurus sich heftiger stürzt auf die Schiffe.
        Alles können auch wirklich nicht alle Länder erzeugen.
Weiden wachsen an Flüssen, in dicken Sümpfen die Erlen
und die unfruchtbaren Eschen im steinigen Bergland;
Myrten gedeihen sehr üppig an Stränden; schließlich bevorzugt
Bacchus die offenen Hügel, die Eibe Nordwind und Kälte.
Schau auf den Erdkreis auch, den entfernteste Pflanzer bezwangen,
Araberhäuser im Osten, bemalte Gelonen: Die Bäume
haben verteilt ihre Vaterländer. Indien nur bringt
schwarzes Ebenholz, Saba hat Weihrauchstäbchen alleine.
Soll ich dir vom Balsam berichten, der Wohlgeruch ausschwitzt
aus seinem Holz, von den Beeren des immergrünen Akanthus?
Von der Äthioper Hainen, die schimmern von flockiger Wolle,
und wie zarten Flaum von den Blättern kämmen die Serer?
Oder von Wäldern, die Indien trägt, dem Weltmeer benachbart,
Küstenbogen am Ende der Welt, wo ein Pfeilschuss die Luft am
Gipfel des Baumes noch nie überwinden konnte? Und doch ist

et gens illa quidem sumptis non tarda pharetris.   125
Media fert tristis sucos tardumque saporem
felicis mali, quo non praesentius ullum,
pocula si quando saevae infecere novercae   128
auxilium venit ac membris agit atra venena.   130
ipsa ingens arbos faciemque simillima lauro,
et, si non alium late iactaret odorem,
laurus erat: folia haud ullis labentia ventis,
flos ad prima tenax; animas et olentia Medi
ora fovent illo et senibus medicantur anhelis.   135
    Sed neque Medorum silvae, ditissima terra,
nec pulcher Ganges atque auro turbidus Hermus
laudibus Italiae certent, non Bactra neque Indi
totaque turiferis Panchaia pinguis harenis.
haec loca non tauri spirantes naribus ignem   140
invertere satis immanis dentibus hydri,
nec galeis densisque virum seges horruit hastis;
sed gravidae fruges et Bacchi Massicus umor
implevere, tenent oleae armentaque laeta.
hinc bellator equus campo sese arduus infert,   145
hinc albi, Clitumne, greges et maxima taurus
victima, saepe tuo perfusi flumine sacro,
Romanos ad templa deum duxere triumphos.
hic ver adsiduum atque alienis mensibus aestas:
bis gravidae pecudes, bis pomis utilis arbos.   150
at rabidae tigres absunt et saeva leonum
semina, nec miseros fallunt aconita legentis,
nec rapit immensos orbis per humum neque tanto
squameus in spiram tractu se colligit anguis.
adde tot egregias urbes operumque laborem,   155
tot congesta manu praeruptis oppida saxis
fluminaque antiquos subterlabentia muros.

jenes Volk dann, wenn es den Köcher hernimmt, nicht langsam!
Medien liefert den sauren Saft und den Nachgeschmack seines
heilsamen Apfels; wenn einmal grausame Stiefmütter einen
Gifttrank gemischt haben – kein Antidoton kommt dann mit bessrer
Wirkung zu Hilfe und treibt das schwarze Gift aus den Gliedern.
Riesig erhebt sich der Baum, und er sieht dem Lorbeer sehr ähnlich,
und verströmte er nicht weithin einen anderen Duft, er
wäre der Lorbeer: Es fallen im Winde nie seine Blätter,
seine Blüte hält sehr fest; für den Atem und gegen
Mundgeruch nehmen die Meder sie, heilen das Asthma bei Greisen.
    Aber das waldreiche Land der Meder, der liebliche Ganges
und der Hermus, welcher vom Goldschlamm getrübt ist, sie können
nicht mit Italien an Ruhm wetteifern, nicht Baktra, nicht Indien,
nicht Panchaia, das trieft von weihrauchtragendem Sande.
Dieses Land hier haben nicht feuerschnaubende Stiere
umgepflügt für die Aussaat der grausigen Zähne des Drachen,
und nicht starrte die Saat dann von Helmen und Speeren von Männern,
sondern trächtige Feldfrucht erfüllt's und der Massikerwein des
Bacchus, Ölbäume sind hier daheim und gedeihende Herden.
Hoch sich aufbäumend stürmt von hier zum Schlachtfeld das Streitross,
und von hier, Clitumnus, führten schneeweiße Herden
und das größte Opfer, der Stier, benetzt mit dem heilgen
Wasser oft die Triumphe Roms zu den Tempeln der Götter.
Hier herrscht ständiger Frühling und Sommer in Monaten, die ihm
fremd sind: Das Vieh trägt zweimal, der Baum nützt zweimal durch Früchte.
Reißende Tiger jedoch sind fern und die grausame Brut der
Löwen, der Eisenhut täuscht nicht arme Sammler, und keine
schuppige Schlange schleift auf dem Erdboden riesige Ringe,
zieht sich nicht in gewaltiger Länge zum Kreise zusammen.
Nimm noch die vielen herrlichen Städte, die Mühe des Bauens,
zahlreiche Orte, auf steilen Felsen von Händen errichtet,
Flüsse, die dahingleiten unterhalb uralter Mauern.

an mare quod supra memorem quodque adluit infra?
anne lacus tantos? te, Lari maxime, teque,
fluctibus et fremitu adsurgens Benace marino?   160
an memorem portus Lucrinoque addita claustra
atque indignatum magnis stridoribus aequor,
Iulia qua ponto longe sonat unda refuso
Tyrrhenusque fretis immittitur aestus Avernis?
haec eadem argenti rivos aerisque metalla   165
ostendit venis atque auro plurima fluxit;
haec genus acre virum, Marsos pubemque Sabellam
adsuetumque malo Ligurem Volscosque verutos
extulit, haec Decios Marios magnosque Camillos,
Scipiadas duros bello et te, maxime Caesar,   170
qui nunc extremis Asiae iam victor in oris
imbellem avertis Romanis arcibus Indum.
salve, magna parens frugum, Saturnia tellus,
magna virum: tibi res antiquae laudis et artem
ingredior sanctos ausus recludere fontis   175
Ascraeumque cano Romana per oppida carmen.
    Nunc locus arvorum ingeniis, quae robora cuique,
quis color et quae sit rebus natura ferendis.
difficiles primum terrae collesque maligni,
tenuis ubi argilla et dumosis calculus arvis,   180
Palladia gaudent silva vivacis olivae:
indicio est tractu surgens oleaster eodem
plurimus et strati bacis silvestribus agri.
at quae pinguis humus dulcique uligine laeta,
quique frequens herbis et fertilis ubere campus   185
(qualem saepe cava montis convalle solemus
despicere; huc summis liquuntur rupibus amnes
felicemque trahunt limum) quique editus Austro
et felicem curvis invisam pascit aratris:

Oder erwähn ich das Meer, das oben, und das, welches unten
anspült? Oder die mächtigen Seen, dich, riesiger Larius,
dich auch, Benacus, der ansteigt mit Branden und Tosen wie Meere?
Nenn ich die Häfen, die Mole am Lukrinersee, auch das
Meer, das mit lautem Rauschen sich sehr über diese empört, wo
weithin im Julierhafen die Woge braust, weil das Meer dort
einströmt und in den Avernersee dringt die tyrrhenische Brandung?
Bäche von Silber und Erzbergwerke zeigt in den Adern
ebenso dieses Land, strömt über von reichlichem Golde;
dies hat ein wildes Geschlecht von Männern, die Marser, Sabeller,
Ligurer, Not gewohnte, und Speere tragende Volsker,
dies die Decier, Marier, großen Camiller geboren,
kriegsharte Scipionen und, großer Caesar, auch dich, der
du als Sieger schon jetzt an Asiens äußersten Grenzen
fernhältst von Romas Burg die zum Krieg nicht tauglichen Inder.
Heil dir, große Mutter der Feldfrucht, saturnische Erde,
groß an Männern: Ein Thema für uralten Lobpreis beginn für
dich ich, ein Kunstwerk, erschließe kühn die heiligen Quellen,
und ich sing ein askräisches Lied in den römischen Städten.
      Nun zu den Fähigkeiten der Äcker, zur Kraft, die ein jeder
hat und zu ihrer Farbe und Eignung, Ertrag zu erbringen.
Erstens tragen karge Hügel und schwierige Böden,
wo nur magerer Lehm und Geröll auf dorniger Flur liegt,
gerne die lebenskräftigen Ölbaumhaine der Pallas:
Merkmal sind hier der wilde Ölbaum, der vielfach in solcher
Gegend wächst, und die wilden Beeren, verstreut auf den Feldern.
Ist das Erdreich fett und durch süße Feuchtigkeit fruchtbar,
ist voller Gras, hat üppige Muttererde ein Feld – so
sehn wir es häufig im tiefen Talgrund zwischen den Bergen;
hierher fließen die Ströme von felsigen Gipfeln und ziehen
fruchtbaren Schlamm mit sich – und liegt es offen nach Süden
und nährt Farnkraut, das der gebogenen Pflugschar verhasst ist:

hic tibi praevalidas olim multoque fluentis   190
sufficiet Baccho vitis, hic fertilis uvae,
hic laticis, qualem pateris libamus et auro,
inflavit cum pinguis ebur Tyrrhenus ad aras,
lancibus et pandis fumantia reddimus exta.
sin armenta magis studium vitulosque tueri   195
aut ovium fetum aut urentis culta capellas,
saltus et saturi petito longinqua Tarenti,
et qualem infelix amisit Mantua campum
pascentem niveos herboso flumine cycnos:
non liquidi gregibus fontes, non gramina derunt,   200
et quantum longis carpent armenta diebus
exigua tantum gelidus ros nocte reponet.
nigra fere et presso pinguis sub vomere terra
et cui putre solum (namque hoc imitamur arando),
optima frumentis (non ullo ex aequore cernes   205
plura domum tardis decedere plaustra iuvencis),
aut unde iratus silvam devexit arator
et nemora evertit multos ignava per annos
antiquasque domos avium cum stirpibus imis
eruit: illae altum nidis petiere relictis,   210
at rudis enituit impulso vomere campus.
nam ieiuna quidem clivosi glarea ruris
vix humilis apibus casias roremque ministrat;
et tofus scaber et nigris exesa chelydris
creta negant alios aeque serpentibus agros   215
dulcem ferre cibum et curvas praebere latebras.
quae tenuem exhalat nebulam fumosque volucris
et bibit umorem et, cum vult, ex se ipsa remittit,
quaeque suo semper viridi se gramine vestit
nec scabie et salsa laedit robigine ferrum,   220
illa tibi laetis intexet vitibus ulmos,

Das wird einst starkwüchsige, dir in Fülle den Bacchus
fließen lassende Reben liefern, ertragreich an Trauben
sein und an Nass, wie wir aus goldenen Schalen es spenden,
wenn der fette Tyrrhener ins Elfenbein bläst am Altar und
dampfende Eingeweide in breiten Schüsseln wir opfern.
Steht dir der Sinn aber mehr nach dem Halten von Großvieh und Kälbern
oder von Lämmern oder von Ziegen, die Saatgut zerstören,
suche du Bergwälder auf und die Weiten des satten Tarentum
und eine Flur, wie das arme Mantua eine verlor, die
schneeweiße Schwäne ernährt am Fluss, der von Wiesen gesäumt ist:
Da wird's an klaren Quellen, an Gras den Herden nicht fehlen,
und wie viel an den langen Tagen die Herde dort abrupft,
das wird der kühle Tau in den kurzen Nächten ersetzen.
Erde, fast schwarz, fett daliegend unter dem in sie gedrückten
Pflug und mit lockerem Boden – den wollen durchs Pflügen wir schaffen –,
die ist die beste für Korn – mehr Wagen wirst du von keinem
Feld hinter langsamen Stieren nach Hause zurückkehren sehen –,
oder von wo im Zorn wegschaffte der Pflüger den Wald und
wo ein Gehölz er gefällt hat, das viele Jahre lang brach lag,
und mit den untersten Wurzeln die Vogelstammburgen ausriss:
Die verließen die Nester und strebten hinauf in die Höhe,
aber Neuland erglänzte vom vorwärts gestoßenen Pfluge.
Magerer Kies auf abwärts geneigtem Landstück verschafft kaum
niedrigen Seidelbast oder Rosmarin für die Bienen;
rauer Tuff und Kreide, von schwarzen Schildkrötenschlangen
abgenagt, leugnen, dass ebenso andere Felder den Schlangen
köstlichen Fraß und dazu noch krumme Schlupfwinkel bieten.
Erde, die feinen Nebel aushaucht und schwebende Dünste,
Feuchtigkeit trinkt und, wenn sie das will, von selbst wieder abgibt,
welche sich auch mit eigenem, immer grünendem Gras schmückt,
auch nicht Eisen durch salzigen Rost und Rauheit beschädigt:
Die wird in deine Ulmen dir einweben üppige Reben,

illa ferax oleae est, illam experiere colendo
et facilem pecori et patientem vomeris unci:
talem dives arat Capua et vicina Vesaevo
ora iugo et vacuis Clanius non aequus Acerris.   225
    Nunc quo quamque modo possis cognoscere dicam.
rara sit an supra morem si densa requires
(altera frumentis quoniam favet, altera Baccho,
densa magis Cereri, rarissima quaeque Lyaeo),
ante locum capies oculis alteque iubebis   230
in solido puteum demitti omnemque repones
rursus humum et pedibus summas aequabis harenas.
si derunt, rarum pecorique et vitibus almis
aptius uber erit; sin in sua posse negabunt
ire loca et scrobibus superabit terra repletis,   235
spissus ager: glaebas cunctantis crassaque terga
exspecta et validis terram proscinde iuvencis.
salsa autem tellus et quae perhibetur amara
(frugibus infelix ea, nec mansuescit arando
nec Baccho genus aut pomis sua nomina servat)   240
tale dabit specimen. tu spisso vimine qualos
colaque prelorum fumosis deripe tectis;
huc ager ille malus dulcesque a fontibus undae
ad plenum calcentur: aqua eluctabitur omnis
scilicet et grandes ibunt per vimina guttae;   245
at sapor indicium faciet manifestus et ora
tristia temptantum sensu torquebit amaro.
pinguis item quae sit tellus, hoc denique pacto
discimus: haud unquam manibus iactata fatiscit,
sed picis in morem ad digitos lentescit habendo.   250
umida maiores herbas alit, ipsaque iusto
laetior. a, nimium ne sit mihi fertilis illa,
nec se praevalidam primis ostendat aristis!

die ist ergiebig an Öl, die wirst du beim Anbau als gut fürs
Vieh und als der gekrümmten Pflugschar gefügig erfahren:
Solch eine pflügt das reiche Capua, nah dem Vesuv das
Küstenland und der Clanius, der's schwermacht dem leeren Acerrae.
   Jetzt sag ich, wie du jedes Land zu erkennen imstand bist.
Willst du wissen, ob locker es ist oder dichter als üblich –
denn für das Korn ist das eine günstig, das andre für Bacchus,
mehr für Ceres das dichte, das lockerste für den Lyaeus –,
such dir zuerst einen Platz mit den Augen und lasse dir tief im
festen Grund eine Grube ausheben, wirf wieder alles
Erdreich zurück und ebne dann oben den Sand mit den Füßen.
Fehlt nun Erde, ist lockre und fruchtbare besser fürs Vieh und
üppige Reben geeignet; doch weigert sie sich, an den eignen
Platz zu gehn, und ist Erde nach Füllung der Grube noch übrig,
ist es ein dichter Boden: Mit zähen Schollen und groben
Erdbuckeln rechne und reiß mit kräftigen Stieren den Grund auf.
Salziger Boden jedoch und der, welcher bitter genannt wird –
ungut ist er für Feldfrucht und wird auch durch Pflügen nicht milder,
wahrt auch dem Wein nicht die Sorte und nicht ihren Namen den Früchten –
gibt seine Kostprobe so: Einen dicht geflochtenen Korb nimm
du, einen Kelterseiher herab vom geräucherten Dachstuhl;
dahinein stampf randvoll den schlechten Acker und süßes
Quellwasser: Durchgepresst wird natürlich dann das gesamte
Wasser, und aus dem Geflecht wird in großen Tropfen es kommen;
deutlich gibt ihr Geschmack dann ein Zeichen: Durch Bitterkeit wird er
denen, die kosten, die Mienen zur Trauergrimasse verzerren.
Schließlich lernen wir auch auf folgende Art, welche Erde
fett ist: Wirft mit der Hand man sie hin und her, dann zerbröselt
nie sie, klebt wie Pech an den Fingern, welche sie halten.
Feuchter Grund nährt höheres Gras, ist von sich aus gedüngter,
als es recht ist. Ach, dass mir doch nicht zu fruchtbar er werde,
und mit den ersten Ähren sich nicht als zu kräftig erweise!

quae gravis est, ipso tacitam se pondere prodit,
quaeque levis. promptum est oculis praediscere nigram,   255
et quis cui color. at sceleratum exquirere frigus
difficile est: piceae tantum taxique nocentes
interdum aut hederae pandunt vestigia nigrae.
     His animadversis terram multo ante memento
excoquere et magnos scrobibus concidere montis,   260
ante supinatas Aquiloni ostendere glaebas
quam laetum infodias vitis genus. optima putri
arva solo: id venti curant gelidaeque pruinae
et labefacta movens robustus iugera fossor.
at si quos haud ulla viros vigilantia fugit,   265
ante locum similem exquirunt, ubi prima paretur
arboribus seges et quo mox digesta feratur,
mutatam ignorent subito ne semina matrem.
quin etiam caeli regionem in cortice signant,
ut, quo quaeque modo steterit, qua parte calores   270
austrinos tulerit, quae terga obverterit axi,
restituant: adeo in teneris consuescere multum est.
collibus an plano melius sit ponere vitem,
quaere prius. si pinguis agros metabere campi,
densa sere (in denso non segnior ubere Bacchus);   275
sin tumulis adclive solum collesque supinos,
indulge ordinibus; nec setius omnis in unguem
arboribus positis secto via limite quadret:
ut saepe ingenti bello cum longa cohortis
explicuit legio et campo stetit agmen aperto   280
derectaeque acies ac late fluctuat omnis
aere renidenti tellus, necdum horrida miscent
proelia, sed dubius mediis Mars errat in armis.
omnia sint paribus numeris dimensa viarum,
non animum modo uti pascat prospectus inanem,   285

Erde, die schwer ist, verrät stillschweigend sich durch ihr Gewicht schon,
wie auch die leichte. Schwarze und sonstwie gefärbte erkennt man
gleich auf den ersten Blick. Die verdammte Kälte zu merken,
ist aber schwer: Nur schädliche Eiben und Pechföhren helfen
uns auf die Spur gelegentlich oder der finstere Efeu.
    Ist das beachtet, bedenk, dass die Erde du auswittern lassen
musst und die großen Berge durch Gräben zerschneiden sowie die
aufgeworfenen Schollen dem Aquilo aussetzen, ehe
du eine üppige Rebenart eingräbst. Äcker mit lockrem
Boden sind bestens: Dafür sorgt Wind und Raureif sowie der
stämmige Gräber, die aufgelockerten Berge bewegend.
Wollen gar keine Aufmerksamkeit nun die Männer versäumen,
suchen sie vorher als Ort für die Anzucht der Stecklinge einen
ähnlichen aus wie den, wo man bald in Reihen sie setzt: Der
Sämling soll nicht, wenn plötzlich die Mutter verändert ist, fremdeln.
Ja, für die Himmelsrichtung macht Zeichen man gar in die Rinde,
um so jedem Bäumchen die Art, wie es stand, und die Seite,
wo es die südliche Hitze ertrug mit dem Rücken nach Norden,
wiederzugeben: So wichtig ja ist für die Zarten Gewohnheit.
Ob du auf Hügeln oder besser im Flachland die Reben
setzt, prüf vorher. Wenn du dir die Weingärten absteckst auf fettem
Boden, dann setze dicht – nicht träger ist Bacchus in dichter
Fülle –, doch wenn auf buckligem Boden oder am Steilhang,
setz die Reihen geräumig; genau müssen dann auch die Stöcke
sitzen und jeder Gang muss den Querweg rechtwinklig schneiden:
Wie im gewaltigen Krieg die Legion oft ihre Kohorten
weithin entfaltet, dabei auf offenem Felde das Heer steht,
seine Schlachtreihe ausrichtet, rings das ganze Gefilde
wogt von blitzendem Erz, noch nicht in schreckliche Kämpfe
sie verstrickt sind und unschlüssig Mars zwischen Waffen umherirrt.
Ausgemessen in gleichem Abstand seien die Wege
alle, nicht nur, damit sich ein eitler Sinn an dem Anblick

sed quia non aliter vires dabit omnibus aequas
terra, neque in vacuum poterunt se extendere rami.
　　Forsitan et scrobibus quae sint fastigia quaeras.
ausim vel tenui vitem committere sulco;
altior ac penitus terrae defigitur arbos,   290
aesculus in primis, quae quantum vertice ad auras
aetherias, tantum radice in Tartara tendit.
ergo non hiemes illam, non flabra neque imbres
convellunt: immota manet multosque nepotes,
multa virum volvens durando saecula vincit;   295
tum fortis late ramos et bracchia pandens
huc illuc media ipsa ingentem sustinet umbram.
　　Neve tibi ad solem vergant vineta cadentem,
neve inter vitis corylum sere, neve flagella
summa pete aut summa defringe ex arbore plantas   300
(tantus amor terrae), neu ferro laede retunso
semina, neve oleae silvestris insere truncos:
nam saepe incautis pastoribus excidit ignis,
qui furtim pingui primum sub cortice tectus
robora comprendit, frondesque elapsus in altas   305
ingentem caelo sonitum dedit; inde secutus
per ramos victor perque alta cacumina regnat
et totum involvit flammis nemus et ruit atram
ad caelum picea crassus caligine nubem,
praesertim si tempestas a vertice silvis   310
incubuit, glomeratque ferens incendia ventus.
hoc ubi, non a stirpe valent caesaeque reverti
possunt atque ima similes revirescere terra;
infelix superat foliis oleaster amaris.
　　Nec tibi tam prudens quisquam persuadeat auctor   315
tellurem Borea rigidam spirante movere.
rura gelu tum claudit hiems, nec semine iacto

weidet, nein, weil der Grund sonst die gleichen Kräfte nicht allen
gibt und die Zweige sich nicht ins Freie ausstrecken können.
    Fragen wirst du wohl auch, wie tief sein sollen die Gruben.
Flachen Furchen sogar wag Reben ich anzuvertrauen;
tiefer und ganz hinab in die Erde steckt man die Bäume,
allen voran die Steineiche, welche die Wurzel so tief zum
Tartarus ausstreckt wie die Krone in himmlische Lüfte.
Also reißt sie der Winter nicht aus, kein Sturmwind, kein Regen,
unbewegt bleibt sie stehn, lässt viele Enkel und viele
Menschenalter an sich vorbeirollen und überlebt sie;
hierhin und dorthin breitet sie starke Äste und Arme
aus dann und hält ein mächtiges Schattendach hoch in der Mitte.
    Nicht zur sinkenden Sonne neig' dir der Weinberg sich, pflanz nicht
Haselstauden zwischen die Reben, die Schösslinge hol dir
nicht von ganz oben, und Setzlinge brich nicht vom Gipfel des Baums – so
groß ist die Liebe zur Erde –, verletze sie auch nicht mit stumpfem
Eisen; veredle auch nicht des wilden Olivenbaums Stämme:
Unvorsichtig lassen ja Feuer oft fallen die Hirten,
das erst unbemerkt glimmt unter dicker Borke, danach den
Stamm ergreift und hoch ins Laub hinaufschlägt, wobei's ein
ungeheures Prasseln zum Himmel sendet; danach zieht's
siegreich über die Äste und herrscht hoch oben im Wipfel,
hüllt den gesamten Hain in Flammen und wälzt eine finstre
Wolke zum Himmel hinauf aus pechschwarz qualmendem Dunkel,
dann zumal, wenn von oben ein Sturm auf den Wald sich gelegt hat
und der Wind die Lohe zusammenballt und dahinträgt.
Kommt es dazu, gibt ihnen der Stamm keine Kraft, und sie kommen,
haut man sie ab, nicht zurück, werden nicht wie vorher, gestärkt durchs
Erdreich; es bleibt, unfruchtbar mit bitterem Laub, Oleaster.
    Nicht soll jemand dir einreden, wenn er auch noch so gescheit ist,
dass du die harte Erde beim Blasen des Boreas umgräbst.
Dann verschließt der Winter den Boden mit Frost; die gefrorenen

concretam patitur radicem adfigere terrae.
optima vinetis satio, cum vere rubenti
candida venit avis longis invisa colubris,   320
prima vel autumni sub frigora, cum rapidus Sol
nondum hiemem contingit equis, iam praeterit aestas.
ver adeo frondi nemorum, ver utile silvis,
vere tument terrae et genitalia semina poscunt.
tum pater omnipotens fecundis imbribus Aether   325
coniugis in gremium laetae descendit et omnis
magnus alit magno commixtus corpore fetus.
avia tum resonant avibus virgulta canoris,
et Venerem certis repetunt armenta diebus;
parturit almus ager, Zephyrique tepentibus auris   330
laxant arva sinus; superat tener omnibus umor,
inque novos soles audent se gramina tuto
credere, nec metuit surgentis pampinus Austros
aut actum caelo magnis Aquilonibus imbrem,
sed trudit gemmas et frondes explicat omnis.   335
non alios prima crescentis origine mundi
inluxisse dies aliumve habuisse tenorem
crediderim: ver illud erat, ver magnus agebat
orbis et hibernis parcebant flatibus Euri,
cum primae lucem pecudes hausere, virumque   340
terrea progenies duris caput extulit arvis,
immissaeque ferae silvis et sidera caelo.
nec res hunc tenerae possent perferre laborem,
si non tanta quies iret frigusque caloremque
inter, et exciperet caeli indulgentia terras.   345
    Quod superest, quaecumque premes virgulta per agros
sparge fimo pingui et multa memor occule terra,
aut lapidem bibulum aut squalentis infode conchas:
inter enim labentur aquae, tenuisque subibit

Wurzeln lässt er nach der Pflanzung nicht haften im Erdreich.
Pflanzung ist optimal für den Weinberg im rosigen Frühling,
wenn der weiße Vogel kommt, der verhasst ist den langen
Nattern, oder vorm ersten Herbstfrost, wenn noch nicht beim Winter
ankommt der sengende Sol mit den Pferden, der Sommer schon endet.
Frühling zumal tut gut dem Laub der Haine, den Wäldern,
lässt aufquellen den Boden; der fordert den zeugenden Samen.
Da senkt sich der allmächtige Vater Äther zum Schoß der
üppigen Gattin hinab mit schwängerndem Regen, und, groß dem
großen Körper vermählt, lässt sämtliche Früchte er wachsen.
Da erschallt das einsame Buschwerk vom Singen der Vögel,
und genau auf den Tag strebt wieder zu Venus das Vieh, das
nährende Feld will gebären, es öffnen den Schoß in den lauen
Lüften des Zephyr die Äcker, und überall trieft es von zartem
Nass, in die neue Sonne traun sich die Gräser gefahrlos,
keine Angst hat die Rebe, dass Südstürme aufkommen oder
Regen, welchen am Himmel der mächtige Nordwind heranführt,
nein, sie treibt ihre Knospen, entfaltet all ihre Blätter.
Anders nicht leuchteten, möchte ich glauben, die Tage beim ersten
Ursprung der wachsenden Welt und sind auch nicht anders verlaufen:
Frühling war das, den Frühling feierte da der immense
Erdkreis, ihr Wehen zur Winterzeit sparten die Ostwinde, als die
ersten Tiere das Licht in sich einsogen, als aus den harten
Fluren das Erdengeschlecht, die Menschen, die Häupter erhoben,
Einlass erhielten die Tiere im Wald, die Gestirne am Himmel.
Alles, was zart ist, könnt, was an Mühe es gibt, nicht ertragen.
träte nicht solche Ruhe ein zwischen Kälte und Hitze
und nähm nicht bei sich auf mit Milde der Himmel die Erde.

 Dies noch: Auf sämtliche Reiser, die in die Äcker du senkst, streu
fetten Dung und häuf viel Erde sorgsam darüber;
saufenden Kies oder schuppige Muscheln vergrabe daneben:
Wasser wird drin versickern, heraufdringen wird auch ein feiner

halitus, atque animos tollent sata. iamque reperti   350
qui saxo super atque ingentis pondere testae
urgerent: hoc effusos munimen ad imbres,
hoc, ubi hiulca siti findit Canis aestifer arva.

    Seminibus positis superest diducere terram
saepius ad capita et duros iactare bidentis,   355
aut presso exercere solum sub vomere et ipsa
flectere luctantis inter vineta iuvencos;
tum levis calamos et rasae hastilia virgae
fraxineasque aptare sudes furcasque valentis,
viribus eniti quarum et contemnere ventos   360
adsuescant summasque sequi tabulata per ulmos.

    Ac dum prima novis adolescit frondibus aetas,
parcendum teneris, et dum se laetus ad auras
palmes agit laxis per purum immissus habenis,
ipsa acie nondum falcis temptanda, sed uncis   365
carpendae manibus frondes interque legendae.
inde ubi iam validis amplexae stirpibus ulmos
exierint, tum stringe comas, tum bracchia tonde
(ante reformidant ferrum), tum denique dura
exerce imperia et ramos compesce fluentis.   370
texendae saepes etiam et pecus omne tenendum,
praecipue dum frons tenera imprudensque laborum;
cui super indignas hiemes solemque potentem
silvestres uri adsidue capreaeque sequaces
inludunt, pascuntur oves avidaeque iuvencae;   375
frigora nec tantum cana concreta pruina
aut gravis incumbens scopulis arentibus aestas,
quantum illi nocuere greges durique venenum
dentis et admorso signata in stirpe cicatrix.
non aliam ob culpam Baccho caper omnibus aris   380
caeditur et veteres ineunt proscaenia ludi,

Hauch, und die Saat fasst Mut. Schon manche gab's, die von oben
ihnen Steine oder schwere gewaltige Scherben
aufdrückten: Schutzwehr ist dies gegen strömenden Regen und ist's, wenn
aufklaffen lässt vor Durst die Fluren der Hund, der die Glut bringt.
    Sind die Reiser gesetzt, dann bleibt, um die Wurzel den Boden
aufzulockern des Öftern, die harte Hacke zu schwingen
oder mit eingepresstem Pflug zu durchackern das Land und
zwischen die Weinpflanzen mühsam schuftende Stiere zu lenken;
glatte Rohrstäbe sind dann anzubringen, geschälte
Ruten und Eschenpfähle und starke Gabeln, auf deren
Kräfte gestützt sie den Winden zu trotzen und Stufe für Stufe
durch die oberen Teile der Ulmen zu laufen erlernen.
    Wenn zu Beginn ihres Lebens das junge Laubwerk heranwächst,
muss man die Zarten schonen, und während froh in die Luft der
Schössling emporstrebt, ins Freie mit lockeren Zügeln gelassen,
ist er noch nicht zu berühren mit scharfer Sichel; man muss erst
Blätter heraussuchen, die mit gekrümmten Fingern man abzwickt.
Wenn sie danach, schon mit kräftigen Ästen die Ulmen umklammernd,
hochschießen, dann scher ihnen das Haar, dann stutze die Arme –
vorher haben sie Angst vor dem Messer –, und nun endlich übe
strenge Befehlsgewalt aus und beschränke das Wuchern der Zweige.
Zäune muss man auch flechten und fernhalten jegliches Viehzeug,
dann speziell, wenn das Laub noch zart ist, von Nöten nichts ahnend;
außer gemeinen Wintern und mächtiger Sonnenglut treiben
Auerochsen und lästige Rehe andauernd ihr Spiel mit
ihnen, Schafe und gierige Jungkühe suchen hier Futter;
so sehr kann nicht die Kälte, zu weißem Raureif geronnen,
oder die Hitze, die schwer sich legt auf die trockenen Felsen,
Schaden bereiten wie diese Herden, das Gift eines harten
Zahns und die Narbe, die eingraviert im verbissenen Stock sitzt.
Keiner anderen Schuld wegen schlachtet an allen Altären
man für Bacchus den Bock, gehn über die Bühne die alten

praemiaque ingeniis pagos et compita circum
Thesidae posuere atque inter pocula laeti
mollibus in pratis unctos saluere per utres.
nec non Ausonii, Troia gens missa, coloni   385
versibus incomptis ludunt risuque soluto,
oraque corticibus sumunt horrenda cavatis
et te, Bacche, vocant per carmina laeta, tibique
oscilla ex alta suspendunt mollia pinu.
hinc omnis largo pubescit vinea fetu,   390
complentur vallesque cavae saltusque profundi
et quocumque deus circum caput egit honestum.
ergo rite suum Baccho dicemus honorem
carminibus patriis lancesque et liba feremus,
et ductus cornu stabit sacer hircus ad aram,   395
pinguiaque in veribus torrebimus exta colurnis.
    Est etiam ille labor curandis vitibus alter,
cui numquam exhausti satis est: namque omne quotannis
terque quaterque solum scindendum glaebaque versis
aeternum frangenda bidentibus, omne levandum   400
fronde nemus. redit agricolis labor actus in orbem,
atque in se sua per vestigia volvitur annus.
ac iam olim, seras posuit cum vinea frondes
frigidus et silvis Aquilo decussit honorem,
iam tum acer curas venientem extendit in annum   405
rusticus et curvo Saturni dente relictam
persequitur vitem attondens fingitque putando.
primus humum fodito, primus devecta cremato
sarmenta et vallos primus sub tecta referto;
postremus metito. bis vitibus ingruit umbra,   410
bis segetem densis obducunt sentibus herbae;
durus uterque labor: laudato ingentia rura,
exiguum colito. nec non etiam aspera rusti

Spiele und setzte ringsum im Land und an Kreuzwegen Preise
aus für Talente das Volk des Theseus und sprang auf den weichen
Wiesen beim Zechen fröhlich auf eingefettete Schläuche.
Auch die ausonischen Siedler, das Volk, das Troja geschickt hat,
scherzen mit kunstlosen Versen und ausgelassnem Gelächter,
setzen gräuliche Fratzen aus hohler Baumrinde auf und
rufen, Bacchus, dich an in fröhlichen Liedern und hängen
weiche kleine Gesichter dir auf am Gipfel der Fichte.
Deshalb reift ein reicher Ertrag überall auf dem Weinberg,
füllen die Talsenken sich und die tiefen Wälder und alles,
wo auch immer der Gott hinwendet sein herrliches Antlitz.
Lasst uns drum nach dem Brauch in Liedern der Väter dem Bacchus
Ehre erweisen und darbringen Opferschalen und Kuchen,
und, geführt am Horn, steht dann vorm Altar der geweihte
Bock und an Haselspießen rösten wir fettes Gekröse.
    Auch noch die andere Arbeit zur Pflege der Weinstöcke gibt's, die
nie sich erschöpft: Denn drei- bis viermal im Jahr ist der ganze
Erdboden aufzureißen und ewig mit dem gedrehten
Karst zu zerschlagen die Scholle, der ganzen Pflanzung das Laubwerk
abzunehmen. Den Bauern erneuert im Kreislauf vollbrachte
Arbeit sich, und das Jahr rollt rückwärts in eigenen Spuren.
Und schon dann, wenn spät erst sein Laub ablegte der Weinstock
und der kalte Nordwind den Wäldern den Kopfschmuck herabschlug,
dann schon dehnt seine Sorge der eifrige Landmann aufs nächste
Jahr aus, stellt dem kahlen Weinstock nach mit dem krummen
Zahne des Saturnus und stutzt ihn und formt ihn durch Schneiden.
Grab dein Land als erster um und entfern und verbrenn den
Reisig, als erster auch bring unters Dach die Pfähle; der Letzte
sei bei der Lese. Es stürzt auf die Reben sich zweimal der Schatten,
zweimal bedeckt mit dichten Dornen das Unkraut die Pflanzung;
hart ist bei beidem die Arbeit: Du lob stets riesige Güter,
aber ein kleines bestell. Auch sind im Walde die rauen

vimina per silvam et ripis fluvialis harundo
caeditur, incultique exercet cura salicti.   415
iam vinctae vites, iam falcem arbusta reponunt,
iam canit effectos extremus vinitor antes;
sollicitanda tamen tellus pulvisque movendus
et iam maturis metuendus Iuppiter uvis.

    Contra non ulla est oleis cultura, neque illae   420
procurvam exspectant falcem rastrosque tenacis,
cum semel haeserunt arvis aurasque tulerunt;
ipsa satis tellus, cum dente recluditur unco,
sufficit umorem et gravidas, cum vomere, fruges.
hoc pinguem et placitam Paci nutritor olivam.   425
poma quoque, ut primum truncos sensere valentis
et viris habuere suas, ad sidera raptim
vi propria nituntur opisque haud indiga nostrae.
nec minus interea fetu nemus omne gravescit,
sanguineisque inculta rubent aviaria bacis.   430
tondentur cytisi, taedas silva alta ministrat,
pascunturque ignes nocturni et lumina fundunt.   432
quid maiora sequar? salices humilesque genistae,   434
aut illae pecori frondem aut pastoribus umbram   435
sufficiunt saepemque satis et pabula melli.
et iuvat undantem buxo spectare Cytorum
Naryciaeque picis lucos, iuvat arva videre
non rastris, hominum non ulli obnoxia curae.
ipsae Caucasio steriles in vertice silvae,   440
quas animosi Euri adsidue franguntque feruntque,
dant alios aliae fetus, dant utile lignum
navigiis pinus, domibus cedrumque cupressosque;
hinc radios trivere rotis, hinc tympana plaustris
agricolae et pandas ratibus posuere carinas.   445
viminibus salices fecundae, frondibus ulmi;

Ruten des Brombeerstrauches sowie das Flussschilf am Ufer
abzuhauen; es plagt auch die Sorge um Wildwuchs der Weiden.
Schon sind die Reben gebunden, Gesträuch gibt Ruhe der Sichel,
weil die Reihen stehn, frohlockt schon der hinterste Winzer;
dennoch ist Erde zu lockern und aufzuhäufeln der Staub, und
reife Trauben sogar müssen Juppiter immer noch fürchten.
    Gar keine Pflege dagegen benötigen Ölbäume; nicht die
krumme Sichel erwarten sie, nicht zupackende Hacken,
sitzen sie einmal fest im Grund und ertragen die Lüfte;
selber verschafft das Erdreich dann, wenn der Krummzahn es aufschließt,
Nass den Pflanzen, und ist es gepflügt, schwer lastende Früchte.
Deshalb nähre den fetten, dem Frieden gefallenden Ölbaum.
Auch der Obstbaum strebt, sobald das Erstarken des Stamms er
spürt und all seine Kräfte besitzt, zu den Sternen in Eile
nur mit der eigenen Kraft und bedarf nicht unserer Hilfe.
Auch wird der ganze Hain von Früchten schwer unterdessen;
rot von Beeren sind die verwilderten Nester der Vögel.
Schneckenklee wird gemäht, Kienspäne liefert der Hochwald,
Feuer vermag sich dann nachts zu nähren und Licht zu verströmen.
Geh ich noch Größerem nach? Schon Weiden und niedriger Ginster
liefern entweder das Laub dem Vieh oder Schatten den Hirten,
auch einen Zaun für die Pflanzungen und die Tracht für den Honig.
Freude macht's, den Kytorus zu schauen, wogend von Buchs, die
Haine mit der narykischen Kiefer, Freude, die Fluren,
welche dem Karst und der Sorgfalt der Menschen nichts schulden, zu sehen.
Ja, sogar auf des Kaukasus Gipfel die fruchtlosen Wälder
welche die wütenden Ostwinde ständig zerbrechen und zerren,
schenken jeweils verschiednen Ertrag, sie schenken uns Nutzholz,
Fichten zum Bau von Schiffen, für Häuser Zypressen und Zedern.
Daraus drechseln die Bauern Radspeichen, Klotzräder für die
Karren und bauen für ihre Schiffe gebogene Kiele.
Weiden sind ergiebig an Ruten, die Ulmen an Laub, die

at myrtus validis hastilibus et bona bello
cornus, Ityraeos taxi torquentur in arcus.
nec tiliae leves aut torno rasile buxum
non formam accipiunt ferroque cavantur acuto, 450
nec non et torrentem undam levis innatat alnus
missa Pado, nec non et apes examina condunt
corticibusque cavis vitiosaeque ilicis alvo.
quid memorandum aeque Baccheia dona tulerunt?
Bacchus et ad culpam causas dedit; ille furentis 455
Centauros leto domuit, Rhoecumque Pholumque
et magno Hylaeum Lapithis cratere minantem.
    O fortunatos nimium, sua si bona norint,
agricolas! quibus ipsa procul discordibus armis
fundit humo facilem victum iustissima tellus. 460
si non ingentem foribus domus alta superbis
mane salutantum totis vomit aedibus undam,
nec varios inhiant pulchra testudine postes
inlusasque auro vestes Ephyreiaque aera,
alba neque Assyrio fucatur lana veneno, 465
nec casia liquidi corrumpitur usus olivi:
at secura quies et nescia fallere vita,
dives opum variarum, at latis otia fundis,
speluncae vivique lacus et frigida tempe
mugitusque boum mollesque sub arbore somni 470
non absunt; illic saltus ac lustra ferarum
et patiens operum exiguoque adsueta iuventus,
sacra deum sanctique patres; extrema per illos
Iustitia excedens terris vestigia fecit.
    Me vero primum dulces ante omnia Musae, 475
quarum sacra fero ingenti percussus amore,
accipiant caelique vias et sidera monstrent,
defectus solis varios lunaeque labores,

Myrte an starken Schäften, auch – gut für den Krieg – die Kornelle,
und ityräische Bogen, die krümmt man aus Ästen der Eibe.
Auch nimmt glatte Linde Form an oder, poliert durchs
Dreheisen, Buchsbaum; sie lassen vom scharfen Eisen sich höhlen;
leicht auch schwimmt, dem Padus anvertraut, auf der raschen
Woge die Erle, und ihre Schwärme verbergen in hohlen
Rinden die Bienen wie auch im Bauch einer modernden Eiche.
Was ist genauso zu rühmen an dem, was Bacchus uns schenkte?
Grund gab *er* auch zur Untat; er brachte in Wut die Kentauren
und bezwang sie durch Tod, außer Rhoekus und Pholus Hylaeus,
der die Lapithen bedrohte mit seinem gewaltigen Mischkrug.

    Überglücklich wären die Bauern, wüssten von ihren
Gütern sie! Fern von Waffenstreit lässt aufs gerechteste leichten
Unterhalt aus dem Boden von selbst ihnen quellen die Erde.
Zwar speit ihnen kein Hochhaus mit stolzem Portal eine Woge
solcher, die früh ihre Aufwartung machten, aus allen Gemächern,
glotzt auch niemand auf bunt mit herrlichem Schildpatt verzierte
Pfosten, auf Teppiche, golddurchwirkt, und korinthische Bronzen,
wird auch nicht weiße Wolle gefärbt mit assyrischem Gift, durch
Zimt ihnen nicht des reinen Olivenöls Nutzen verdorben:
Aber sie haben sorglose Ruhe, ihr Leben ist frei von
Trug, ist an mancherlei Schätzen reich, hat Frieden auf weiten
Fluren; an Grotten, natürlichen Seen, einem kühlenden Talgrund,
Muhen der Rinder und sanftem Schlaf unterm Baum ist kein Mangel;
Bergwälder gibt es und Schlupfwinkel wilder Tiere und eine
Jugend, die Arbeit geduldig erträgt und an wenig gewöhnt ist,
Heiligtümer der Götter, Respekt vor den Vätern; die letzte
Spur hinterließ bei ihnen, der Erde entschwindend, Justitia.

    Mich aber mögen primär, mir lieb über alles, die Musen,
deren Priester ich bin, von mächtiger Liebe verwundet,
aufnehmen, mir die Sterne, die Bahnen des Himmels auch zeigen,
Sols zeitweiliges Schwinden und Lunas Leiden, woher das

unde tremor terris, qua vi maria alta tumescant
obicibus ruptis rursusque in se ipsa residant,　　　　480
quid tantum Oceano properent se tingere soles
hiberni, vel quae tardis mora noctibus obstet.
sin has ne possim naturae accedere partis
frigidus obstiterit circum praecordia sanguis,
rura mihi et rigui placeant in vallibus amnes,　　　　485
flumina amem silvasque inglorius. o ubi campi
Spercheosque et virginibus bacchata Lacaenis
Taygeta! o qui me gelidis convallibus Haemi
sistat et ingenti ramorum protegat umbra!
　　Felix qui potuit rerum cognoscere causas　　　　490
atque metus omnis et inexorabile fatum
subiecit pedibus strepitumque Acherontis avari;
fortunatus et ille deos qui novit agrestis,
Panaque Silvanumque senem Nymphasque sorores:
illum non populi fasces, non purpura regum　　　　495
flexit et infidos agitans discordia fratres,
aut coniurato descendens Dacus ab Histro,
non res Romanae perituraque regna, neque ille
aut doluit miserans inopem aut invidit habenti.
quos rami fructus, quos ipsa volentia rura　　　　500
sponte tulere sua, carpsit, nec ferrea iura
insanumque forum aut populi tabularia vidit.
sollicitant alii remis freta caeca ruuntque
in ferrum, penetrant aulas et limina regum;
hic petit excidiis urbem miserosque penates,　　　　505
ut gemma bibat et Sarrano dormiat ostro;
condit opes alius defossoque incubat auro;
hic stupet attonitus rostris, hunc plausus hiantem
per cuneos geminatus enim plebisque patrumque
corripuit; gaudent perfusi sanguine fratrum　　　　510

Erdbeben kommt, durch welche Macht aus den Riegeln die tiefen
Meere hervorbrechen, anschwellen, niedersinken dann wieder,
warum im Winter die Sonne ins Meer zu tauchen so sehr sich
eilt und was, wenn die Nacht spät kommt, ihren Anbruch verzögert.
Wenn mich jedoch in der Fähigkeit, einzutreten in dieses
Reich der Natur, zu eisiges Blut um das Zwerchfell behindert,
mögen mir Fluren und rieselnde Bäche in Tälern gefallen,
will ich ruhmlos lieben die Flüsse und Wälder. Ach, wo nur
seid ihr, Felder, Sperchëus, Taÿgetus, du auch, durchschwärmt von
Jungfrauen Spartas? Ach, wer bringt mich zum Haemus in kühle
Täler und deckt über mich den riesigen Schatten der Äste?
    Glücklich ist der, der's verstand, zu erkennen den Grund aller Dinge,
der auch jegliche Angst und das unerbittliche Schicksal
unter die Füße zwang, auch des gierigen Acherons Tosen;
aber beglückt ist auch der, dem die ländlichen Götter vertraut sind,
Pan und der alte Silvanus, dazu die Nymphen, die Schwestern:
Weder die Rutenbündel des Volks noch der Könige Purpur
beugen ihn noch die Zwietracht, die aufhetzt treulose Brüder,
nicht der Daker, vom Hister, der mit ihm verschworen ist, kommend,
auch nicht der römische Staat und die untergehenden Reiche,
nicht quält Jammer um Arme ihn oder Neid auf die Reichen.
Früchte vom Ast, die ihm aus eigenem Antrieb sein Landgut
freiwillig einträgt, die pflückt er, das eiserne Recht aber sieht er
nicht und das tobende Forum oder des Volkes Behörden.
Andre durchrudern Meere, die nicht bekannt sind, zum Schwert auch
stürzen sie, dringen auch ein in der Könige Hallen und Tore;
dieser zerstört eine Stadt und die armen Penaten, damit aus
Edelstein er dann trinkt und schläft auf sarranischem Purpur;
Schätze versteckt ein andrer und ruht auf vergrabenem Golde;
sprachlos bestaunt die Rostra dieser, jenen erfasst die
Gier nach Applaus von den Sitzreihen – doppelt ist der, von den Vätern
und von der Plebs –; man ist gerne bespritzt von Bruderblut, gibt zum

exilioque domos et dulcia limina mutant
atque alio patriam quaerunt sub sole iacentem.
agricola incurvo terram dimovit aratro:
hic anni labor, hinc patriam parvosque penates
sustinet, hinc armenta boum meritosque iuvencos.   515
nec requies quin aut pomis exuberet annus
aut fetu pecorum aut Cerealis mergite culmi
proventuque oneret sulcos atque horrea vincat.
venit hiems: teritur Sicyonia baca trapetis,
glande sues laeti redeunt, dant arbuta silvae;   520
et varios ponit fetus autumnus, et alte
mitis in apricis coquitur vindemia saxis.
interea dulces pendent circum oscula nati,
casta pudicitiam servat domus, ubera vaccae
lactea demittunt, pinguesque in gramine laeto   525
inter se adversis luctantur cornibus haedi.
ipse dies agitat festos fususque per herbam,
ignis ubi in medio et socii cratera coronant,
te libans, Lenaee, vocat pecorisque magistris
velocis iaculi certamina ponit in ulmo,   530
corporaque agresti nudant praedura palaestra.
hanc olim veteres vitam coluere Sabini,
hanc Remus et frater; sic fortis Etruria crevit
scilicet et rerum facta est pulcherrima Roma
septemque una sibi muro circumdedit arces.   535
ante etiam sceptrum Dictaei regis et ante
impia quam caesis gens est epulata iuvencis,
aureus hanc vitam in terris Saturnus agebat;
necdum etiam audierant inflari classica, necdum
impositos duris crepitare incudibus enses.   540
     Sed nos immensum spatiis confecimus aequor,
et iam tempus equum fumantia solvere colla.

Tausch für das Los der Verbannung das eigene Haus und die liebe
Schwelle und geht unter fremder Sonne ein Vaterland suchen.
Aber der Bauer durchfurcht mit dem krummen Pfluge die Erde:
Hier gibt's Arbeit fürs Jahr, durch sie erhält er sich seine
Heimat, sein Häuschen, die Herden von Rindern, die wackeren Stiere.
Und es gibt keine Rast: Das Jahr quillt über von Früchten
oder von Nachwuchs beim Vieh oder Garben des Halmes der Ceres,
und es beschwert mit Ertrag die Furchen, besiegt so die Speicher.
Dann ist es Winter: Man quetscht in der Presse Sikyons Ölfrucht,
prall von Eichelmast kehren heim die Schweine, der Wald schenkt
Erdbeeren; bunte Frucht legt ab der Herbst, und es reift die
Weinlese jetzt hoch oben am sonnenbeschienenen Felshang.
Süße Kinder hängen indessen küssend am Hals, das
züchtige Haus bewahrt die Sittsamkeit, milchschwere Euter
lassen die Kühe herab, und es kämpfen im üppigen Gras die
fetten Böcke, die Hörner gegeneinander gerichtet.
Festliche Tage begeht er selbst, und im Grase verstreut, wo
Feuer inmitten brennt und die Freunde den Mischkrug bekränzen,
ruft er, Lenaeus, dich, Trank spendend, und setzt für die schnellen
Spieße der Hirten des Viehs einen Wettbewerb an bei der Ulme,
und man entblößt die gestählten Leiber zum ländlichen Ringkampf.
So verbrachten vorzeiten ihr Leben die alten Sabiner,
so mit dem Bruder auch Remus; gewiss ist das tapfre Etrurien
so gewachsen, so Roma die Schönste auf Erden geworden,
sieben Burgen mit einer Mauer für sich nur umgebend.
Noch bevor der diktäische König herrschte und ehe
Jungstiere totschlug und aufaß ein Frevlergeschlecht, hat ein solches
Leben auf unserer Erde geführt der goldne Saturnus;
noch nicht gehört hatte man, wie zum Kampfe blies die Trompete,
noch nicht, wie Schwerter, gelegt auf harte Ambosse, klirrten.
    Aber wir haben das Feld schon auf riesiger Strecke durchmessen;
Zeit ist es, auszuschirren den Pferden die dampfenden Hälse.

LIBER III

Te quoque, magna Pales, et te memorande canemus
pastor ab Amphryso, vos, silvae amnesque Lycaei.
cetera, quae vacuas tenuissent carmine mentes,
omnia iam vulgata: quis aut Eurysthea durum
aut inlaudati nescit Busiridis aras?   5
cui non dictus Hylas puer et Latonia Delos
Hippodameque umeroque Pelops insignis eburno,
acer equis? temptanda via est, qua me quoque possim
tollere humo victorque virum volitare per ora.
primus ego in patriam mecum, modo vita supersit,   10
Aonio rediens deducam vertice Musas;
primus Idumaeas referam tibi, Mantua, palmas
et viridi in campo templum de marmore ponam
propter aquam, tardis ingens ubi flexibus errat
Mincius et tenera praetexit harundine ripas.   15
in medio mihi Caesar erit templumque tenebit:
illi victor ego et Tyrio conspectus in ostro
centum quadriiugos agitabo ad flumina currus.
cuncta mihi Alpheum linquens lucosque Molorchi
cursibus et crudo decernet Graecia caestu.   20
ipse caput tonsae foliis ornatus olivae
dona feram. iam nunc sollemnis ducere pompas
ad delubra iuvat caesosque videre iuvencos,
vel scaena ut versis discedat frontibus utque
purpurea intexti tollant aulaea Britanni.   25
in foribus pugnam ex auro solidoque elephanto
Gangaridum faciam victorisque arma Quirini
atque hic undantem bello magnumque fluentem

BUCH 3

Große Pales und du, denkwürdiger Hirt vom Amphrysus,
euch auch besing ich und euch, lykäische Wälder und Ströme.
Alles, was sonst durch Gesang die Sinne während der Freizeit
fesseln könnt, ist schon gesagt: Wer wüsste vom harten Eurystheus
nichts oder vom Altar des nie gelobten Busiris?
Wer besang nicht Hylas, Latonas Delos und Pelops,
den mit der Elfenbeinschulter, den schnellen Lenker der Pferde,
und Hippodame? Wagen muss *ich* was, wodurch dann auch *ich* vom
Staub mich erheb, um von Mund zu Mund als Sieger zu fliegen.
Ich will als erster mit mir in die Heimat, wenn lange genug ich
leb, vom aonischen Gipfel zurückkehrend, führen die Musen;
ich will als erster, Mantua, dir idumäische Palmen
bringen und nahe beim Fluss einen Tempel aus Marmor errichten
dort auf der grünen Flur, wo der mächtige Mincius träg in
Windungen schweift und mit zartem Schilfrohr säumt seine Ufer.
Mitten darin wird Caesar thronen als Herr meines Tempels:
Ihm werd nach meinem Sieg, in tyrischem Purpurrot prangend,
ich einhundert Quadrigen zum Fluss hinführen. Das ganze
Griechenland soll den Alphëus verlassen sowie des Molorchus
Hain und im Lauf und mit blutigem Caestus im Wettbewerb kämpfen.
Ich, das Haupt mit dem Laub des gestutzten Ölbaums geschmückt, will
Gaben darbringen. Jetzt schon freu ich mich drauf, zu dem Tempel
festliche Züge zu führen, zu sehn, wie die Stiere man schlachtet,
wie die Bühne sich wandelt beim Drehn der Kulisse und wie den
Purpurvorhang heben die eingewebten Britanner.
Auf dem Portal will in Gold und massivem Elfenbein ich die
Schlacht der Gangarider darstellen und des Siegers Quirinus
Waffen, dort auch den Nil, der gewaltig dahinströmt, vom Kriege

Nilum ac navali surgentis aere columnas;
addam urbes Asiae domitas pulsumque Niphaten   30
fidentemque fuga Parthum versisque sagittis
et duo rapta manu diverso ex hoste tropaea
bisque triumphatas utroque ab litore gentes;
stabunt et Parii lapides, spirantia signa,
Assaraci proles demissaeque ab Iove gentis   35
nomina Trosque parens et Troiae Cynthius auctor.
Invidia infelix Furias amnemque severum
Cocyti metuet tortosque Ixionis anguis
immanemque rotam et non exsuperabile saxum.

  Interea Dryadum silvas saltusque sequamur   40
intactos, tua, Maecenas, haud mollia iussa:
te sine nil altum mens incohat. en age segnis
rumpe moras; vocat ingenti clamore Cithaeron
Taygetique canes domitrixque Epidaurus equorum,
et vox adsensu nemorum ingeminata remugit.   45
mox tamen ardentis accingar dicere pugnas
Caesaris et nomen fama tot ferre per annos,
Tithoni prima quot abest ab origine Caesar.

  Seu quis Olympiacae miratus praemia palmae
pascit equos, seu quis fortis ad aratra iuvencos,   50
corpora praecipue matrum legat. optima torvae
forma bovis, cui turpe caput, cui plurima cervix,
et crurum tenus a mento palearia pendent;
tum longo nullus lateri modus: omnia magna,
pes etiam, et camuris hirtae sub cornibus aures.   55
nec mihi displiceat maculis insignis et albo
aut iuga detrectans interdumque aspera cornu
et faciem tauro propior quaeque ardua tota
et gradiens ima verrit vestigia cauda.
aetas Lucinam iustosque pati hymenaeos   60

wogend, dazu mit dem Erz von Schiffen ragende Säulen;
Asiens bezwungene Städte sowie den besiegten Niphates,
Parther, der Flucht und gewendeten Pfeilen vertrauend, und zwei den
Feinden verschiedener Länder entrissne Trophäen, die füg ich
bei und den Doppeltriumph über Völker an beiden Gestaden;
parischer Marmor wird dastehen, atmende Statuen, Enkel,
von Assarakus abstammend, Namen von Helden der Sippe
Juppiters, Urvater Tros und der Kynthier, Gründer von Troja.
Fürchten wird sich der zwecklose Neid vor den Furien, vor dem
strengen Kokytus-Strom, den geringelten Schlangen Ixions
und dem riesigen Rad und dem nie zu bezwingenden Felsblock.
    Suchen wir denn der Dryaden Wälder, Maecenas, und Triften,
unberührte, noch auf, gemäß deinen harten Befehlen:
Hohes beginnt mein Geist nicht ohne dich. Auf denn, die träge
Rast brich ab; der Kithaeron, dazu des Taÿgetus Hunde
und Epidaurus, das Pferde zähmt, sie rufen mit lautem
Schrei, und er hallt zurück, vom Beifall der Haine verdoppelt.
Bald aber rüste ich mich, zu besingen die brennenden Kämpfe
Caesars und seinen Namen durch so viel Jahre zu rühmen,
wie von Tithonus' erstem Ursprung Caesar entfernt ist.
    Wer aus Bewunderung für die olympische Palme des Siegers
Pferde oder wer für den Pflug sich kräftige Stiere
hält, der achte speziell auf den Körper der Mutter. Die beste
Form hat die trotzige Kuh mit hässlichem Kopf und enormem
Nacken, welcher die Wamme vom Kinn zu den Schenkeln herabhängt;
unmäßig lang sind die Flanken: Alles ist groß, auch der Fuß ist's;
unter gekrümmten Hörnern hat sie struppige Ohren.
Nichts hätt ich auch gegen die, die auffällt durch Weiß und durch Flecken
oder ihr Joch nicht will, zuweilen wild mit dem Horn ist
und einem Stier mehr ähnelt, auch hoch gebaut ist im Ganzen
und beim Gehen unten die Spur verwischt mit dem Schwanze.
Vor dem zehnten Jahr ist beendet das Alter, das Wehen

desinit ante decem, post quattuor incipit annos;
cetera nec feturae habilis nec fortis aratris.
interea, superat gregibus dum laeta iuventas,
solve mares; mitte in Venerem pecuaria primus
atque aliam ex alia generando suffice prolem.   65
optima quaeque dies miseris mortalibus aevi
prima fugit; subeunt morbi tristisque senectus
et labor, et durae rapit inclementia mortis.
semper erunt quarum mutari corpora malis:
semper enim refice ac, ne post amissa requiras,   70
ante veni et subolem armento sortire quotannis.
    Nec non et pecori est idem dilectus equino.
tu modo, quos in spem statues summittere gentis,
praecipuum iam inde a teneris impende laborem.
continuo pecoris generosi pullus in arvis   75
altius ingreditur et mollia crura reponit;
primus et ire viam et fluvios temptare minacis
audet et ignoto sese committere ponti,
nec vanos horret strepitus. illi ardua cervix
argutumque caput, brevis alvus obesaque terga,   80
luxuriatque toris animosum pectus. honesti
spadices glaucique, color deterrimus albis
et gilvo. tum, si qua sonum procul arma dedere,
stare loco nescit, micat auribus et tremit artus
collectumque fremens volvit sub naribus ignem.   85
densa iuba, et dextro iactata recumbit in armo;
at duplex agitur per lumbos spina, cavatque
tellurem et solido graviter sonat ungula cornu.
talis Amyclaei domitus Pollucis habenis
Cyllarus et, quorum Grai meminere poetae,   90
Martis equi biiuges et magni currus Achilli;
talis et ipse iubam cervice effundit equina

aushält und statthafte Hochzeit, und nach dem vierten beginnt es;
sonst ist sie nicht zum Gebären geeignet, nicht kräftig fürs Pflügen.
Binde dazwischen, während die Herde vor Jugendkraft strotzt, die
Stiere los; schick du deine Rinder als erster zu Venus
und durch Züchten lasse du Jahrgang auf Jahrgang dann kommen.
Grade der beste Tag des Lebens entflieht ja den armen
Sterblichen immer zuerst; Gebrechen und mürrisches Alter
folgen und Pein, dann entrafft sie der harte Tod ohne Gnade.
Stets gibt's die, deren Körper du dir als anderen wünschtest:
Stets ersetze sie also; damit dir nicht fehlt das Verlorne,
komm dem zuvor, wähl jährlich den Nachwuchs dir aus für das Zuchtvieh.
    Bei der Aufzucht von Pferden, da ist die Auswahl dieselbe.
Wende besondere Mühe du schon von klein an für die auf,
die fürs Heranziehen du als Hoffnung der Herde bestimmt hast.
Gleich schon schreitet mit höherem Schritt ein Fohlen von edlem
Stammbaum im Feld, setzt zierlich auf seine Schenkel; als erstes
wagt's, einen Weg zu gehen, in drohende Flüsse zu steigen,
unbekannten Brücken sich anzuvertrauen, und scheut auch
nicht vor leerem Geräusch. Hoch trägt es den Nacken, der Kopf ist
ausdrucksvoll, und der Bauch ist gedrungen, fleischig die Kruppe,
und es strotzt ihm die mutige Brust vor Muskeln. Begehrt sind
Apfelschimmel und Fuchs, doch die schlechteste Farbe, die haben
Schimmel und Falben. Ertönt aus der Ferne das Klirren von Waffen,
kann's auf der Stelle nicht stehen, es zuckt mit den Ohren, die Glieder
zittern, und schnaubend atmet's gesammelte Glut aus den Nüstern.
Dicht ist die Mähne und fällt, geschüttelt, rechts auf die Schulter;
doppelt gefurcht durchzieht das Rückgrat die Lenden, die Hufen
höhlen den Erdboden, laut mit dem kräftigen Horne ertönend.
So war Kyllarus, den in Amyklae Pollux mit Zügeln
bändigte, so, besungen von Griechenlands Dichtern, des Mavors
Doppelgespann, so auch das Gefährt des großen Achilles;
so ließ, quicklebendig beim Nahen der Gattin, die Mähne

coniugis adventu pernix Saturnus et altum
Pelion hinnitu fugiens implevit acuto.

Hunc quoque, ubi aut morbo gravis aut iam segnior annis 95
deficit, abde domo nec turpi ignosce senectae,   96
quamvis saepe fuga versos ille egerit hostis   120
et patriam Epirum referat fortisque Mycenas   121
Neptunique ipsa deducat origine gentem.   122
frigidus in Venerem senior, frustraque laborem   97
ingratum trahit et, si quando ad proelia ventum est,
ut quondam in stipulis magnus sine viribus ignis,
incassum furit. ergo animos aevumque notabis   100
praecipue; hinc alias artes prolemque parentum,
et quis cuique dolor victo, quae gloria palmae.
nonne vides, cum praecipiti certamine campum
corripuere ruuntque effusi carcere currus,
cum spes arrectae iuvenum, exsultantiaque haurit   105
corda pavor pulsans? illi instant verbere torto
et proni dant lora, volat vi fervidus axis;
iamque humiles iamque elati sublime videntur
aëra per vacuum ferri atque adsurgere in auras.
nec mora nec requies; at fulvae nimbus harenae   110
tollitur, umescunt spumis flatuque sequentum:
tantus amor laudum, tantae est victoria curae.
primus Ericthonius currus et quattuor ausus
iungere equos rapidusque rotis insistere victor;
frena Pelethronii Lapithae gyrosque dedere   115
impositi dorso atque equitem docuere sub armis
insultare solo et gressus glomerare superbos.
aequus uterque labor, aeque iuvenemque magistri
exquirunt calidumque animis et cursibus acrem.   119

His animadversis instant sub tempus et omnis   123
impendunt curas denso distendere pingui,

über den Pferdehals flattern Saturnus selbst und erfüllte
fliehend den ragenden Pelion durch sein helles Gewieher.

Doch auch so eins verbirg, wenn's von Krankheit beschwert ist und schon zu
träg durch die Jahre, im Haus, ohne Nachsicht, weil's hässlich und alt ist,
mag es auch oft in die Flucht geschlagen haben die Feinde
und sich der Heimat Epirus oder des starken Mykene
rühmen, sogar von Neptun herleiten die eigene Herkunft.
Kalt ist's im Alter bei Venus, und lustlos zieht es umsonst die
Arbeit hin, und gibt es irgendwann ein Gefecht, dann
tobt es vergeblich, wie zuweilen ein kraftloses großes
Feuer im Stroh. Drum wirst du auf Mut und Alter vor allem
achten, auf andere Vorzüge dann und den Stammbaum der Eltern,
und darauf, ob sich's grämt, wenn's verliert, ob die Palme es stolz macht.
Siehst du nicht, wie sie im schnellen Wettrennen über die Bahn hin
fliegen, die Wagen, den Schranken entstürzend, dahinstürmen, wie von
Hoffnung erregt sind die Jünglinge, zitterndes Bangen erschöpft die
pochenden Herzen? Man drängt, man wirbelt die Peitsche, und lässt die
Zügel, vorgebeugt, schießen; es rast die Achse, erglüht vom
Schwung; bald scheinen sie niedrig am Boden zu sausen, bald wieder
hoch durch die leere Luft und hinauf zum Äther zu streben.
Rast und Ruh gibt's nicht; es steigt empor eine Wolke
gelben Sandes, sie triefen vom Schnauben und Schaum der Verfolger:
So groß ist das Verlangen nach Ruhm, das Bemühen zu siegen.
Erichthonius wagte zuerst, vier Pferde vor einen
Wagen zu spannen und siegreich auf rasenden Rädern zu stehen;
Pelethroniums Lapithen zäumten und ließen im Kreis sie
gehn, selbst reitend; sie lehrten den Reiter, in Waffen zu tänzeln
auf dem Reitplatz und stolz die Schritte zusammenzuraffen.
Beiderlei Mühe ist gleich, und für beides suchen ein junges
Tier, das feurigen Mut hat und wild dahinstürmt, die Meister.

Ist das beachtet, bemüht man beizeiten sich eifrig und wendet
jegliche Sorgfalt auf, um mit mästendem Futter zu füllen

quem legere ducem et pecori dixere maritum,   125
florentisque secant herbas fluviosque ministrant
farraque, ne blando nequeat superesse labori
invalidique patrum referant ieiunia nati.
ipsa autem macie tenuant armenta volentes
atque, ubi concubitus primos iam nota voluptas   130
sollicitat, frondesque negant et fontibus arcent;
saepe etiam cursu quatiunt et sole fatigant,
cum graviter tunsis gemit area frugibus, et cum
surgentem ad Zephyrum paleae iactantur inanes.
hoc faciunt, nimio ne luxu obtunsior usus   135
sit genitali arvo et sulcos oblimet inertis,
sed rapiat sitiens Venerem interiusque recondat.
     Rursus cura patrum cadere et succedere matrum
incipit. exactis gravidae cum mensibus errant,
non illas gravibus quisquam iuga ducere plaustris,   140
non saltu superare viam sit passus et acri
carpere prata fuga fluviosque innare rapacis.
saltibus in vacuis pascunt et plena secundum
flumina, muscus ubi et viridissima gramine ripa,
speluncaeque tegant et saxea procubet umbra.   145
est lucos Silari circa ilicibusque virentem
plurimus Alburnum volitans, cui nomen asilo
Romanum est, oestrum Grai vertere vocantes,
asper, acerba sonans, quo tota exterrita silvis
diffugiunt armenta: furit mugitibus aether   150
concussus silvaeque et sicci ripa Tanagri.
hoc quondam monstro horribilis exercuit iras
Inachiae Iuno pestem meditata iuvencae.
hunc quoque (nam mediis fervoribus acrior instat)
arcebis gravido pecori armentaque pasces   155
sole recens orto aut noctem ducentibus astris.

ihn, den als Führer man wählt sowie als Gemahl für die Stuten,
mäht ihm blühende Gräser und reicht ihm Korn und vom Flusse
Wasser, damit er imstand ist, die zärtliche Arbeit zu leisten
und nicht schwächliche Kinder vom hungrigen Vater erzählen.
Aber abmagern lässt man die Stuten selber mit Absicht,
und, wenn zum ersten Beilager schon empfundene Lust sie
aufreizt, gibt man ihnen kein Laub und verweigert die Quellen;
oft auch tummelt man sie im Lauf, macht müd sie durch Sonne,
wenn vom Dreschen des Korns schwer dröhnt die Tenne und leere
Spreu man entgegenwirft dem Zephyrus dann, wenn er aufkommt.
Dies wird gemacht, damit nicht durch zu viel Fett dann zu stumpf das
Zeugungsfeld für den Gebrauch wird und zuschmiert die Furchen und träg
sondern durstig einsaugt die Venus und birgt ganz im Innern.   [macht,
     Wiederum kommt's, dass die Pflege der Väter wegfällt und die der
Mütter nachrückt. Wenn trächtig sie gehn nach der Monate Ablauf,
lasse man nicht sie das Joch vor schweren Lastwagen ziehen,
Wege nicht überwinden im Hochsprung, nicht über Wiesen,
rennen in hitzigem Lauf, in reißenden Flüssen nicht schwimmen.
Nahe an Bächen, die voll sind, sowie in offenen Tälern
weiden sie, dort wo Moos ist und Gras am Ufer am grünsten,
Höhlen sie schützen und wo der Schatten der Felsen sich ausstreckt.
Etwas gibt es, das schwirrt um des Silarus Haine in Mengen
und rings um den von Steineichen grünen Alburnus; Asilus
nennen's die Römer und Oistros in Übersetzung die Griechen;
wild und böse summend, vor dem in Panik das ganze
Vieh auseinanderstiebt: Es rasen, vom Muhen durchbebt, der
Äther, die Wälder, dazu das Ufer des trocknen Tanager.
Ausgetobt hat mit diesem Monstrum den schrecklichen Zorn einst
Juno, als für des Inachus Kuh sie das Unheil erdachte.
Das halt – wütender greift es an in der Hitze des Mittags –
fern vom trächtigen Vieh und weide die Herde, wenn grade
aufging die Sonne oder die Nacht die Sterne heraufführn.

Post partum cura in vitulos traducitur omnis,
continuoque notas et nomina gentis inurunt
et quos aut pecori malint summittere habendo
aut aris servare sacros aut scindere terram   160
et campum horrentem fractis invertere glaebis.
cetera pascuntur viridis armenta per herbas:
tu, quos ad studium atque usum formabis agrestem,
iam vitulos hortare viamque insiste domandi,
dum faciles animi iuvenum, dum mobilis aetas.   165
ac primum laxos tenui de vimine circlos
cervici subnecte; dehinc, ubi libera colla
servitio adsuerint, ipsis e torquibus aptos
iunge pares et coge gradum conferre iuvencos;
atque illis iam saepe rotae ducantur inanes   170
per terram et summo vestigia pulvere signent;
post valido nitens sub pondere faginus axis
instrepat, et iunctos temo trahat aereus orbis.
interea pubi indomitae non gramina tantum
nec vescas salicum frondes ulvamque palustrem,   175
sed frumenta manu carpes sata; nec tibi fetae
more patrum nivea implebunt mulctraria vaccae,
sed tota in dulcis consument ubera natos.
    Sin ad bella magis studium turmasque ferocis,
aut Alphea rotis praelabi flumina Pisae   180
et Iovis in luco currus agitare volantis,
primus equi labor est animos atque arma videre
bellantum lituosque pati tractuque gementem
ferre rotam et stabulo frenos audire sonantis;
tum magis atque magis blandis gaudere magistri   185
laudibus et plausae sonitum cervicis amare.
atque haec iam primo depulsus ab ubere matris
audeat inque vicem det mollibus ora capistris

Nach dem Gebärn überträgt auf die Kälber sich jegliche Pflege;
Zeichen brennt man sofort ihnen ein und den Namen des Stamms und
ob man sie lieber zur Nachzucht der Herde verwenden will oder
aufbewahrn für den Altar oder aufreißen lassen das Erdreich
und die starrende Flur in Schollen brechen und pflügen.
Alles übrige Vieh wird im grünen Grase geweidet:
Die, die du ausbilden willst für die landwirtschaftliche Arbeit,
nimm schon als Kälber in Zucht und betritt den Weg eines Trainings,
während das junge Herz noch fügsam ist, lenkbar das Alter.
Und zuerst knüpf ihnen nur lockere Reifen aus dünner
Weide an den Nacken; dann, wenn an die Knechtschaft der freie
Hals sich gewöhnt hat, binde passende Paare an diese
Halsbänder, und die jungen Stiere zwinge zum Gleichschritt;
oft schon sollen sie leere Wagen über den Boden
ziehen und nur ganz oben im Sande zeichnen die Spuren;
später knarre die buchene Achse gestemmt unter schwerer
Last, und es ziehe die eherne Deichsel verbundene Räder.
Pflücke indes mit der Hand nicht nur Gräser oder nur magres
Weidenlaub oder nur Sumpfschilf der ungebändigten Jugend,
sondern auch angebautes Korn, und die Kühe, die grade
kalbten, sollen nicht weiß die Eimer nach Väterart füllen,
nein, für die süßen Kleinen ihr ganzes Euter verbrauchen.
Steht aber mehr dir der Sinn nach Krieg und wilden Schwadronen
oder danach, zu fahrn am Alphëus bei Pisa auf Rädern
und in Juppiters Hain den fliegenden Wagen zu lenken,
lerne das Pferd zuerst, zu sehen die Waffen und Wut der
Kämpfer, das Hornsignal und das Ächzen gezogener Räder
auszuhalten und klirrende Zügel zu hören im Stalle;
dann aber mehr und mehr sich zu freun am schmeichelnden Lob des
Meisters und auch das Geräusch des geklatschten Halses zu lieben.
Und dies wage es gleich, wenn die Mutter es wegtreibt vom Euter,
reiche auch immer einmal dem weichen Halfter das Maul hin,

invalidus etiamque tremens, etiam inscius aevi.
at tribus exactis ubi quarta accesserit aestas,   190
carpere mox gyrum incipiat gradibusque sonare
compositis sinuetque alterna volumina crurum,
sitque laboranti similis; tum cursibus auras,
tum vocet ac per aperta volans ceu liber habenis
aequora vix summa vestigia ponat harena.   195
qualis Hyperboreis Aquilo cum densus ab oris
incubuit Scythiaeque hiemes atque arida differt
nubila (tum segetes altae campique natantes
lenibus horrescunt flabris, summaeque sonorem
dant silvae, longique urgent ad litora fluctus),   200
ille volat simul arva fuga, simul aequora verrens.
hinc vel ad Elei metas et maxima campi
sudabit spatia et spumas aget ore cruentas,
Belgica vel molli melius feret esseda collo.
tum demum crassa magnum farragine corpus   205
crescere iam domitis sinito: namque ante domandum
ingentis tollent animos prensique negabunt
verbera lenta pati et duris parere lupatis.

     Sed non ulla magis vires industria firmat
quam Venerem et caeci stimulos avertere amoris,   210
sive boum sive est cui gratior usus equorum.
atque ideo tauros procul atque in sola relegant
pascua post montem oppositum et trans flumina lata
aut intus clausos satura ad praesepia servant.
carpit enim vires paulatim uritque videndo   215
femina nec nemorum patitur meminisse nec herbae
dulcibus illa quidem inlecebris, et saepe superbos
cornibus inter se subigit decernere amantis.

     Pascitur in magna Sila formosa iuvenca;
illi alternantes multa vi proelia miscent   220

wenn es noch schwach ist und zitternd und nicht vertraut mit dem Leben.
Aber sind drei Sommer vorbei und es kommt in den vierten,
fange es an, im Kreise zu gehn und in tönendem Takt die
Schritte zu setzen, die Schenkel in wechselnder Krümmung zu wölben,
und sei einem gleich, der sich müht; dann soll es zum Wettlauf
rufen die Winde, durchs freie Gefilde wie zügellos fliegen
und kaum auf den obersten Sand die Hufspuren setzen.
Wie wenn zusammengeballt von der hyperborëischen Küste
einfällt der Nordwind, die skythischen Stürme zerstreut und die trocknen
Wolken – dann erschauern vom sanften Wehen die hohen
Saaten und wogenden Felder, es rauschen die Wipfel der Wälder,
und von weitem drängen die Fluten ans Ufer –, doch jener
fliegt und fegt zugleich auf der Flucht über Felder und Meere.
Dann wird's am Wendepunkt auf der riesigen Rennbahn in Elis
schwitzen und blutigen Schaum aus dem Maul hervorstoßen oder
besser belgische Streitwagen ziehn mit geschmeidigem Nacken.
Nun endlich, wenn sie bereits gezähmt sind, lass durch ein fettes
Mischfutter mächtig wachsen den Körper: Denn vor ihrer Zähmung
hebt sich gewaltig ihr Mut, und greift man sie, wollen sie keine
leichten Schläge ertragen und auch sich dem Wolfszaum nicht fügen.

    Kein Bemühen jedoch stärkt mehr die Kräfte, als Venus
fernzuhalten mitsamt den Stacheln verborgener Liebe,
ob einer Aufzucht von Rindern oder von Pferden bevorzugt.
Deshalb verbannt man die Stiere weit fort auf einsame Weiden
hinter einem Berg, der sie abschirmt, und jenseits des breiten
Stroms, oder sperrt sie ein im Stall an Krippen voll Futter.
Zehrt doch die Kräfte allmählich auf und zersetzt sie durch seinen
Anblick das Weibchen und lässt durch süße Verlockung an Hain und
Kräuter gar nicht mehr denken, und oftmals zwingt es die stolzen
Liebhaber, um die Entscheidung mit ihren Hörnern zu kämpfen.

    Hoch auf der mächtigen Sila, da grast eine bildschöne Jungkuh;
die, mit gewaltiger Kraft im Wechsel angreifend, kämpfen,

vulneribus crebris, lavit ater corpora sanguis,
versaque in obnixos urgentur cornua vasto
cum gemitu: reboant silvaeque et longus Olympus.
nec mos bellantis una stabulare, sed alter
victus abit longeque ignotis exulat oris,   225
multa gemens ignominiam plagasque superbi
victoris, tum quos amisit inultus amores,
et stabula aspectans regnis excessit avitis.
ergo omni cura viris exercet et inter
dura iacet pernox instrato saxa cubili,   230
frondibus hirsutis et carice pastus acuta,
et temptat sese atque irasci in cornua discit
arboris obnixus trunco ventosque lacessit
ictibus et sparsa ad pugnam proludit harena.
post ubi collectum robur viresque refectae,   235
signa movet praecepsque oblitum fertur in hostem:
fluctus uti medio coepit cum albescere ponto,
longius ex altoque sinum trahit, utque volutus
ad terras immane sonat per saxa neque ipso
monte minor procumbit, at ima exaestuat unda   240
verticibus nigramque alte subiectat harenam.
    Omne adeo genus in terris hominumque ferarumque
et genus aequoreum, pecudes pictaeque volucres,
in furias ignemque ruunt: amor omnibus idem.
tempore non alio catulorum oblita leaena   245
saevior erravit campis, nec funera vulgo
tam multa informes ursi stragemque dedere
per silvas; tum saevus aper, tum pessima tigris;
heu male tum Libyae solis erratur in agris.
nonne vides ut tota tremor pertemptet equorum   250
corpora, si tantum notas odor attulit auras?
ac neque eos iam frena virum neque verbera saeva,

oft sich verwundend; das Blut strömt dunkel über die Leiber;
Horn gegen Horn gestemmt, bedrängen sie sich unter wüstem
Brüllen: Es widerhallen der Wald und der weite Olympus.
Dass dann im selben Stall die Kämpfer noch stehn, ist nicht Brauch, nein,
der, der besiegt ist, muss fort und lebt im Exil in der Fremde;
vielfach seufzend die Schande beklagend, die Stöße des stolzen
Siegers und dann die Geliebte, die er verlor ohne Rache,
hat er mit Blick auf den Stall das Reich seiner Väter verlassen.
Also übt er mit aller Sorgfalt die Kräfte und liegt bei
Nacht auf unbestreutem Lager zwischen den harten
Felsen, nährt sich von stachligem Laub und schneidendem Riedgras
und trainiert und lernt, seine Wut in die Hörner zu legen,
gegen Baumstämme rennend, und fordert die Winde heraus durch
Stöße, und streut, dem Kampf präludierend, Sand in die Höhe.
Hat er dann Stärke gesammelt und regeneriert seine Kräfte,
zieht er zu Felde und stürzt sich jäh auf den arglosen Gegner:
Wie die Flut, die inmitten des Meeres anfing zu schäumen,
fern auf hoher See sich aufwölbt, und wie sie zum Land sich
wälzt, über Klippen gewaltig tost und nicht kleiner als selbst die
Klippe niederstürzt, und es wallt die unterste Woge
aus den Strudeln herauf, wirft schwarzen Sand in die Höhe.
　　Überhaupt jedes Geschlecht auf Erden, die Menschen und Tiere,
Meerbewohner und Vieh und buntgefiederte Vögel,
stürzt sich in Wut und Glut: Für alle ist Liebe dasselbe.
Nie vergisst die Löwin sonst ihre Jungen und streift durchs
Feld so grimmig, die plumpen Bären begehen sonst nie so
viele Morde und richten auch nicht so häufig im Wald ein
Blutbad an; wild ist jetzt der Eber, jetzt furchtbar der Tiger;
wehe dem, der auf Libyens einsamer Flur jetzt umherschweift!
Siehst du nicht, was für ein Zittern den ganzen Körper der Hengste
überkommt, sobald nur bekannte Gerüche sie wittern?
Nicht mehr halten zurück sie die Zügel der Männer, nicht wilde

non scopuli rupesque cavae atque obiecta retardant
flumina correptosque unda torquentia montis.
ipse ruit dentesque Sabellicus exacuit sus   255
et pede prosubigit terram, fricat arbore costas
atque hinc atque illinc umeros ad vulnera durat.
quid iuvenis, magnum cui versat in ossibus ignem
durus amor? nempe abruptis turbata procellis
nocte natat caeca serus freta, quem super ingens   260
porta tonat caeli, et scopulis inlisa reclamant
aequora; nec miseri possunt revocare parentes,
nec moritura super crudeli funere virgo.
quid lynces Bacchi variae et genus acre luporum
atque canum? quid quae imbelles dant proelia cervi?   265
scilicet ante omnis furor est insignis equarum;
et mentem Venus ipsa dedit, quo tempore Glauci
Potniades malis membra absumpsere quadrigae.
illas ducit amor trans Gargara transque sonantem
Ascanium: superant montis et flumina tranant;   270
continuoque, avidis ubi subdita flamma medullis
(vere magis, quia vere calor redit ossibus), illae
ore omnes versae in Zephyrum stant rupibus altis
exceptantque levis auras et saepe sine ullis
coniugiis vento gravidae (mirabile dictu)   275
saxa per et scopulos et depressas convallis
diffugiunt, non, Eure, tuos neque solis ad ortus,
in Borean Caurumque, aut unde nigerrimus Auster
nascitur et pluvio contristat frigore caelum.
hic demum, hippomanes vero quod nomine dicunt   280
pastores, lentum destillat ab inguine virus,
hippomanes, quod saepe malae legere novercae
miscueruntque herbas et non innoxia verba.
        Sed fugit interea, fugit inreparabile tempus,

Hiebe, nicht Felsen, nicht hohles Geklüft, nicht, Wege versperrend,
Flüsse mit mitgerissnen, im Strudel wirbelnden Felsen.
Selbst die sabellische Sau stürmt her und wetzt ihre Zähne,
wühlt den Grund mit dem Fuß auf, reibt ihre Rippen am Baum und
macht sich hier und dort die Schultern hart gegen Wunden.
Dann erst der Jüngling, dem grausame Liebe die Knochen durchströmt mit
heftiger Feuerglut! Spät ja in finsterer Nacht noch durchschwimmt den
Sund er, den Stürme durchtosen, und über ihm donnert des Himmels
riesiges Tor, im Widerhall brüllt, an die Klippen gepeitscht, die
Brandung; zurückrufen können die armen Eltern ihn nicht, auch
nicht die Jungfrau, die – grausam ist's! – sterben wird über der Leiche.
Dann auch des Bacchus gesprenkelte Luchse, der Wölfe und Hunde
wilde Brut! Und die Kämpfe der sonst so friedlichen Hirsche!
Klar: Ganz besonders auffällig ist ja das Rasen der Stuten;
Venus selbst gab diesen Sinn ihnen ein, als des Glaukus
potnisches Viergespann ihm mit den Zähnen die Glieder zerfetzte.
Über den Gargara treibt ihr Verlangen sie, über Askanius'
rauschenden Strom: Sie bezwingen Berge und schwimmen durch Flüsse;
gleich, wenn ins gierige Mark ihnen eindringt die Flamme – im Frühling
meistens, weil in die Knochen im Frühling zurückkehrt die Wärme –,
stehen sie alle, zum Zephyr die Nüstern gewendet, auf hohem
Fels und empfangen die leichten Winde und werden oft ohne
Ehevollzug vom Winde trächtig – es klingt wie ein Wunder –,
fliehn über Felsen und Klippen und tief durch die Täler zu deinem
Aufgang, Eurus, nicht und nicht zum Aufgang der Sonne,
nein, zu Nord und Nordwest oder dorthin, wo finster der Auster
aufsteigt und dort den Himmel mit eisigem Regen verdüstert.
Hier endlich tropft – die Hirten bezeichnen's mit treffendem Namen
als *hippomanes* – Brunstschleim zäh aus der Scheide, und das ist
jenes *hippomanes*, welches die bösen Stiefmütter häufig
sammeln, um Kräuter und schädliche Wörter damit zu vermischen.
    Aber es flieht unterdessen die Zeit, flieht unwiederbringlich,

singula dum capti circumvectamur amore.   285
hoc satis armentis; superat pars altera curae,
lanigeros agitare greges hirtasque capellas:
hic labor, hinc laudem fortes sperate coloni.
nec sum animi dubius, verbis ea vincere magnum
quam sit et angustis hunc addere rebus honorem;   290
sed me Parnasi deserta per ardua dulcis
raptat amor; iuvat ire iugis, qua nulla priorum
Castaliam molli devertitur orbita clivo.
nunc, veneranda Pales, magno nunc ore sonandum.
    Incipiens stabulis edico in mollibus herbam   295
carpere ovis, dum mox frondosa reducitur aestas,
et multa duram stipula felicumque maniplis
sternere subter humum, glacies ne frigida laedat
molle pecus scabiemque ferat turpisque podagras.
post hinc digressus iubeo frondentia capris   300
arbuta sufficere et fluvios praebere recentis
et stabula a ventis hiberno opponere soli
ad medium conversa diem, cum frigidus olim
iam cadit extremoque inrorat Aquarius anno.
hae quoque non cura nobis leviore tuendae,   305
nec minor usus erit, quamvis Milesia magno
vellera mutentur Tyrios incocta rubores;
densior hinc suboles, hinc largi copia lactis:
quam magis exhausto spumaverit ubere mulctra,
laeta magis pressis manabunt flumina mammis.   310
nec minus interea barbas incanaque menta
Cinyphii tondent hirci saetasque comantis
usum in castrorum et miseris velamina nautis.
pascuntur vero silvas et summa Lycaei
horrentisque rubos et amantis ardua dumos;   315
atque ipsae memores redeunt in tecta suosque

während in Einzelnem ich herumfahr, von Liebe bezwungen.
Dieses genügt zum Großvieh; es bleibt noch der andere Teil der
Sorge, wollige Herden und zottige Ziegen zu treiben:
Hier gibt's Arbeit, auf Ruhm hofft hier, ihr tüchtigen Bauern!
Mir ist bewusst, wie schwer's ist, bei so etwas siegreich zu sein mit
Worten und niedrigen Dingen solch eine Ehre zu geben;
aber es reißt über einsame Höhn des Parnassus mich süße
Liebe; auf Gipfeln, wo keines Vorgängers Radspur auf weichem
Hang zum kastalischen Quell hinabführt, freut's mich zu gehen.
Tönen im hohen Stil muss ich jetzt, ehrwürdige Pales.

Erstlich verkünd ich: Im weichen Stall sollen Kräuter die Schafe
rupfen, bis bald dann der laubreiche Sommer zurückkehrt, und du sollst
unter ihnen den harten Boden reichlich mit Stroh und
Farnbüscheln streuen, damit nicht die eisige Kälte dem zarten
Kleinvieh schade, ihm Räude bringe und Klauengeschwüre.
Ferner gebiet ich, belaubte Arbutuszweige und frisches
Wasser vom Fluss den Ziegen zu reichen sowie ihren Stall vor
Winden geschützt zur Sonne des Winters hin zu erbauen,
gegen Mittag gewandt, für die Zeit, bis endlich der kalte
Wassermann untergeht und betaut das Ende des Jahres.
Sie auch dürfen wir nicht mit geringerer Pflege betreuen,
ist doch nicht kleiner der Nutzen, wie viel auch milesische Wolle,
welche mit tyrischem Purpur gefärbt ist, als Ware dir einbringt;
dann gibt's reicheren Nachwuchs, dann Milch in strömender Fülle:
Und je mehr nach dem Melken des Euters der Eimer geschäumt hat,
desto üppiger fließt aus gedrückten Zitzen der Milchstrom.
Ebenso werden indes der Bart, das Kinn, das ergraut ist,
und das zottige Fell des kinyphischen Bocks zum Gebrauch im
Feldlager und zur Bekleidung von armen Matrosen geschoren.
Wälder aber dienen als Weide, die Höhn des Lykaeus,
stachliges Brombeergesträuch und Gestrüpp, das Steilhänge gern hat;
selbst sich erinnernd kehren sie heim und führen die Ihren

ducunt et gravido superant vix ubere limen.
ergo omni studio glaciem ventosque nivalis,
quo minor est illis curae mortalis egestas,
avertes victumque feres et virgea laetus   320
pabula nec tota claudes faenilia bruma.
    At vero Zephyris cum laeta vocantibus aestas
in saltus utrumque gregem atque in pascua mittet,
Luciferi primo cum sidere frigida rura
carpamus, dum mane novum, dum gramina canent   325
et ros in tenera pecori gratissimus herba.
inde ubi quarta sitim caeli collegerit hora
et cantu querulae rumpent arbusta cicadae,
ad puteos aut alta greges ad stagna iubebo
currentem ilignis potare canalibus undam;   330
aestibus at mediis umbrosam exquirere vallem,
sicubi magna Iovis antiquo robore quercus
ingentis tendat ramos, aut sicubi nigrum
ilicibus crebris sacra nemus accubet umbra;
tum tenuis dare rursus aquas et pascere rursus   335
solis ad occasum, cum frigidus aëra Vesper
temperat, et saltus reficit iam roscida luna,
litoraque alcyonen resonant, acalanthida dumi.
    Quid tibi pastores Libyae, quid pascua versu
prosequar et raris habitata mapalia tectis?   340
saepe diem noctemque et totum ex ordine mensem
pascitur itque pecus longa in deserta sine ullis
hospitiis: tantum campi iacet. omnia secum
armentarius Afer agit, tectumque laremque
armaque Amyclaeumque canem Cressamque pharetram;   345
non secus ac patriis acer Romanus in armis
iniusto sub fasce viam cum carpit, et hosti
ante exspectatum positis stat in agmine castris.

und überwinden kaum die Schwelle; so schwer sind die Euter.
Also bemüh dich mit aller Kraft, sie vor Schneewind und Eis zu
schützen, weil sie nicht selbst besorgt sind um ihrer Gesundheit
Schwäche, und bring ihnen Futter und gerne Zweige als Nahrung
und halt nicht den Heuboden über den Winter verschlossen.

    Schickt, von den Zephyrn herbeigerufen, der strahlende Sommer
beiderlei Herden hinaus zu Wäldern und Weiden, dann lass uns
über das kühle Land beim Erscheinen des Morgensterns ziehen,
während der Morgen noch jung ist, die Gräser noch grau sind und auf den
zarten Kräutern der Tau dem Vieh am liebsten ist. Hat dann
angesammelt den Durst die vierte Stunde des Himmels,
und das Gebüsch zerreißen mit Klagegesang die Zikaden,
heiß ich am Brunnen oder an tiefen Teichen die Herden
fließendes Wasser trinken aus Eichenholzrinnen, zur heißen
Mittagszeit dann aufsuchen einen schattigen Talgrund,
etwa, wo Juppiters mächtige Eiche vom alternden Stamm die
riesigen Äste ausstreckt oder etwa ein dunkler
Hain von dichten Steineichen ruht in heiligem Schatten,
heiß wieder klares Wasser dann geben und wieder sie weiden
bis zum Untergang Sols, wenn die Luft der kühlende Vesper
temperiert, der taufrische Mond den Wald wiederherstellt
und der Strand vom Eisvogel hallt, das Buschwerk vom Stieglitz.

    Soll ich dir Libyens Hirten, die Weiden in Versen beschreiben
und ihre Lager, worin in vereinzelten Hütten sie wohnen?
Oftmals weidet das Vieh bei Tag und bei Nacht den gesamten
Monat hindurch und zieht in fernes Steppenland ohne
jegliches Obdach: So weit erstreckt sich das Land. All das Seine
führt der afrische Viehhirte mit sich, sein Dach, seinen Lar, die
Waffen, den amykläischen Hund und den kretischen Köcher;
ganz wie der streitbare Römer, wenn dieser in Waffen der Väter
unter viel zu viel Last marschiert, und eh es der Feind ahnt,
aufschlägt sein Lager und dann sogleich in Schlachtordnung dasteht.

at non qua Scythiae gentes Maeotiaque unda,
turbidus et torquens flaventis Hister harenas,   350
quaque redit medium Rhodope porrecta sub axem.
illic clausa tenent stabulis armenta, neque ullae
aut herbae campo apparent aut arbore frondes;
sed iacet aggeribus niveis informis et alto
terra gelu late septemque adsurgit in ulnas.   355
semper hiems, semper spirantes frigora Cauri;
tum Sol pallentis haud umquam discutit umbras,
nec cum invectus equis altum petit aethera, nec cum
praecipitem Oceani rubro lavit aequore currum.
concrescunt subitae currenti in flumine crustae,   360
undaque iam tergo ferratos sustinet orbes,
puppibus illa prius, patulis nunc hospita plaustris;
aeraque dissiliunt vulgo, vestesque rigescunt
indutae, caeduntque securibus umida vina,
et totae solidam in glaciem vertere lacunae,   365
stiriaque impexis induruit horrida barbis.
interea toto non setius aëre ningit:
intereunt pecudes, stant circumfusa pruinis
corpora magna boum, confertoque agmine cervi
torpent mole nova et summis vix cornibus exstant.   370
hos non immissis canibus, non cassibus ullis
puniceaeve agitant pavidos formidine pinnae,
sed frustra oppositum trudentis pectore montem
comminus obtruncant ferro graviterque rudentis
caedunt et magno laeti clamore reportant.   375
ipsi in defossis specubus secura sub alta
otia agunt terra, congestaque robora totasque
advolvere focis ulmos ignique dedere;
hic noctem ludo ducunt et pocula laeti
fermento atque acidis imitantur vitea sorbis.   380

Anders ist's am mäotischen See und bei skythischen Völkern,
wo der Hister, aufgewühlt, gelben Sand wirbelt, wo die
Rhodope, vorgestreckt bis zur Polmitte, wieder zurückkommt.
Dort hält man verschlossen im Stall die Herden, und weder
irgendein Grün erscheint auf dem Feld oder Laub an den Bäumen;
formlos liegt das Land unter Schneemassen und unter tiefem
Eis lang hingestreckt da, zu sieben Ellen sich hebend.
Stets herrscht Winter, und stets bläst Kälte hinein der Nordwestwind;
dann kann der Sonnengott nie die bleichen Schatten zerstreuen,
weder wenn mit den Pferden zum hohen Äther er strebt, noch
wenn er ins rötliche Meer bei der Niederfahrt taucht seinen Wagen.
Plötzlich wächst die Kruste im strömenden Flusse zusammen,
schon trägt eisenbeschlagene Räder das Nass auf dem Rücken,
vorher gastlich den Schiffen und jetzt den geräumigen Karren;
Bronzegefäße zerspringen überall, Kleider erstarren,
wenn man sie trägt; sonst flüssiger Wein wird zerhackt mit dem Beile,
ganze Weiher sind zu festem Eise geworden,
und ein harter Eiszapfen starrt im struppigen Barte.
Im gesamten Luftraum schneit es dann auch noch indessen:
Vieh geht ein, es stehen, umgossen von Schneeflocken, große
Körper von Rindern da, in dichtem Rudel erstarren
Hirsche unter der neuen Last, die Geweihspitzen ragen
kaum heraus. Keine Hunde hetzt man auf sie, nicht mit Netzen
jagt man die Ängstlichen oder mit roter Feder sie schreckend,
nein, wenn umsonst mit der Brust an den Schneeberg sie stoßen, dann sticht
mit dem Schwert aus der Nähe sie nieder, schlachtet die kläglich   [man
Brüllenden, bringt sie dann froh unter lautem Schreien nach Hause.
Sie selbst leben in sicherem Frieden in Höhlen, die tief ins
Erdreich sie graben, und rollen zusammengetragene Klötze,
ja, und ganze Ulmen zum Herd und werfen sie da ins
Feuer; sie ziehn in die Länge beim Spiel die Nacht, und den Weintrank
ahmt man mit Gärung und sauren Elsbeeren nach voller Freude.

talis Hyperboreo Septem subiecta trioni
gens effrena virum Riphaeo tunditur Euro
et pecudum fulvis velatur corpora saetis.

Si tibi lanitium curae, primum aspera silva
lappaeque tribolique absint; fuge pabula laeta;   385
continuoque greges villis lege mollibus albos.
illum autem, quamvis aries sit candidus ipse,
nigra subest udo tantum cui lingua palato,
reice, ne maculis infuscet vellera pullis
nascentum, plenoque alium circumspice campo.   390
munere sic niveo lanae, si credere dignum est,
Pan deus Arcadiae captam te, Luna, fefellit
in nemora alta vocans; nec tu aspernata vocantem.

At cui lactis amor, cytisum lotosque frequentis
ipse manu salsasque ferat praesepibus herbas: 395
hinc et amant fluvios magis et magis ubera tendunt
et salis occultum referunt in lacte saporem.
multi etiam excretos prohibent a matribus haedos
primaque ferratis praefigunt ora capistris.
quod surgente die mulsere horisque diurnis,   400
nocte premunt; quod iam tenebris et sole cadente,
sub lucem exportant calathis (adit oppida pastor)
aut parco sale contingunt hiemique reponunt.

Nec tibi cura canum fuerit postrema, sed una
velocis Spartae catulos acremque Molossum   405
pasce sero pingui. numquam custodibus illis
nocturnum stabulis furem incursusque luporum
aut impacatos a tergo horrebis Hiberos.
saepe etiam cursu timidos agitabis onagros
et canibus leporem, canibus venabere dammas;   410
saepe volutabris pulsos silvestribus apros
latratu turbabis agens, montisque per altos

Unterm hyperboreïschen Norden wohnend, wird dieser
ungezügelte Menschenschlag durch den riphäischen Eurus
heftig gepeitscht, und man hüllt in braunes Fellhaar den Körper.
     Liegt dir am Wollertrag, halt erstlich raue Gehölze,
Kletten und Burzeldorn fern und meide üppiges Futter;
wähle dir weiße Herden mit weichen Zotteln sogleich aus.
Ihn aber, sei er auch sonst schneeweiß, der Widder, und hat er
nur eine schwarze Zunge unter dem schlüpfrigen Gaumen,
lehne du ab, damit er den Lämmchen das Vlies nicht mit dunklen
Flecken entstellt; auf der vollen Trift schau nach einem andren.
So hat, wenn's Glauben verdient, mit schneeweißer Wolle als Gabe
Pan, der arkadische Gott, dich, Luna, getäuscht, als in einen
hohen Hain er dich rief und du nicht verschmähtest den Rufer.
     Wer aber Milch liebt, bringe Schneckenklee, reichlich auch Steinklee
eigenhändig zur Krippe, dazu auch gesalzene Kräuter:
Dadurch lieben sie mehr das Bachwasser, dehnen das Euter
mehr und geben der Milch die verborgene Würze des Salzes.
Viele auch halten die Böckchen, sie aussondernd, fern von den Müttern,
binden auch ihnen vors Maul einen eisenbeschlagenen Halfter.
Was sie beim Aufgang der Sonne melken und über den Tag hin,
pressen sie nachts; was bei Dunkelheit schon und bei sinkender Sonne,
trägt in der Früh man im Korb fort – ins Städtchen begibt sich der Hirte –
oder man salzt es sparsam und hebt es auf für den Winter.
     Denk an die Hundehaltung nicht erst am Schluss, sondern zieh die
schnellen Welpen aus Sparta zusammen mit scharfen Molossern
auf mit fetter Molke. Wenn die dich bewachen, dann wirst du
nie für die Ställe den Dieb in der Nacht und den Einbruch von Wölfen
fürchten oder den Überfall noch nicht besiegter Hiberer.
Oft auch wirst du im Lauf die scheuen Wildesel hetzen,
auch mit Hunden den Hasen, mit Hunden jagen das Damwild;
aufstöbern wirst du oft aus den Suhlen im Walde vertriebne
Eber und durch das Gekläffe hetzen, den mächtigen Hirsch mit

ingentem clamore premes ad retia cervum.

    Disce et odoratam stabulis accendere cedrum
galbaneoque agitare gravis nidore chelydros.   415
saepe sub immotis praesepibus aut mala tactu
vipera delituit caelumque exterrita fugit,
aut tecto adsuetus coluber succedere et umbrae
(pestis acerba boum) pecorique aspergere virus
fovit humum. cape saxa manu, cape robora, pastor,   420
tollentemque minas et sibila colla tumentem
deice! iamque fuga timidum caput abdidit alte,
cum medii nexus extremaeque agmina caudae
solvuntur, tardosque trahit sinus ultimus orbis.
est etiam ille malus Calabris in saltibus anguis,   425
squamea convolvens sublato pectore terga
atque notis longam maculosus grandibus alvum,
qui, dum amnes ulli rumpuntur fontibus et dum
vere madent udo terrae ac pluvialibus Austris,
stagna colit ripisque habitans hic piscibus atram   430
improbus ingluviem ranisque loquacibus explet;
postquam exusta palus terraeque ardore dehiscunt,
exsilit in siccum et flammantia lumina torquens
saevit agris asperque siti atque exterritus aestu.
ne mihi tum mollis sub divo carpere somnos   435
neu dorso nemoris libeat iacuisse per herbas,
cum positis novus exuviis nitidusque iuventa
volvitur, aut catulos tectis aut ova relinquens,
arduus ad solem et linguis micat ore trisulcis.

    Morborum quoque te causas et signa docebo.   440
turpis ovis temptat scabies, ubi frigidus imber
altius ad vivum persedit et horrida cano
bruma gelu, vel cum tonsis inlotus adhaesit
sudor, et hirsuti secuerunt corpora vepres.

Hundegebell zu den Netzen hin drängen durchs hohe Gebirge.

Lern auch, duftendes Zedernholz anzuzünden im Stall und
schädliche Schildkrötenschlangen mit Galbanumqualm zu verscheuchen.
Oftmals verbarg unter unsaubren Krippen sich, bös bei Berührung,
eine Viper, die vor dem Tageslicht ängstlich entwischte,
oder es wärmte den Boden die Natter – die schreckliche Pest der
Rinder –, die gern unters schattige Dach sich verkriecht und ihr Gift aufs
Vieh spritzt. Greif mit der Hand einen Stein, greif, Hirt, einen Knüppel,
strecke sie, wenn sie sich drohend erhebt und zischend den Hals bläht,
nieder! Fliehend hat tief schon den ängstlichen Kopf sie verborgen,
während die mittleren Ringe und hinten der gleitende Schwanz sich
lösen und langsame Windungen nachschleppt der letzte der Ringe.
Auch jene böse Schlange noch gibt's in Kalabriens Wäldern,
die ihre Brust hochreckt und wölbt ihren schuppigen Rücken
und am langen Bauch mit riesigen Flecken betupft ist;
und solang noch ein Fluss aus der Quelle hervorbricht, solang die
Erde im feuchten Frühling vom regenbringenden Süd trieft,
lebt sie in Teichen, haust auch am Ufer und füllt hier mit Fischen
ruchlos den finsteren Schlund, dazu mit geschwätzigen Fröschen;
trocknet der Sumpf aber aus und es spaltet die Hitze den Boden,
springt sie aufs Trockene, rollt die flammenden Augen und wütet,
wild vor Durst und heftig erschreckt von der Glut, auf den Feldern.
Da sei *nicht* mir danach, sanft einzuschlummern im Freien
oder am waldigen Hang im Grase mich niederzulegen,
wenn sie die Haut abstreift und sich neu im Glanze der Jugend
ringelt, oder im Nest zurücklassend Brut oder Eier
steilauf zur Sonne hin züngelt mit dreifach gespaltener Zunge.

Ursachen und Symptome von Krankheiten lehr ich dich gleichfalls.
Hässliche Räude befällt die Schafe, wenn frostiger Regen
und der scheußliche Winter mit eisgrauer Kälte zu tief ins
Fleisch eindringt oder Schweiß, nicht abgespült, nach der Schur an
ihnen klebt und den Körper stachlige Dornbüsche ritzen.

dulcibus idcirco fluviis pecus omne magistri   445
perfundunt, udisque aries in gurgite villis
mersatur missusque secundo defluit amni;
aut tonsum tristi contingunt corpus amurca
et spumas miscent argenti vivaque sulpura
Idaeasque pices et pinguis unguine ceras   450
scillamque elleborosque gravis nigrumque bitumen.
non tamen ulla magis praesens fortuna laborum est,
quam si quis ferro potuit rescindere summum
ulceris os; alitur vitium vivitque tegendo,
dum medicas adhibere manus ad vulnera pastor   455
abnegat et meliora deos sedet omina poscens.
quin etiam, ima dolor balantum lapsus ad ossa
cum furit atque artus depascitur arida febris,
profuit incensos aestus avertere et inter
ima ferire pedis salientem sanguine venam,   460
Bisaltae quo more solent acerque Gelonus,
cum fugit in Rhodopen atque in deserta Getarum
et lac concretum cum sanguine potat equino.
quam procul aut molli succedere saepius umbrae
videris aut summas carpentem ignavius herbas   465
extremamque sequi aut medio procumbere campo
pascentem et serae solam decedere nocti,
continuo culpam ferro compesce priusquam
dira per incautum serpant contagia vulgus.
non tam creber agens hiemem ruit aequore turbo   470
quam multae pecudum pestes. nec singula morbi
corpora corripiunt, sed tota aestiva repente,
spemque gregemque simul cunctamque ab origine gentem.
tum sciat, aërias Alpis et Norica si quis
castella in tumulis et Iapydis arva Timavi   475
nunc quoque post tanto videat desertaque regna

Deswegen baden die Hirten die ganze Herde in süßem
Flusswasser, und in den Strudel taucht man den Widder mit nassen
Zotteln, und wenn man ihn loslässt, dann treibt er ab mit der Strömung;
oder man reibt mit herbem Ölschaum den Leib nach der Schur ein,
mischt auch Silberglätte dazu und Rohschwefelstücke,
Pech vom Idagebirge und Wachsstücke, fett von der Salbe,
Meerzwiebeln auch und stinkende Nieswurz und kohlschwarzes Erdpech.
Nichts aber führt bei den Leiden so effektiv zum Erfolg, wie
wenn ins Geschwür eine Öffnung ganz oben jemand mit einem
Messer schneidet; genährt wird das Übel und schwärt, wenn's bedeckt bleibt,
während der Hirte sich sträubt, an die Wunde die heilende Hand zu
legen, und dasitzt und nur von den Göttern die Besserung fordert.
Dann sogar, wenn der Schmerz den Blökenden tief ins Gebein dringt
und dort wütet und trockenes Fieber zehrt an den Gliedern,
hilft's noch, die Glut der Entzündung abzuwehren und tief am
Spalt im Huf in die Ader zu stechen, aus der dann das Blut springt,
wie die Bisalten es tun und der ungestüme Gelone,
wenn er zur Rhodope flieht und hinein in die Wüste der Geten
und geronnene Milch zusammen mit Blut eines Pferds trinkt.
Siehst du eines, das oft sich in lindernden Schatten zurückzieht
oder träger als sonst abrupft die Spitzen der Gräser
und als letztes der Herde folgt oder, während es weidet,
hinsinkt mitten im Feld und allein und spät erst der Nacht weicht,
dann beseitige du sogleich mit dem Messer den Schädling,
eh eine schreckliche Seuche sich schleicht durch die arglose Herde.
Wirbelwind, der einen Sturm bringt, stürzt nicht so oft sich aufs Meer wie
zahlreiche Seuchen aufs Vieh, und die Krankheiten raffen dabei nicht
einzelne Körper hinweg, nein, ganze Sommergehege
schlagartig, Hoffnung und Herde zugleich und von Grund auf den ganzen
Stamm. Das erkennt, wer die luftigen Alpen, die Bergfesten auf den
Anhöhen Noricums und das Timavus-Gebiet Iapydiens
sieht, die heute sogar noch, nach so langen Jahren, verlassnen

pastorum et longe saltus lateque vacantis.

    Hic quondam morbo caeli miseranda coorta est
tempestas totoque autumni incanduit aestu
et genus omne neci pecudum dedit, omne ferarum,   480
corrupitque lacus, infecit pabula tabo.
nec via mortis erat simplex, sed ubi ignea venis
omnibus acta sitis miseros adduxerat artus,
rursus abundabat fluidus liquor omniaque in se
ossa minutatim morbo conlapsa trahebat.   485
saepe in honore deum medio stans hostia ad aram,
lanea dum nivea circumdatur infula vitta,
inter cunctantis cecidit moribunda ministros;
aut si quam ferro mactaverat ante sacerdos,
inde neque impositis ardent altaria fibris,   490
nec responsa potest consultus reddere vates,
ac vix suppositi tinguntur sanguine cultri
summaque ieiuna sanie infuscatur harena.
hinc laetis vituli vulgo moriuntur in herbis
et dulcis animas plena ad praesepia reddunt;   495
hinc canibus blandis rabies venit, et quatit aegros
tussis anhela sues ac faucibus angit obesis.
labitur infelix, studiorum atque immemor herbae,
victor equus fontisque avertitur et pede terram
crebra ferit; demissae aures, incertus ibidem   500
sudor et ille quidem morituris frigidus; aret
pellis et ad tactum tractanti dura resistit.

    Haec ante exitium primis dant signa diebus:
sin in processu coepit crudescere morbus,
tum vero ardentes oculi atque attractus ab alto   505
spiritus, interdum gemitu gravis, imaque longo
ilia singultu tendunt, it naribus ater
sanguis, et obsessas fauces premit aspera lingua.

Reiche der Hirten, die weit und breit verödeten Wälder.

Hier gab's einst ein beklagenswertes Wetter – verpestet
war die Luft –, es entbrannte durch volle Hitze des Herbsts zu
Weißglut und übergab dem Tod alle Arten von Vieh und
Wild und verdarb die Seen und verseuchte das Futter mit Peststoff.
Nicht ging's einfach zum Tod, nein: Drang ein glühender Durst durch
sämtliche Adern und brachte die armen Glieder zum Schrumpfen,
nahm erneut überhand ein Schleimfluss und löste die durch die
Pest kollabierten Knochen ganz in sich auf, sie zerbröckelnd.
Oft brach während der Ehrung der Götter das Tier am Altar, dem
grad man umschlang das wollene Band mit den schneeweißen Schleifen,
mitten zwischen den zögernden Dienern sterbend zusammen;
oder hat eines schon mit dem Eisen der Priester geschlachtet,
dann brennt nicht der Altar vom Eingeweide, das draufliegt,
nicht vermag der befragte Seher die Antwort zu geben,
unten angesetzt, wird das Messer vom Blut kaum benetzt, und
nur ein magerer Eiterfluss bräunt die oberste Sandschicht.
Jetzt verenden überall Kälber im üppigen Gras und
müssen vor vollen Krippen ihr süßes Leben verströmen;
jetzt packt schmeichelnde Hunde die Wut, und keuchender Husten
schüttelt die kranken Schweine, verengt den verfetteten Rachen.
Rennlust und Kräuter vergessend, strauchelt versagend das einstmals
siegreiche Pferd; von der Quelle kehrt es sich ab, mit dem Huf stampft's
ständig den Boden; die Ohren hängen herab, und ihm fließt dort
unstet der Schweiß, der beim Nahen des Todes erkaltet; sein Fell ist
dürr, und wenn man es streichelt, dann widerstrebt's der Berührung.
All dies zeigt in den ersten Tagen bei ihnen den Tod an:
Wenn aber dann die Krankheit sich fortschreitend heftig verschlimmert,
brennen ihnen die Augen, den Atem holen sie mühsam
tief aus der Brust, schwer stöhnend zuweilen, ganz unten die Weichen
dehnen sie, lange röchelnd, das Blut tritt schwarz aus der Nase,
auf den geschwollenen Schlund drückt schwer die pelzige Zunge.

profuit inserto latices infundere cornu
Lenaeos: ea visa salus morientibus una;   510
mox erat hoc ipsum exitio, furiisque refecti
ardebant ipsique suos iam morte sub aegra
(di meliora piis, erroremque hostibus illum!)
discissos nudis laniabant dentibus artus.
ecce autem duro fumans sub vomere taurus   515
concidit et mixtum spumis vomit ore cruorem
extremosque ciet gemitus. it tristis arator
maerentem abiungens fraterna morte iuvencum
atque opere in medio defixa reliquit aratra.
non umbrae altorum nemorum, non mollia possunt   520
prata movere animum, non qui per saxa volutus
purior electro campum petit amnis; at ima
solvuntur latera, atque oculos stupor urget inertis,
ad terramque fluit devexo pondere cervix.
quid labor aut benefacta iuvant? quid vomere terras   525
invertisse gravis? atqui non Massica Bacchi
munera, non illis epulae nocuere repostae:
frondibus et victu pascuntur simplicis herbae,
pocula sunt fontes liquidi atque exercita cursu
flumina, nec somnos abrumpit cura salubris.   530
tempore non alio dicunt regionibus illis
quaesitas ad sacra boves Iunonis et uris
imparibus ductos alta ad donaria currus.
ergo aegre rastris terram rimantur et ipsis
unguibus infodiunt fruges montisque per arduos   535
contenta cervice trahunt stridentia plaustra.
non lupus insidias explorat ovilia circum
nec gregibus nocturnus obambulat: acrior illum
cura domat; timidi dammae cervique fugaces
nunc interque canes et circum tecta vagantur.   540

Dort ein Horn einzuzwängen und einzuflößen des Bacchus
Nass, das half: Bei Sterbenden schien das die einzige Rettung;
bald aber brachte grad dies den Tod; die Erfrischten entbrannten
rasend, und selber rissen sie, schwach mit dem Tode noch ringend –
Götter, gebt Bessres den Frommen und jenen Irrsinn den Feinden! –
auf ihre Glieder, um die dann, die Zähne gefletscht, zu zerfleischen.
Sieh nur, der Stier, unterm harten Pflug schweißdampfend, er stürzt zu
Boden und speit Blut, vermischt mit Schaum, aus dem Maul und
stöhnt zum letzten Male. Bekümmert entfernt sich der Pflüger,
halftert den anderen Stier aus, der über den Tod seines Bruders
trauert, und lässt stecken den Pflug mittendrin in der Arbeit.
Nicht die Schatten der hohen Haine können ihn trösten,
nicht die weichen Wiesen, der Bach nicht, der klarer als Bernstein
über die Felsen wirbelnd der Ebene zueilt; die Flanken
hängen ihm schlaff herab, es erstarren die hilflosen Augen,
und, bedrückt von der eigenen Last, sinkt nieder der Nacken.
Was nützen Arbeit und Wohltat nun? Was nützt's, mit dem Pflug die
Erde gewendet zu haben? Es schadeten ihnen doch nicht das
Bacchusgeschenk, der Massiker, Speisen nicht, üppig bereitet:
Weiden sie doch nur Laub und die Kost des einfachen Grases,
lautere Quellen sind ihr Getränk und die Bäche, die rastlos
fließen, nicht vertreibt ihnen Sorge den heilsamen Schlummer.
Niemals sonst vermisste in jener Gegend man Rinder,
heißt es, beim heiligen Dienst für Juno, führte auch nie mit
ungleichen Auerochsen zu hohen Tempeln die Wagen.
Also reißen die Erde sie mühsam auf mit den Karsten,
graben mit bloßen Nägeln die Saat ein und ziehn über steile
Berge mit angespanntem Nacken die ächzenden Karren.
Nicht erkundet der Wolf einen Lauerplatz nahe beim Schafpferch,
streicht auch nicht nachts um die Herde herum: Ihn zähmt eine schlimmre
Sorge; ängstliche Rehe und flüchtige Hirsche, die streifen
jetzt bereits mit den Hunden umher und rings um die Häuser.

iam maris immensi prolem et genus omne natantum
litore in extremo ceu naufraga corpora fluctus
proluit; insolitae fugiunt in flumina phocae.
interit et curvis frustra defensa latebris
vipera et attoniti squamis astantibus hydri.   545
ipsis est aër avibus non aequus, et illae
praecipites alta vitam sub nube relinquunt.
    Praeterea iam nec mutari pabula refert,
quaesitaeque nocent artes; cessere magistri,
Phillyrides Chiron Amythaoniusque Melampus.   550
saevit et in lucem Stygiis emissa tenebris
pallida Tisiphone Morbos agit ante Metumque
inque dies avidum surgens caput altius effert:
balatu pecorum et crebris mugitibus amnes
arentesque sonant ripae collesque supini;   555
iamque catervatim dat stragem atque aggerat ipsis
in stabulis turpi dilapsa cadavera tabo,
donec humo tegere ac foveis abscondere discunt.
nam neque erat coriis usus, nec viscera quisquam
aut undis abolere potest aut vincere flamma;   560
ne tondere quidem morbo inluvieque peresa
vellera nec telas possunt attingere putris;
verum etiam invisos si quis temptarat amictus,
ardentes papulae atque immundus olentia sudor
membra sequebatur, nec longo deinde moranti   565
tempore contactos artus sacer ignis edebat.

Schon spült Brut des unendlichen Meeres und alles, was schwimmt, die
Woge am Saume des Strands an wie die Leichen nach einem
Schiffbruch; in Flüsse entfliehn, ihrer Art zuwider, die Robben.
Vipern auch sterben, die in hohlen Verstecken umsonst sich
schützen, gleichfalls die Hydren, erstarrt und mit ragenden Schuppen.
Vögeln selbst ist die Luft nicht mehr gewogen; sie lassen,
jählings abstürzend, unter der hohen Wolke ihr Leben.
    Außerdem lohnt es bereits nicht mehr, das Futter zu wechseln,
Künste, welche man sucht, die schaden; die Meister sind ratlos,
Chiron, Philyras Sohn, und der Sohn Amythaons, Melampus.
Auch die bleiche Tisiphone tobt, aus stygischer Nacht ins
Licht abgesandt, treibt Seuchen und Angst vor sich her, und, sich reckend,
hebt sie ihr gieriges Haupt von Tag zu Tag immer höher:
Blöken des Viehs und das ständige Muhen – über die Flüsse
schallt es, die trockenen Ufer und ansteigende Hügel;
schon streckt ganze Haufen sie nieder und selbst in den Ställen
türmt sie Kadaver; in grässlicher Fäulnis verwesen sie, bis mit
Erde sie zu bedecken man lernt und in Gruben zu bergen.
Weder war ja die Haut von Nutzen, noch konnte man ihre
Eingeweide auswaschen, auskochen auch nicht mit Feuer;
nicht einmal abscheren ließ das von Krankheit und Unrat zerfressne
Fell sich; man durfte auch nicht die brüchigen Fäden berühren;
wenn aber einer die ekligen Hüllen zu tragen versuchte,
brachen brennende Beulen und schmutziger Schweiß an den übel
riechenden Gliedern aus, und es währte danach nicht mehr lang, bis
ihm das verfluchte Feuer zerfraß den verpesteten Körper.

LIBER IV

Protinus aërii mellis caelestia dona
exsequar: hanc etiam, Maecenas, aspice partem.
admiranda tibi levium spectacula rerum
magnanimosque duces totiusque ordine gentis
mores et studia et populos et proelia dicam.   5
in tenui labor; at tenuis non gloria, si quem
numina laeva sinunt auditque vocatus Apollo.
   Principio sedes apibus statioque petenda,
quo neque sit ventis aditus (nam pabula venti
ferre domum prohibent) neque oves haedique petulci   10
floribus insultent, aut errans bucula campo
decutiat rorem et surgentis atterat herbas.
absint et picti squalentia terga lacerti
pinguibus a stabulis meropesque aliaeque volucres
et manibus Procne pectus signata cruentis: 15
omnia nam late vastant ipsasque volantis
ore ferunt dulcem nidis immitibus escam.
at liquidi fontes et stagna virentia musco
adsint et tenuis fugiens per gramina rivus,
palmaque vestibulum aut ingens oleaster inumbret,   20
ut, cum prima novi ducent examina reges
vere suo ludetque favis emissa iuventus,
vicina invitet decedere ripa calori
obviaque hospitiis teneat frondentibus arbos.
in medium, seu stabit iners seu profluet umor,   25
transversas salices et grandia conice saxa,
pontibus ut crebris possint consistere et alas
pandere ad aestivum solem, si forte morantis

BUCH 4

Nun betracht ich die himmlische Gabe des Honigs, der aus der
Luft kommt. Du beachte auch diesen Abschnitt, Maecenas.
Dir will das wunderbare Schauspiel des winzigen Kosmos,
hochgemute Führer, der Reihe nach eines ganzen
Volkes Sitten und Wirken, die Völker und Schlachten ich schildern.
Kleinem gilt meine Mühe; doch klein ist der Ruhm nicht, wenn einen
neidische Götter nur tun lassen und auf Gebete Apoll hört.
    Erstlich ist für die Bienen ein Wohnsitz und Standort zu suchen,
wo die Winde nicht hinwehn – denn Winde hindern sie, Futter
heimzutragen –, und wo kein Schaf, kein stößiger Bock auf
Blumen herumtritt und keine Kuh auf dem Felde herumschweift,
dort den Tau abstreift und sprießende Kräuter zertrampelt.
Fern sei dem fetten Stall auch der schuppige Rücken der bunten
Eidechse, auch der Bienenspecht samt den anderen Vögeln,
Prokne zumal, an der Brust von blutigen Händen gezeichnet:
Alles verheeren sie weithin und schnappen im Flug sie sogar und
bringen sie dann als köstliches Mahl zum grausamen Neste.
Aber ein klarer Quell, ein von Moos umwachsener Teich soll
da sein, ein kleiner Bach, durch die Wiesen eilend, und eine
Palme oder ein riesiger Ölbaum beschatte den Vorhof,
dass, wenn die neuen Könige erste Schwärme in ihrem
Lenz anführn und die Jugend hervorströmt zum Spiel aus den Waben,
sie das nahe Ufer verlocke, der Glut zu entweichen,
und mit seinem Laub ein Baum am Wege ihr Wirt sei.
Mitten hinein – mag träge das Wasser stehn oder fließen –
wirf du Weidengeflecht quer drüber und kräftige Steine,
dass auf zahlreichen Stegen sie haltmachen können und ihre
Flügel zur Sommersonne ausbreiten, wenn mal der Eurus

sparserit aut praeceps Neptuno immerserit Eurus.
haec circum casiae virides et olentia late   30
serpulla et graviter spirantis copia thymbrae
floreat, inriguumque bibant violaria fontem.
ipsa autem, seu corticibus tibi suta cavatis
seu lento fuerint alvaria vimine texta,
angustos habeant aditus: nam frigore mella   35
cogit hiems, eademque calor liquefacta remittit.
utraque vis apibus pariter metuenda; neque illae
nequiquam in tectis certatim tenuia cera
spiramenta linunt, fucoque et floribus oras
explent, collectumque haec ipsa ad munera gluten   40
et visco et Phrygiae servant pice lentius Idae.
saepe etiam effossis, si vera est fama, latebris
sub terra fovere larem, penitusque repertae
pumicibusque cavis exesaeque arboris antro.
tu tamen et levi rimosa cubilia limo   45
ungue fovens circum et raras superinice frondes.
neu propius tectis taxum sine, neve rubentis
ure foco cancros, altae neu crede paludi,
aut ubi odor caeni gravis aut ubi concava pulsu
saxa sonant vocisque offensa resultat imago.   50
    Quod superest, ubi pulsam hiemem sol aureus egit
sub terras caelumque aestiva luce reclusit,
illae continuo saltus silvasque peragrant
purpureosque metunt flores et flumina libant
summa leves. hinc nescio qua dulcedine laetae   55
progeniem nidosque fovent, hinc arte recentis
excudunt ceras et mella tenacia fingunt.
hinc ubi iam emissum caveis ad sidera caeli
nare per aestatem liquidam suspexeris agmen
obscuramque trahi vento mirabere nubem,   60

sie, wenn sie säumen, bespritzt oder jäh eintaucht in die Fluten.
Ringsherum soll grüner Seidelbast blühen und weithin
riechender Quendel und Saturei auch, schwer duftend, in Menge,
Veilchenbeete sollen bewässerndes Quellwasser trinken.
Ihre Körbe selbst – ob aus hohler Rinde du diese
nähst oder ob aus biegsamer Weide sie flichtst, sollen enge
Eingänge haben: Denn den Honig zieht durch den Frost der
Winter zusammen, und flüssig zergehen lässt ihn die Hitze.
Beide Gewalten sind gleich zu fürchten für Bienen; nicht grundlos
kleben mit Wachs um die Wette sie zu im Hause die feinen
Ritzen, füllen die Ecken mit Blütenharz aus, und sie horten
Klebstoff, den sie speziell für diese Aufgabe sammeln,
zäher als Vogelleim und das Pech vom phrygischen Ida.
Oft auch gruben sie sich, wenn wahr ist die Sage, versteckt im
Erdreich ein trautes Heim, und man fand sie im Inneren hohler
Tuffsteine schon und im Hohlraum eines zerfressenen Baumes.
Streiche auch du auf die Ritzen der Schlafkammern, ringsum sie wärmend,
schlüpfrigen Lehm und wirf dann wenige Blätter darüber.
Duld keinen Taxus nah ihrem Haus und siede nicht rote
Krebse am Herd, vertrau keinem tiefen Morast oder einem
Ort, wo's stark nach Kot riecht oder wo, wenn man draufklopft,
hohle Felsen ertönen und hallend das Echo zurückprallt.
     Ferner: Sobald die goldene Sonne den Winter verjagt und
unter die Erde treibt und mit Sommerlicht aufschließt den Himmel,
dann durchwandern sogleich sie Wälder und Buschwerk und ernten
purpurne Blüten und sitzen leicht auf dem Wasser und nippen.
Also versorgen sie froh wegen irgendeines Entzückens
ihre Brut in den Nestern, also bilden sie frisches
Wachs mit all ihrer Kunst und formen klebrigen Honig.
Wenn du von unten siehst, wie ein Schwarm, aus dem Stock schon entlassen,
durch die klare Sommerluft schwimmt zu den Sternen am Himmel,
und voll Staunen bemerkst, wie die dunkle Wolke im Wind treibt,

contemplator: aquas dulcis et frondea semper
tecta petunt. huc tu iussos asperge sapores,
trita melisphylla et cerinthae ignobile gramen,
tinnitusque cie et Matris quate cymbala circum:
ipsae consident medicatis sedibus, ipsae 65
intima more suo sese in cunabula condent.

    Sin autem ad pugnam exierint – nam saepe duobus
regibus incessit magno discordia motu,
continuoque animos vulgi et trepidantia bello
corda licet longe praesciscere; namque morantis 70
Martius ille aeris rauci canor increpat, et vox
auditur fractos sonitus imitata tubarum;
tum trepidae inter se coeunt pinnisque coruscant
spiculaque exacuunt rostris aptantque lacertos
et circa regem atque ipsa ad praetoria densae 75
miscentur magnisque vocant clamoribus hostem.
ergo ubi ver nactae sudum camposque patentis,
erumpunt portis: concurritur, aethere in alto
fit sonitus, magnum mixtae glomerantur in orbem
praecipitesque cadunt; non densior aëre grando, 80
nec de concussa tantum pluit ilice glandis.
ipsi per medias acies insignibus alis
ingentis animos angusto in pectore versant,
usque adeo obnixi non cedere, dum gravis aut hos
aut hos versa fuga victor dare terga subegit. 85
hi motus animorum atque haec certamina tanta
pulveris exigui iactu compressa quiescent.

    Verum ubi ductores acie revocaveris ambo,
deterior qui visus, eum, ne prodigus obsit,
dede neci; melior vacua sine regnet in aula. 90
alter erit maculis auro squalentibus ardens –
nam duo sunt genera: hic melior insignis et ore

schau gut hin: Stets suchen sie sauberes Wasser sich aus und
Laubdächer. Dorthin versprühe die vorgeschriebnen Gewürze,
dorthin geriebne Melisse und Gras der gemeinen Kerinthe,
mach ein Geklingel und schlag ringsum die Zimbeln der Mutter:
Darauf setzen sie sich von selbst auf den duftenden Platz und
bergen sich nach ihrer Art im tiefsten Winkel des Stockes.

 Wenn sie jedoch in die Schlacht ziehn – denn zwei Könige packt die
Zwietracht oft bei heftigem Aufruhr, und dann lässt sogleich der
Groll des Volks und das Beben der Herzen vor Kampfgier sich lange
vorher wahrnehmen; denn jener Kriegsklang des heiseren Erzes
ruft die Säumigen auf, und es ist der Laut zu vernehmen,
der den gebrochenen Klang von Trompeten nachahmt; dann kommen
aufgeregt sie zusammen und schimmern dabei mit den Flügeln,
schärfen mit ihrem Rüssel die Stacheln und straffen die Muskeln,
drängen in dichtem Pulk sich um König und Feldherrenzelt und
fordern mit lautem Geschrei zum Kampfe heraus ihre Feinde.
Haben sie nun einen heitren Frühlingstag und ein freies
Feld, dann bricht man hervor aus den Toren: Man kämpft, und im hohen
Äther braust es, man ballt sich zu einem gewaltigen Knäuel
und stürzt jählings herab; aus der Luft fällt Hagel nicht dichter,
so viel Eicheln regnet es nie vom geschüttelten Eichbaum.
Sie höchstselbst inmitten der Reihen mit blitzenden Flügeln
hegen gewaltigen Mut in den kleinen Herzen, sind durch und
durch entschlossen, so lang nicht zurückzuweichen, bis heftig
drängend die oder jene der Sieger zu Rückzug und Flucht zwingt.
Doch ein Wurf mit ein wenig Staub dämmt all die Erregung,
all die heftigen Kämpfe ein und bringt sie zur Ruhe.

 Hast aus dem Heer du die beiden Führer zurückgeholt, weihe
den, der dir schlechter erscheint, damit der Schmarotzer nicht schade,
nun dem Tod; der Bessere herrsche im leeren Palaste.
Einer von beiden wird von starrenden Goldflecken glühen –
denn zwei Arten gibt's: Dieser Bessere fällt durch sein Aussehn

et rutilis clarus squamis, ille horridus alter
desidia latamque trahens inglorius alvum.
ut binae regum facies, ita corpora plebis: 95
namque aliae turpes horrent, ceu pulvere ab alto
cum venit et sicco terram spuit ore viator
aridus; elucent aliae et fulgore coruscant
ardentes auro et paribus lita corpora guttis.
haec potior suboles, hinc caeli tempore certo   100
dulcia mella premes, nec tantum dulcia quantum
et liquida et durum Bacchi domitura saporem.

    At cum incerta volant caeloque examina ludunt
contemnuntque favos et frigida tecta relinquunt,
instabilis animos ludo prohibebis inani.   105
nec magnus prohibere labor: tu regibus alas
eripe; non illis quisquam cunctantibus altum
ire iter aut castris audebit vellere signa.
invitent croceis halantes floribus horti
et custos furum atque avium cum falce saligna   110
Hellespontiaci servet tutela Priapi.
ipse thymum tinosque ferens de montibus altis
tecta serat late circum, cui talia curae;
ipse labore manum duro terat, ipse feracis
figat humo plantas et amicos inriget imbris.   115

    Atque equidem, extremo ni iam sub fine laborum
vela traham et terris festinem advertere proram,
forsitan et pinguis hortos quae cura colendi
ornaret canerem biferique rosaria Paesti,
quoque modo potis gauderent intiba rivis   120
et virides apio ripae, tortusque per herbam
cresceret in ventrem cucumis; nec sera comantem
narcissum aut flexi tacuissem vimen acanthi
pallentisque hederas et amantis litora myrtos.

auf und ist hell mit rötlichen Schuppen, der andre, durch Faulheit
struppig geworden, schleppt einen dicken Wanst mit sich ruhmlos.
Wie der Könige Aussehn ist zwiefach auch das ihrer Völker:
Hässlich starren die einen, ähnlich dem Wanderer, der aus
tiefem Staub herkommt und durstig aus trockenem Munde
Sand spuckt; hell erstrahlen die andren und funkeln von Golde
brennend, und gleichmäßig ist besprüht mit Tupfen der Körper.
Das ist die bessere Art, zur bestimmten Jahreszeit wirst von
ihr du süßen Honig pressen; er ist nicht nur süß, nein,
klar auch und fähig, des Bacchus herben Geschmack zu bezwingen.
        Aber wenn ziellos umherfliegt der Schwarm und am Himmel herumspielt,
seine Waben verachtet und kalt die Behausung zurücklässt,
musst du hindern am unnützen Spiele die unsteten Geister.
Große Mühe verlangt's nicht: Den Königen reiße die Flügel
aus; wenn die verweilen, dann wagt kein andrer, den Weg nach
oben zu nehmen oder im Camp an den Fahnen zu rütteln.
Mag ein Garten, umduftet von Safranblumen, sie locken
und als Abwehr von Dieben und Vögeln der Schutz des Priap vom
Hellespont mit der Sichel aus Weidenholz sie bewachen.
Quendel und Schneebälle hole vom hohen Gebirge und pflanze
rings um den Stock sie der, dem daran gelegen ist, selber;
aufreiben soll er mit harter Arbeit die Hand, in die Erde
stecken die fruchtbaren Reiser, mit freundlichem Nass sie berieseln.
        Wenn ich aber nicht schon, dem Ziele nahe, die Segel
reffte und mich beeilte, den Bug zum Festland zu wenden,
säng ich vielleicht von der Sorge und Pflege, die üppige Gärten
schmückt, von den Rosengärten Paestums, die zweimal erblühen,
säng, wie Endivien und eppichumgrünte Ufer sich an dem
Trunk aus dem Bache erfreun und wie zum Bauche die krumme
Gurke sich auswächst, schwieg von der spät erst gelockten Narzisse
nicht oder von des Akanthus gewundener Ranke und nicht vom
blassen Efeu und nicht von der Myrte, welche den Strand liebt.

namque sub Oebaliae memini me turribus arcis,   125
qua niger umectat flaventia culta Galaesus,
Corycium vidisse senem, cui pauca relicti
iugera ruris erant, nec fertilis illa iuvencis
nec pecori opportuna seges nec commoda Baccho.
hic rarum tamen in dumis holus albaque circum   130
lilia verbenasque premens vescumque papaver
regum aequabat opes animis seraque revertens
nocte domum dapibus mensas onerabat inemptis.
primus vere rosam atque autumno carpere poma,
et cum tristis hiems etiamnum frigore saxa   135
rumperet et glacie cursus frenaret aquarum,
ille comam mollis iam tondebat hyacinthi
aestatem increpitans seram Zephyrosque morantis.
ergo apibus fetis idem atque examine multo
primus abundare et spumantia cogere pressis   140
mella favis; illi tiliae atque uberrima tinus,
quotque in flore novo pomis se fertilis arbos
induerat, totidem autumno matura tenebat.
ille etiam seras in versum distulit ulmos
eduramque pirum et spinos iam pruna ferentis   145
iamque ministrantem platanum potantibus umbras.
verum haec ipse equidem spatiis exclusus iniquis
praetereo atque aliis post me memoranda relinquo.
     Nunc age, naturas apibus quas Iuppiter ipse
addidit expediam, pro qua mercede canoros   150
Curetum sonitus crepitantiaque aera secutae
Dictaeo caeli regem pavere sub antro.
solae communis natos, consortia tecta
urbis habent magnisque agitant sub legibus aevum
et patriam solae et certos novere penates;   155
venturaeque hiemis memores aestate laborem

Denn bei den Türmen der Burg von Oebalia, dort, wo der dunkle
Strom Galaesus die gelben Saaten bewässert, da sah ich
einen korykischen Greis, ich weiß noch, der wenige Morgen
übriggebliebenen Landes besaß; nicht fruchtbar für Rinder
war es, nicht günstig fürs Kleinvieh und nicht geeignet für Bacchus.
Hier aber hielt er, der spärlichen Kohl zwischen Dornhecken und nur
mageren Mohn um Verbenen und weiße Lilien setzte,
sich für reich wie die Könige, kam erst spät in der Nacht nach
Haus und belud den Tisch mit Speisen, die er nicht kaufte.
Er zuerst pflückte Rosen im Frühling und Früchte im Herbst, und
wenn der düstere Winter mit seiner Kälte noch Steine
spaltete und mit Eis den Lauf der Gewässer noch hemmte,
schnitt er bereits der weichen Hyazinthe die Haare
und beschimpfte den Sommer als träg und die Zephyrn als säumig.
Auch als erster besaß er deshalb im Überfluss junge
Bienen und Schwärme, gewann als erster den schäumenden Honig
aus gepressten Waben; den üppigen Schneeball und Linden
hatte er; wie viel Früchte der trächtige Baum in der jungen
Blüte sich anzog, so viele behielt er im Herbst noch als reife.
Er verpflanzte sogar noch späte Ulmen in Reihen,
abgehärteten Birnbaum und Pflaumen schon tragenden Schlehdorn
und Platanen, welche den Zechern schon Schatten gewährten.
Aber ich geh hier vorbei, weil die Enge des Raumes mich einschränkt,
und überlasse es anderen, dies nach mir zu behandeln.
Jetzt aber künde ich, welches Wesen Juppiter selbst den
Bienen als Lohn verlieh, weil diese dem Wohlklang des Lärmens
und dem Beckengeklirr der Kureten gefolgt sind und dann den
König des Himmels ernährt haben tief in der kretischen Höhle.
Sie nur haben die Kinder gemeinsam, wohnen in einem
Stadthaus zusammen und führen ihr Leben nach großen Gesetzen,
sie nur kennen ein Vaterland und einen bleibenden Wohnsitz,
und, auf den kommenden Winter bedacht, bemühn sie sich sehr im

experiuntur et in medium quaesita reponunt.
namque aliae victu invigilant et foedere pacto
exercentur agris; pars intra saepta domorum
narcissi lacrimam et lentum de cortice gluten   160
prima favis ponunt fundamina, deinde tenacis
suspendunt ceras; aliae spem gentis adultos
educunt fetus; aliae purissima mella
stipant et liquido distendunt nectare cellas.
sunt quibus ad portas cecidit custodia sorti   165
inque vicem speculantur aquas et nubila caeli,
aut onera accipiunt venientum aut agmine facto
ignavum fucos pecus a praesepibus arcent:
fervet opus, redolentque thymo fraglantia mella.
ac veluti lentis Cyclopes fulmina massis   170
cum properant, alii taurinis follibus auras
accipiunt redduntque, alii stridentia tingunt
aera lacu; gemit impositis incudibus Aetna;
illi inter sese magna vi bracchia tollunt
in numerum versantque tenaci forcipe ferrum: 175
non aliter, si parva licet componere magnis,
Cecropias innatus apes amor urget habendi
munere quamque suo. grandaevis oppida curae
et munire favos et daedala fingere tecta;
at fessae multa referunt se nocte minores   180
crura thymo plenae: pascuntur et arbuta passim
et glaucas salices casiamque crocumque rubentem
et pinguem tiliam et ferrugineos hyacinthos.
omnibus una quies operum, labor omnibus unus:
mane ruunt portis, nusquam mora; rursus easdem   185
Vesper ubi e pastu tandem decedere campis
admonuit, tum tecta petunt, tum corpora curant;
fit sonitus, mussantque oras et limina circum.

Sommer, und was sie erwerben, das bergen sie dann als Gemeingut.
Nahrung besorgen die einen, nach festem Gesetz auf dem Feld sich
tummelnd; Narzissustränen und zähes Rindenharz legen
andere innerhalb der Gehege im Hause als erste
Grundlage für die Waben; darüber hängen sie dann das
klebrige Wachs; die Hoffnung ihres Stamms, die erwachsne
Brut, führn andere aus; es häufen andere reinsten
Honig auf und dehnen die Zellen mit flüssigem Nektar.
Einigen fiel das Los zu, Wacht an den Toren zu halten;
abwechselnd spähen sie dann nach Regen und Wolken am Himmel,
nehmen die Last, die hereinkommt, an oder halten in Reih und
Glied das faule Gezücht, die Drohnen, fern von den Krippen:
Eifrig betreibt man das Werk, und nach Thymian duftet der Honig.
Und wie wenn die Kyklopen aus zäher Masse die Blitze
eilends schmieden, die einen mit Bälgen aus Stierhaut die Lüfte
aufnehmen und zurückgeben, andere zischendes Erz ins
Wasser tauchen; vom Schlagen der Ambosse ächzt dann der Ätna;
abwechselnd heben sie da mit riesigen Kräften im Takt die
Arme empor, und sie wenden mit klammernder Zange das Eisen:
Ebenso, wenn zu vergleichen das Kleine mit Großem erlaubt ist,
treibt die kekropischen Bienen der angeborne Besitzdrang
jede nach ihrer Pflicht. Die Betagten sind zuständig für die
Städte, den Wabenbau, die Gestaltung kunstreicher Häuser;
müde kommen erst spät in der Nacht die Jüngeren heim; die
Schenkel voll Thymian: Überall, auf den Arbutusbäumen
weiden sie, bläulichen Weiden, Kasiazimt und der fetten
Linde, rötlichem Safran und, stahlblau gefärbt, Hyazinthen.
Alle schlafen gemeinsam, sie arbeiten alle gemeinsam,
stürzen früh aus dem Tor und rasten nirgends; wenn Vesper
mahnt, sie sollen doch endlich scheiden von Weide und Feldern,
dann erst streben sie wieder zum Haus, dann tun sie sich gütlich;
Brummen ertönt, und sie summen herum um Tore und Schwellen.

post, ubi iam thalamis se composuere, siletur
in noctem, fessosque sopor suus occupat artus.   190
nec vero a stabulis pluvia impendente recedunt
longius aut credunt caelo adventantibus Euris,
sed circum tutae sub moenibus urbis aquantur
excursusque brevis temptant, et saepe lapillos,
ut cumbae instabiles fluctu iactante saburram,   195
tollunt, his sese per inania nubila librant.   196
saepe etiam duris errando in cotibus alas   203
attrivere ultroque animam sub fasce dedere: 204
tantus amor florum et generandi gloria mellis.   205
   Illum adeo placuisse apibus mirabere morem,   197
quod neque concubitu indulgent, nec corpora segnes
in Venerem solvunt aut fetus nixibus edunt;
verum ipsae e foliis natos, e suavibus herbis   200
ore legunt, ipsae regem parvosque Quirites
sufficiunt, aulasque et cerea regna refingunt.   202
ergo ipsas quamvis angusti terminus aevi   206
excipiat (neque enim plus septima ducitur aestas),
at genus immortale manet, multosque per annos
stat fortuna domus, et avi numerantur avorum.
   Praeterea regem non sic Aegyptus et ingens   210
Lydia nec populi Parthorum aut Medus Hydaspes
observant. rege incolumi mens omnibus una est;
amisso rupere fidem constructaque mella
diripuere ipsae et crates solvere favorum.
ille operum custos, illum admirantur et omnes   215
circumstant fremitu denso stipantque frequentes
et saepe attollunt umeris et corpora bello
obiectant pulchramque petunt per vulnera mortem.
   His quidam signis atque haec exempla secuti
esse apibus partem divinae mentis et haustus   220

Haben sie dann in den Kammern sich hingelegt, herrscht auf die Nacht hin
Schweigen; verdienter Schlaf umfängt die ermatteten Glieder.
Wenn aber Regen droht, entfernen sie sich nicht zu weit vom
Stall und trauen auch nicht dem Himmel, wenn Ostwinde nahen,
sondern holen in Sicherheit nahe den Stadtmauern Wasser;
kurze Ausflüge wagen sie nur und nehmen oft Steinchen
auf wie schwankende Kähne Ballast, wenn die Flut sie umherwirft,
halten damit die Balance im Gewölk, das ohne Substanz ist.
Oft auch zerfetzen sie sich beim Herumirrn die Flügel an harten
Steinen, und unter der Last geben willig das Leben sie hin: So
groß ist die Liebe zu Blumen, der Stolz aufs Erzeugen von Honig.
   Staune du auch, dass die Bienen Gefallen finden an jener
Sitte, sich nicht am Beischlaf zu freun, nicht ermattet bei Venus
sich zu entspannen und nicht in Wehen niederzukommen;
nein, sie lesen die Kinder von Blättern und lieblichen Kräutern
selbst mit dem Mund auf, wählen den König selber sowie die
kleinen Quiriten und bilden mit Wachs den Palast und das Reich nach.
Ist auch das Leben nur kurz, dessen Grenzen sie selber erwarten –
denn es dauert nicht länger als sieben Sommer –, so bleibt doch
unsterblich ihr Geschlecht, über viele Jahre hin steht des
Hauses Glück, und man nennt noch die Zahl der Ahnen der Ahnen.
   Außerdem ehrt nicht so wie sie Ägypten den König,
nicht das riesige Lydien, das Parthervolk oder der Meder
am Hydaspes. Ist nicht versehrt der König, sind eines
Sinnes sie; ist er verloren, dann bricht man die Treue und raubt den
aufgeschichteten Honig, zerstört auch das Flechtwerk der Waben.
Er ist der Wächter des Werks, sie bewundern ihn, stehn mit Gebrumm, das
anhält, um ihn herum, umdrängen in Scharen ihn, heben
oftmals ihn auch auf die Schultern und werfen im Kriege die Körper
vor ihn hin, und sie suchen ein glorreiches Sterben durch Wunden.
   Manche behaupten aufgrund dieser Zeichen und dieser Beweise,
Anteil hätten die Bienen am göttlichen Geist und sie tränken

aetherios dixere; deum namque ire per omnia,
terrasque tractusque maris caelumque profundum;
hinc pecudes, armenta, viros, genus omne ferarum,
quemque sibi tenuis nascentem arcessere vitas;
scilicet huc reddi deinde ac resoluta referri   225
omnia, nec morti esse locum, sed viva volare
sideris in numerum atque alto succedere caelo.
　　Si quando sedem augustam servataque mella
thesauris relines, prius haustu sparsus aquarum
ora fove fumosque manu praetende sequacis.   230
bis gravidos cogunt fetus, duo tempora messis:
Taygete simul os terris ostendit honestum
Plias et Oceani spretos pede reppulit amnis,
aut eadem sidus fugiens ubi Piscis aquosi
tristior hibernas caelo descendit in undas.   235
illis ira modum supra est, laesaeque venenum
morsibus inspirant et spicula caeca relinquunt
adfixae venis animasque in vulnere ponunt.
sin duram metues hiemem parcesque futuro
contusosque animos et res miserabere fractas,   240
at suffire thymo cerasque recidere inanis
quis dubitet? nam saepe favos ignotus adedit
stelio et lucifugis congesta cubilia blattis
immunisque sedens aliena ad pabula fucus;
aut asper crabro imparibus se immiscuit armis   245
aut dirum tiniae genus, aut invisa Minervae
laxos in foribus suspendit aranea cassis.
quo magis exhaustae fuerint, hoc acrius omnes
incumbent generis lapsi sarcire ruinas
complebuntque foros et floribus horrea texent.   250
　　Si vero, quoniam casus apibus quoque nostros
vita tulit, tristi languebunt corpora morbo –

himmlischen Äther; ein Gott ja gehe durch alles hindurch, die
Länder, die Weiten des Meers und den tiefen Himmel; von ihm her
holten das Kleinvieh und Großvieh, die Menschen, das ganze Geschlecht der
Tiere, ein jedes das zarte Leben, wenn es zur Welt kommt;
dorthin kehre denn auch dann alles zurück, bei der Heimkehr
löse sich alles auf, für den Tod sei kein Raum, sondern lebend
fliege alles als Stern, aufrückend zur Höhe des Himmels.
     Willst du einmal den erhabenen Sitz, den im Schatzhaus verwahrten
Honig entsiegeln, bespreng und erfrisch erst mit einem Schluck Wasser
dir den Mund und halt vor dich hin durchdringendes Rauchwerk.
Zweimal bringt man die schwangere Frucht ein, Ernte ist zweimal:
Wenn der Plejade Taÿgete hehres Gesicht sich der Welt zeigt,
und mit dem Fuß sie des Ozeans Strom verächtlich zurückstößt
oder wenn dem Gestirn des wässrigen Fischs sie entflieht und
traurig vom Firmament in die Wogen im Winter hinabsteigt.
Maßlos sind jene im Zorn; sie hauchen, wenn sie gereizt sind,
Gift in den Biss, den verborgenen Stachel zurücklassend, hängen
fest an den Adern und legen ihr Leben dabei in die Wunde.
Zögerst du, wenn du den harten Winter fürchtest und sparen
willst für die Zukunft, Mitleid mit ihrem gebrochenen Zustand,
ihrer Erschütterung hast, sie mit Quendel zu räuchern, die leeren
Wachsstücke wegzuschneiden? Oft nagen ja heimlich an Waben
Eidechsen, ebenso Schwärme von lichtscheuen Schaben und Drohnen,
die, obwohl sie nichts tun, beim Mahl, das nicht ihres ist, sitzen;
oder die wilde Hornisse dringt ein mit ungleichen Waffen
oder das schreckliche Volk der Motten, oder Minervas
Feindin, die Spinne, hängt ihr lockeres Netz an der Tür auf.
Doch, je erschöpfter sie sind, desto eifriger mühen sich alle,
ihres gesunkenen Volkes Ruin rückgängig zu machen,
füllen die Wabenreihen und weben die Speicher aus Blüten.
     Wenn sie nun aber – es bringt ja wie uns das Leben den Bienen
Wechselfälle – dahinschwinden durch eine traurige Krankheit,

quod iam non dubiis poteris cognoscere signis:
continuo est aegris alius color; horrida vultum
deformat macies; tum corpora luce carentum　　　　255
exportant tectis et tristia funera ducunt;
aut illae pedibus conexae ad limina pendent
aut intus clausis cunctantur in aedibus omnes
ignavaeque fame et contracto frigore pigrae;
tum sonus auditur gravior, tractimque susurrant,　　　　260
frigidus ut quondam silvis immurmurat Auster,
ut mare sollicitum stridit refluentibus undis,
aestuat ut clausis rapidus fornacibus ignis.
hic iam galbaneos suadebo incendere odores
mellaque harundineis inferre canalibus, ultro　　　　265
hortantem et fessas ad pabula nota vocantem.
proderit et tunsum gallae admiscere saporem
arentisque rosas, aut igni pinguia multo
defruta vel psithia passos de vite racemos
Cecropiumque thymum et grave olentia centaurea.　　　　270
est etiam flos in pratis cui nomen amello
fecere agricolae, facilis quaerentibus herba;
namque uno ingentem tollit de caespite silvam
aureus ipse, sed in foliis, quae plurima circum
funduntur, violae sublucet purpura nigrae;　　　　275
saepe deum nexis ornatae torquibus arae;
asper in ore sapor; tonsis in vallibus illum
pastores et curva legunt prope flumina Mellae.
huius odorato radices incoque Baccho
pabulaque in foribus plenis appone canistris.　　　　280
　　Sed si quem proles subito defecerit omnis
nec genus unde novae stirpis revocetur habebit,
tempus et Arcadii memoranda inventa magistri
pandere, quoque modo caesis iam saepe iuvencis

was du sofort erkennen kannst an untrüglichen Zeichen,
haben die Kranken gleich eine andere Farbe; entstellt hat
Magerkeit schrecklich die Züge; sie schleppen die Leiber Gestorbner
aus dem Hause und tragen im Trauergeleit sie zu Grabe;
oder sie hängen am Tor, ineinander verkrallt mit den Füßen,
oder sie bleiben alle zurück im verschlossenen Hause,
kraftlos vor Hunger, erschlafft vom Schüttelfrost, der sie erfasst hat;
dumpfes Tönen vernimmt man, ein langgezogenes Summen,
so wie manchmal der kalte Auster rauscht in den Wäldern,
wie das Meer, wenn die Wogen zurückfließen, braust vor Erregung,
wie die lodernde Flamme faucht im verschlossenen Ofen.
Hier empfehle ich, gleich mit Galbanumdüften zu räuchern,
Honig hineinzuträufeln durch Schilfrohr, wodurch man von selbst sie
aufmuntert und zur vertrauten Speise die Matten herbeilockt.
Würze zerstoßener Galläpfel beizumischen, ist nützlich,
auch getrocknete Rosen oder Most, der an starkem
Feuer verdickt ist, oder am Rebstock gedörrte Rosinen,
Tausendguldenkraut auch voller Duft und kekropischen Quendel.
Ferner gibt's auf der Flur eine Blume, welche Amellum
nennen die Bauern, ein Kraut, das leicht zu finden ist; denn es
steigt von nur *einer* Wurzel empor in gewaltigen Büscheln;
goldfarben ist ihr Kelch, auf den Blättern jedoch, die in Fülle
um sie herumwogen, schimmert der Purpur der dunklen Viola;
oftmals schmückt als verschlungnes Gewinde sie Götteraltäre;
herb ist im Mund ihr Geschmack; in abgeweideten Tälern
pflücken die Hirten sie, auch am gewundenen Flusslauf der Mella.
Deren Wurzeln nun koche in duftendem Wein, und dann stell sie
neben den Fluglöchern hin in vollen Körbchen als Nahrung.
     Büßt aber plötzlich einer die ganze Brut ein und weiß nicht,
wo er ein Volk mit neuem Nachwuchs sich herholen könnte,
dann ist's Zeit, auch den ruhmvollen Fund des arkadischen Meisters
darzubieten, und wie das unreine Blut von erschlagnen

insincerus apes tulerit cruor. altius omnem   285
expediam prima repetens ab origine famam.
nam qua Pellaei gens fortunata Canopi
accolit effuso stagnantem flumine Nilum
et circum pictis vehitur sua rura phaselis,
quaque pharetratae vicinia Persidis urget,   290
et diversa ruens septem discurrit in ora   292
usque coloratis amnis devexus ab Indis,   293
et viridem Aegyptum nigra fecundat harena,   291
omnis in hac certam regio iacit arte salutem.
exiguus primum atque ipsos contractus in usus   295
eligitur locus; hunc angustique imbrice tecti
parietibusque premunt artis, et quattuor addunt
quattuor a ventis obliqua luce fenestras.
tum vitulus bima curvans iam cornua fronte
quaeritur; huic geminae nares et spiritus oris   300
multa reluctanti obstruitur, plagisque perempto
tunsa per integram solvuntur viscera pellem.
sic positum in clauso linquunt et ramea costis
subiciunt fragmenta, thymum casiasque recentis.
hoc geritur Zephyris primum impellentibus undas,   305
ante novis rubeant quam prata coloribus, ante
garrula quam tignis nidum suspendat hirundo.
interea teneris tepefactus in ossibus umor
aestuat, et visenda modis animalia miris,
trunca pedum primo, mox et stridentia pinnis,   310
miscentur, tenuemque magis magis aëra carpunt,
donec ut aestivis effusus nubibus imber
erupere, aut ut nervo pulsante sagittae,
prima leves ineunt si quando proelia Parthi.

    Quis deus hanc, Musae, quis nobis extudit artem?   315
unde nova ingressus hominum experientia cepit?

Jungstieren oft schon Bienen erzeugte. Ich hol etwas weiter
aus und erzähl vom Ursprung an die gesamte Geschichte.
Wo das beglückte Volk der pelläischen Festung Kanopus
wohnt, am Nil, der sein Wasser ausfließen lässt und dann stehn bleibt,
und es rings um den Landbesitz fährt mit dem farbigen Kahn und
wo des köcherbewehrten Persiens Nachbarschaft droht und
auseinanderläuft in sieben verschiedene Münder,
fern von den farbigen Indern herabgekommen, der Strom und
durch seinen schwarzen Schlamm das grüne Ägypten befruchtet,
baut man auf diese Kunst überall seine sichere Rettung.
Erst wird ein kleiner Platz, der für diesen Zweck noch besonders
eingeengt ist, gewählt; den schließt man mit niedrigem Dach von
Hohlziegeln ein und engen Wänden und setzt dort, geschützt vor
allen vier Winden, vier Fenster mit schräg einfallendem Licht ein.
Dann wird ein Stierkalb gesucht, dem zweijährig schon an der Stirn die
Hörner sich krümmen; ihm stopft man das schnaubende Maul und die Nüstern,
auch wenn's sich noch so sträubt, ganz zu, schlägt's tot und zerstampft durchs
Fell, das unversehrt bleibt, die Gedärme, bis sie zersetzt sind.
So lässt unter Verschluss man es liegen, und unter die Rippen
legt man ihm Reisigstücke und Quendel und grünenden Zeiland.
Dieses geschieht, wenn der Westwind erstmals bläst auf die Wellen,
noch bevor die Wiesen in neuen Farben erglänzen
und ihr Nest aufhängt am Balken die zwitschernde Schwalbe.
Unterdessen siedet der Saft, erwärmt in den zarten
Knochen, und Wesen in wundersamer Gestalt, um die Beine
erst noch verkürzt, doch bald sogar mit den Flügeln schon schwirrend,
wimmeln im Schwarm und streben dann mehr und mehr in die zarte
Luft, bis sie so wie ein Platzregen, der aus den Wolken im Sommer
fällt, hervorbrechen oder, wie, von der Sehne geschnellt, die
Pfeile, wenn die behenden Parther die Kämpfe eröffnen.
    Welcher Gott ist's, der uns diese Kunst verschafft hat, ihr Musen?
Woher nahm ihren Anfang die neue Erfahrung der Menschen?

pastor Aristaeus fugiens Peneia Tempe,
amissis, ut fama, apibus morboque fameque,
tristis ad extremi sacrum caput adstitit amnis
multa querens atque hac adfatus voce parentem: 320
'mater, Cyrene mater, quae gurgitis huius
ima tenes, quid me praeclara stirpe deorum
(si modo, quem perhibes, pater est Thymbraeus Apollo)
invisum fatis genuisti? aut quo tibi nostri
pulsus amor? quid me caelum sperare iubebas?   325
en etiam hunc ipsum vitae mortalis honorem,
quem mihi vix frugum et pecudum custodia sollers
omnia temptanti extuderat, te matre relinquo.
quin age et ipsa manu felicis erue silvas,
fer stabulis inimicum ignem atque interfice messes,   330
ure sata et duram in vitis molire bipennem,
tanta meae si te ceperunt taedia laudis.'
    At mater sonitum thalamo sub fluminis alti
sensit. eam circum Milesia vellera Nymphae
carpebant hyali saturo fucata colore,   335
Drymoque Xanthoque Ligeaque Phyllodoceque,
caesariem effusae nitidam per candida colla,   337
Cydippe et flava Lycorias, altera virgo,   339
altera tum primos Lucinae experta labores,   340
Clioque et Beroe soror, Oceanitides ambae,
ambae auro, pictis incinctae pellibus ambae,
atque Ephyre atque Opis et Asia Deiopea
et tandem positis velox Arethusa sagittis.
inter quas curam Clymene narrabat inanem   345
Volcani Martisque dolos et dulcia furta,
aque Chao densos divum numerabat amores.
carmine quo captae fusis dum mollia pensa
devolvunt, iterum maternas impulit aures

Aristaeus, der Hirte, entfloh dem peneïschen Tempe,
weil er, wie's heißt, seine Bienen verlor durch Krankheit und Hunger,
trat von Trauer erfüllt zu der heiligen Quelle des Stromes,
jammerte viel und rief mit folgenden Worten die Mutter:
»Mutter, Mutter Kyrene, die hier du wohnst in des Strudels
Tiefe, warum hast du mich aus dem herrlichen Stamme der Götter –
wenn, wie du sagst, in der Tat der Apollo von Thymbra mein Vater
ist –, dem Schicksal verhasst, geboren? Oder wo bleibt die
Liebe zu mir? Was hießest du mich den Himmel erhoffen?
Schau, selbst diese Ehre im sterblichen Leben, die mühsam
mir die gewandte Wartung der Früchte und Herden mit all der
Arbeit verschafft hat, die muss ich, obwohl du die Mutter bist, lassen.
Reiß doch mit eigener Hand meine fruchtbaren Haine aus, schleudre
feindliches Feuer mir in die Ställe, vernichte die Ernte,
brenne die Saatfelder ab und hau in die Reben die harte
Doppelaxt, wenn dir mein Ruhm einen solchen Ärger erregt hat.«
    Aber die Mutter vernahm im Gemach tief unter dem Fluss sein
Schreien. Es zupften milesische Wolle, mit glasgrüner Farbe
satt getränkte, im Kreise um sie versammelt, die Nymphen
Drymo und Xantho, Ligea und auch Phyllodoke, denen
über den schneeweißen Nacken die schimmernde Haarpracht herabfließt,
auch Kydippe, die blonde Lykorias, Jungfrau die eine,
grad mit den Wehen Lucinas bekannt geworden die andre,
Klio und Beroë, Schwestern und beide Okeanus-Töchter,
beide mit goldenen Spangen und bunten Fellen gegürtet,
Ephyre auch und Opis, aus Asien Deïopea,
schließlich, ohne Köcher und Pfeil, Arethusa, die schnelle.
Unter ihnen erzählte grad Klymene von der verfehlten
Sorgfalt Vulkans und den Listen des Mars und dem süßen Geheimnis,
zählte vom Chaos an auf die endlosen Götter-Amouren.
Während sie nun, bezaubert vom Lied, mit der Spindel die weiche
Wolle drehten, da drang Aristaeus' Klage erneut ans

luctus Aristaei, vitreisque sedilibus omnes   350
obstipuere; sed ante alias Arethusa sorores
prospiciens summa flavum caput extulit unda,
et procul: 'o gemitu non frustra exterrita tanto,
Cyrene soror, ipse tibi, tua maxima cura,
tristis Aristaeus Penei genitoris ad undam   355
stat lacrimans et te crudelem nomine dicit.'
    Huic percussa nova mentem formidine mater
'duc, age, duc ad nos; fas illi limina divum
tangere' ait. simul alta iubet discedere late
flumina, qua iuvenis gressus inferret; at illum   360
curvata in montis speciem circumstetit unda
accepitque sinu vasto misitque sub amnem.
iamque domum mirans genetricis et umida regna
speluncisque lacus clausos lucosque sonantis
ibat, et ingenti motu stupefactus aquarum   365
omnia sub magna labentia flumina terra
spectabat diversa locis, Phasimque Lycumque
et caput unde altus primum se erumpit Enipeus,
unde pater Tiberinus et unde Aniena fluenta
saxosusque sonans Hypanis Mysusque Caicus   370
et gemina auratus taurino cornua vultu
Eridanus, quo non alius per pinguia culta
in mare purpureum violentior effluit amnis.
postquam est in thalami pendentia pumice tecta
perventum et nati fletus cognovit inanis   375
Cyrene, manibus liquidos dant ordine fontis
germanae tonsisque ferunt mantelia villis;
pars epulis onerant mensas et plena reponunt
pocula, Panchaeis adolescunt ignibus arae.
et mater 'cape Maeonii carchesia Bacchi: 380
Oceano libemus' ait. simul ipsa precatur

Ohr seiner Mutter, und auf den gläsernen Sitzen erstarrten
alle; aber es schaute vor allen anderen Schwestern
nach ihm aus Arethusa, und rief, aus den Wogen ihr blondes
Haupt erhebend von fern: »Nicht grundlos erschreckte das laute
Klagen dich, Schwester Kyrene; er selbst, deine heftigste Sorge,
er, Aristaeus, steht an den Wogen des Vaters Penëus
traurig weinend, und nennt dich grausam, beim Namen dich rufend.«
    Ihr rief zu die Mutter, im Herzen erschüttert von neuer
Angst: »Auf, führ ihn, führ ihn zu uns; die Schwelle der Götter
darf er berühren.« Dem tiefen Flusse befiehlt sie zugleich, sich
weithin zu öffnen, damit der Jüngling dort eintreten könne;
diesen aber umstand die Woge, gewölbt wie ein Berg, und
nahm ihn im riesigen Schoß auf und schickte ihn unter das Strombett.
Und schon schritt er dahin, das Schloss seiner Mutter, ihr feuchtes
Reich, die von Grotten umschlossenen Seen bewundernd, dazu die
rauschenden Haine, und sah, betäubt vom riesigen Schwall der
Wasser, wie in verschiedene Richtungen unter der großen
Erde sämtliche Ströme fließen, der Phasis, der Lykus
und die Quelle, aus welcher der tiefe Enipeus hervorbricht,
die des Tiber und die des wallenden Anio, die des
Hypanis, der über Felsen braust, die des Mysers Kaïkus,
die des Eridanus mit den beiden vergoldeten Hörnern
an seinem Stierhaupt, der reißend wie sonst kein anderer Strom durch
üppiges Ackergebiet bis in das purpurne Meer fließt.
Als er in ihr Gemach mit der hängenden Decke aus Tuffstein
trat und Kyrene des Sohnes nichtige Klage vernahm, da
gossen die Schwestern ihm klares Quellwasser über die Hände
nach dem Brauch und brachten ein Tuch aus geschorenem Flausch her;
andre beluden mit Speisen den Tisch und kredenzten die vollen
Becher; und Altäre verbrannten panchäischen Weihrauch.
»Nimm einen Kelch des mäonischen Bacchus«, sagte die Mutter,
»spenden wollen wir nun dem Okeanus.« Gleichzeitig flehte

Oceanumque patrem rerum Nymphasque sorores,
centum quae silvas, centum quae flumina servant.
ter liquido ardentem perfundit nectare Vestam,
ter flamma ad summum tecti subiecta reluxit.   385
omine quo firmans animum sic incipit ipsa:
    'Est in Carpathio Neptuni gurgite vates
caeruleus Proteus, magnum qui piscibus aequor
et iuncto bipedum curru metitur equorum.
hic nunc Emathiae portus patriamque revisit   390
Pallenen; hunc et Nymphae veneramur et ipse
grandaevus Nereus: novit namque omnia vates,
quae sint, quae fuerint, quae mox ventura trahantur;
quippe ita Neptuno visum est, immania cuius
armenta et turpis pascit sub gurgite phocas.   395
hic tibi, nate, prius vinclis capiendus, ut omnem
expediat morbi causam eventusque secundet.
nam sine vi non ulla dabit praecepta, neque illum
orando flectes; vim duram et vincula capto
tende; doli circum haec demum frangentur inanes.   400
ipsa ego te, medios cum sol accenderit aestus,
cum sitiunt herbae et pecori iam gratior umbra est,
in secreta senis ducam, quo fessus ab undis
se recipit, facile ut somno adgrediare iacentem.
verum ubi correptum manibus vinclisque tenebis,   405
tum variae eludent species atque ora ferarum.
fiet enim subito sus horridus atraque tigris
squamosusque draco et fulva cervice leaena,
aut acrem flammae sonitum dabit atque ita vinclis
excidet, aut in aquas tenuis dilapsus abibit.   410
sed quanto ille magis formas se vertet in omnis,
tam tu, nate, magis contende tenacia vincla,
donec talis erit mutato corpore qualem

sie Allvater Okeanus an und die Schwestern, die Nymphen,
welche hundert Wälder und hundert Flüsse behüten.
Dreimal goss auf den brennenden Herd sie lauteren Nektar,
dreimal glühte die Flamme, die bis zum Dachfirst emporschlug.
Durch dies Omen machte sie Mut und begann dann zu sprechen:
    »Im karpathischen Strudel Neptuns, da gibt's einen Seher:
Proteus, der Bläuliche, ist's, der über die Weite des Meers mit
Fischen und einem Gespann zweihufiger Pferde dahinfährt.
Der besucht jetzt Emathiens Häfen, Pallene auch, seine
Heimat; ihn verehren wir Nymphen und mit uns sogar der
hochbetagte Nereus: Es weiß nämlich alles der Seher,
was da ist, was war, was künftig in Bälde heraufzieht.
So schien's nämlich gut dem Neptun, dessen riesige Rinder
und dessen hässliche Robben unten im Meere er weidet.
Den, mein Sohn, leg erst in Fesseln, damit er den ganzen
Grund für die Seuche enthüllt und zum glücklichen Ausgang den Weg weist.
Wendest du keine Gewalt an, belehrt er dich nicht; auch durch Bitten
beugst du ihn nicht; brauch harte Gewalt, zieh du dem Gefangnen
stramm seine Fesseln, so scheitern zuletzt seine sinnlosen Finten.
Selber führ ich, wenn Sol die Mittagshitze entzündet,
wenn verdurstet das Gras, und das Vieh den Schatten schon vorzieht,
dich zum Versteck des Alten, wohin, von den Wogen ermüdet,
er sich zurückzieht, so dass, wenn er schläft, du ihn leicht attackiern kannst.
Hast du ihn aber gepackt mit den Händen und hältst ihn in Fesseln,
werden verschiedne Gestalten und Tiergesichter dich foppen.
Plötzlich wird er zum borstigen Eber, zum schrecklichen Tiger,
wird zum schuppigen Drachen, zur Löwin mit gelblichem Nacken,
oder er prasselt als Flamme, will so seinen Fesseln entgehen,
oder versucht durch Zerfließen in flüchtiges Wasser zu fliehen.
Aber je mehr er sich nun in sämtliche Formen verwandelt,
desto straffer schnüre, mein Sohn, die ihn haltenden Fesseln,
bis nach Verwandlung des Leibs er ein solcher sein wird, wie du ihn

videris incepto tegeret cum lumina somno.'

    Haec ait et liquidum ambrosiae defundit odorem,   415
quo totum nati corpus perduxit; at illi
dulcis compositis spiravit crinibus aura
atque habilis membris venit vigor. est specus ingens
exesi latere in montis, quo plurima vento
cogitur inque sinus scindit sese unda reductos,   420
deprensis olim statio tutissima nautis;
intus se vasti Proteus tegit obice saxi.
hic iuvenem in latebris aversum a lumine Nympha
conlocat, ipsa procul nebulis obscura resistit.
iam rapidus torrens sitientis Sirius Indos   425
ardebat caelo et medium sol igneus orbem
hauserat, arebant herbae et cava flumina siccis
faucibus ad limum radii tepefacta coquebant,
cum Proteus consueta petens e fluctibus antra
ibat; eum vasti circum gens umida ponti   430
exsultans rorem late dispergit amarum.
sternunt se somno diversae in litore phocae;
ipse, velut stabuli custos in montibus olim,
Vesper ubi e pastu vitulos ad tecta reducit
auditisque lupos acuunt balatibus agni,   435
considit scopulo medius numerumque recenset.
cuius Aristaeo quoniam est oblata facultas,
vix defessa senem passus componere membra
cum clamore ruit magno manicisque iacentem
occupat. ille suae contra non immemor artis   440
omnia transformat sese in miracula rerum,
ignemque horribilemque feram fluviumque liquentem.
verum ubi nulla fugam reperit fallacia, victus
in sese redit atque hominis tandem ore locutus
'nam quis te, iuvenum confidentissime, nostras   445

sahst, als der grad begonnene Schlaf ihm die Augen bedeckte.«

Sprach's, goss duftende feuchte Ambrosia aus und bestrich den
ganzen Körper des Sohnes damit; da atmete ihm ein
lieblicher Wohlgeruch aus dem schön geordneten Haar, und
wendige Kraft durchdrang seine Glieder. Es gibt eine tiefe
Höhle in eines hohlen Berges Flanke; hier zwingt der
Wind viel Wasser hinein, das in tiefe Winkel verteilt wird,
manchmal die sicherste Bucht für den Schiffer, den's überrascht hat;
drinnen verbirgt sich im Schutz eines riesigen Felsriegels Proteus.
Abgewandt vom Lichtschein versteckte den Jüngling die Nymphe
hier, und sie selbst stand etwas entfernt, von Nebel verdunkelt.
Sengend brannte der Hundsstern schon, die dürstenden Inder
röstend, am Himmel, der feurige Sol hatte halb seine Kreisbahn
ausgeschöpft, welk war das Gras, und die Strahlen erhitzten und kochten
bis hinunter zum Schlamm die hohlen Flüsse in ihren
trockenen Rinnen, als die gewohnte Höhle vom Meer her
Proteus aufsuchte; ihn umhüpfte das nasse Geschlecht der
riesigen See und verspritzte weithin bittere Tropfen.
Über den Strand hin verstreut streckten nieder zum Schlaf sich die Robben;
er aber selbst, wie der Wächter des Stalls im Gebirge zuweilen,
wenn von der Weide Vesper die Kälber zum Hause zurückführt
und mit lautem Geblöke den Wolf aufstacheln die Lämmer,
setzte sich auf einen Fels in die Mitte und prüfte die Zahl nach.
Und sobald Aristaeus sich nun die Gelegenheit darbot,
ließ er den Alten seine ermüdeten Glieder kaum strecken,
stürzte mit lautem Geschrei auf ihn, wie er dalag, und nahm durch
Fesseln ihn fest. Doch der vergaß seine Kunst nicht darüber,
und er verwandelte sich in allerlei Wundergestalten,
wurde zum Feuer, zum schrecklichen Tier und zum fließenden Wasser.
Als aber Trug keinen Fluchtweg fand, da kehrte besiegt er
in sich zurück, und sprach nun endlich mit menschlichem Munde:
»Wer, du verwegenster aller Jünglinge, hieß dich zu meinem

iussit adire domos? quidve hinc petis?' inquit. at ille:
'scis, Proteu, scis ipse, neque est te fallere quicquam;
sed tu desine velle. deum praecepta secuti
venimus hinc lassis quaesitum oracula rebus.'
tantum effatus. ad haec vates vi denique multa   450
ardentis oculos intorsit lumine glauco
et graviter frendens sic fatis ora resolvit:

   'Non te nullius exercent numinis irae;
magna luis commissa: tibi has miserabilis Orpheus
haudquaquam ad meritum poenas, ni fata resistant,   455
suscitat et rapta graviter pro coniuge saevit.
illa quidem, dum te fugeret per flumina praeceps,
immanem ante pedes hydrum moritura puella
servantem ripas alta non vidit in herba.
at chorus aequalis Dryadum clamore supremos   460
implevit montes; flerunt Rhodopeiae arces
altaque Pangaea et Rhesi Mavortia tellus
atque Getae atque Hebrus et Actias Orithyia.
ipse cava solans aegrum testudine amorem
te, dulcis coniunx, te solo in litore secum,   465
te veniente die, te decedente canebat.
Taenarias etiam fauces, alta ostia Ditis,
et caligantem nigra formidine lucum
ingressus, Manisque adiit regemque tremendum
nesciaque humanis precibus mansuescere corda.   470
at cantu commotae Erebi de sedibus imis
umbrae ibant tenues simulacraque luce carentum,
quam multa in foliis avium se milia condunt,
Vesper ubi aut hibernus agit de montibus imber,
matres atque viri defunctaque corpora vita   475
magnanimum heroum, pueri innuptaeque puellae
impositique rogis iuvenes ante ora parentum,

Hause gehen? Und was begehrst du denn hier?« Und der andre:
»Proteus, du weißt es doch selbst, dich irgendwie täuschen, das gibt's nicht;
doch hör auf, es zu wollen. Den göttlichen Weisungen folgend
kam ich, um hier ein Orakel für meine Misere zu suchen.«
So viel sprach er. Von großer Gewalt nun endlich bezwungen,
rollte der Seher die graublauen glühenden Augen und tat den
Mund auf, stark mit den Zähnen knirschend, zu folgendem Wahrspruch:
    »Dich verfolgt der Zorn einer sehr bedeutenden Gottheit;
schwere Schuld büßt du: Der tief zu beklagende Orpheus
schickt diese Strafe – nicht die verdiente, weil der sich das Schicksal
widersetzt –; schwer wütet er wegen des Raubs seiner Gattin.
Während sie Hals über Kopf entlang am Fluss vor dir floh, da
sah die dem Tode Geweihte im hohen Grase vor ihren
Füßen nicht die am Ufer lauernde riesige Schlange.
Doch der Gespielinnen Chor, die Dryaden, erfüllte mit seinem
Schreien die Höhen der Berge; die Gipfel der Rhodope weinten,
auch die hohen Pangäen-Berge, das Marsland des Rhesus
und die Geten, der Hebrus und Attikas Orithyia.
Er, sein wehes Sehnen tröstend mit seiner gewölbten
Lyra, besang dich, liebliche Gattin, einsam am Strande,
dich, wenn der Tag heraufkam, dich, wenn er scheidend sich neigte.
Ja, in den Schlund von Taenarum, auch in das hohe Portal des
Dis und in den Hain, den finsterer Schrecken umdüstert,
trat er ein und nahte den Manen, dem schrecklichen König
und den Herzen, die Mitleid mit menschlichem Flehen nicht kennen.
Aber es kamen, gerührt vom Gesang, von des Erebus tiefstem
Sitz die dünnen Schatten und Schemen dem Lichte Entrissner,
so wie sich viele tausend Vögel im Laubwerk verbergen,
wenn von den Bergen sie Vesper treibt oder Regen im Winter,
Mütter und Männer und Körper der aus dem Leben geschiednen
hochgemuten Heroen und Knaben und bräutliche Mädchen,
Jünglinge, vor den Augen der Eltern gelegt auf den Holzstoß,

quos circum limus niger et deformis harundo
Cocyti tardaque palus inamabilis unda
alligat et noviens Styx interfusa coercet.   480
quin ipsae stupuere domus atque intima Leti
Tartara caeruleosque implexae crinibus angues
Eumenides, tenuitque inhians tria Cerberus ora,
atque Ixionii vento rota constitit orbis.
iamque pedem referens casus evaserat omnis,   485
redditaque Eurydice superas veniebat ad auras
pone sequens (namque hanc dederat Proserpina legem),
cum subita incautum dementia cepit amantem,
ignoscenda quidem, scirent si ignoscere Manes:
restitit Eurydicenque suam iam luce sub ipsa   490
immemor heu! victusque animi respexit. ibi omnis
effusus labor atque immitis rupta tyranni
foedera, terque fragor stagnis auditus Avernis.
illa "quis et me" inquit "miseram et te perdidit, Orpheu,
quis tantus furor? en iterum crudelia retro   495
fata vocant, conditque natantia lumina somnus.
iamque vale: feror ingenti circumdata nocte
invalidasque tibi tendens, heu non tua, palmas."
dixit et ex oculis subito, ceu fumus in auras
commixtus tenuis, fugit diversa, neque illum   500
prensantem nequiquam umbras et multa volentem
dicere praeterea vidit; nec portitor Orci
amplius obiectam passus transire paludem.
quid faceret? quo se rapta bis coniuge ferret?
quo fletu Manis, quae numina voce moveret?   505
illa quidem Stygia nabat iam frigida cumba.
septem illum totos perhibent ex ordine menses
rupe sub aëria deserti ad Strymonis undam
flesse sibi et gelidis haec evolvisse sub antris

die der schwarze Schlamm und verwildertes Schilf des Kokytus,
träger Sumpf und verhasste Wogen ringsherum fesseln
und der Styx festhält, der neunmal um sie herum fließt.
Ja, es staunten sogar ganz unten der Tartarus, Sitz des
Tods, und die Eumeniden, das Haar verfilzt mit den blauen
Schlangen, und Kerberus schwieg mit dreifach klaffendem Maule,
und das Rad, das Ixion im Kreis dreht, stand trotz des Windes.
Und schon war bei der Rückkehr er allen Gefahren entronnen
und die wiedergeschenkte Eurydike hinter ihm – dies war
Vorschrift Proserpinas – stieg hinauf zu den oberen Lüften,
als den unbedacht Liebenden plötzliche Sinnesverwirrung
packte, verzeihlich, wenn zu verzeihen die Manen verstünden:
Nah schon dem Tageslicht, blieb er stehen und schaute zurück auf
seine Eurydike, wehe, vergessend, von Sehnsucht bezwungen.
Alles Bemühn war vertan, gebrochen des grausamen Herrschers
Satzung und dreimal ein Krachen im Sumpf des Avernus zu hören.
›Was für ein schrecklicher Wahnsinn vernichtet mich Arme und dich, mein
Orpheus? Siehe, es ruft mich grausam wieder zurück das
Schicksal, und es verhüllt mir Schlaf die verschwimmenden Augen.
Leb nun wohl: Ich entschwebe, umhüllt von unendlicher Nacht, und
kraftlos reck ich zu dir, ach, nicht mehr die Deine, die Hände.‹
Sprach's, und plötzlich entschwand sie dem Blick nach der anderen Seite,
wie in die Lüfte verwehter Rauch, und ihn, der vergeblich
nur nach Schatten noch griff und doch ihr vieles noch sagen
wollte, sah sie nun niemals wieder; auch ließ ihn des Orkus
Fährmann nicht mehr den Sumpf, der den Weg versperrt, überschreiten.
Was nun tun, wo hingehn, da zweimal die Gattin geraubt ist?
Wie durch Weinen die Manen, wie rufend die Götter erweichen?
Ganz gewiss schwamm sie schon erkaltet im stygischen Nachen.
Volle sieben Monate weinte er fortwährend, heißt's, an
einem ragenden Felsen allein am verlassenen Strymon,
und er sang von all dem in einer eiskalten Grotte,

mulcentem tigris et agentem carmine quercus: 510
qualis populea maerens philomela sub umbra
amissos queritur fetus, quos durus arator
observans nido implumis detraxit; at illa
flet noctem ramoque sedens miserabile carmen
integrat et maestis late loca questibus implet.   515
nulla Venus, non ulli animum flexere hymenaei:
solus Hyperboreas glacies Tanaimque nivalem
arvaque Riphaeis numquam viduata pruinis
lustrabat, raptam Eurydicen atque inrita Ditis
dona querens; spretae Ciconum quo munere matres   520
inter sacra deum nocturnique orgia Bacchi
discerptum latos iuvenem sparsere per agros.
tum quoque marmorea caput a cervice revulsum
gurgite cum medio portans Oeagrius Hebrus
volveret, Eurydicen vox ipsa et frigida lingua,   525
a miseram Eurydicen! anima fugiente vocabat;
Eurydicen toto referebant flumine ripae.'
    Haec Proteus, et se iactu dedit aequor in altum,
quaque dedit, spumantem undam sub vertice torsit.
at non Cyrene; namque ultro adfata timentem: 530
'nate, licet tristis animo deponere curas.
haec omnis morbi causa, hinc miserabile Nymphae,
cum quibus illa choros lucis agitabat in altis,
exitium misere apibus. tu munera supplex
tende petens pacem et facilis venerare Napaeas;   535
namque dabunt veniam votis irasque remittent.
sed modus orandi qui sit prius ordine dicam:
quattuor eximios praestanti corpore tauros,
qui tibi nunc viridis depascunt summa Lycaei,
delige et intacta totidem cervice iuvencas.   540
quattuor his aras alta ad delubra dearum

rührte Tiger und führte Eichen herbei durch sein Singen:
Wie im Schatten der Pappel die Nachtigall klagt, weil sie ihre
Jungen verloren hat, welche ein grausamer Pflüger erblickte
und noch ungefiedert dem Nest entriss; und sie weint die
ganze Nacht, und sie singt, auf dem Zweige sitzend, voll Kummer
ständig ihr Lied und erfüllt weithin mit Klagen die Landschaft.
Keinerlei Venus, kein Hochzeitswerben verlockte den Sinn ihm:
Hyperboreïsches Eis, des Tanaïs Schneelandschaft und die
nie vom riphäischen Eis befreiten Fluren durchzog er
einsam, Eurydikes Raub beklagend und dass ihm vergeblich
Pluto sie gab; die kikonischen Frauen, verschmäht überm Trauern,
rissen bei bacchischen Orgien während der Opfer den Jüngling
auseinander, verstreuten ihn weithin über die Felder.
Dann noch, als das vom marmorweißen Nacken gerissne
Haupt in der Mitte des Stroms mittrug der öagrische Hebrus
und dahinwälzte, rief seine Stimme ›Eurydike‹, auch die
kalte Zunge ›ach, arme Eurydike!‹ stockenden Atems,
und ›Eurydike‹ tönten am ganzen Flusse die Ufer.«
    So sprach Proteus und warf sich ins tiefe Meer, und er ließ die
Woge, wo er verschwand, unterm Strudel aufschäumend wirbeln.
Nicht so Kyrene; sie sprach zu ihm, der in Angst war, von sich aus:
»Ablegen darfst du, mein Sohn, aus dem Herzen die düsteren Sorgen.
Dies ist der ganze Grund der Seuche; drum sandten die Nymphen,
unter denen in hohen Hainen sie Reigen getanzt hat,
elenden Tod den Bienen. In Demut gib deine Gaben,
bitte um Frieden und ehr die versöhnlichen Nymphen der Weiden;
denn sie verzeihen dem Betenden, lassen auch ab von dem Zürnen.
Erst noch will ich die Art des Opferns der Reihe nach nennen:
Vier erlesene Stiere mit prächtigem Körperbau wähle,
welche dir auf den Höhen des grünen Lykaeus jetzt weiden,
Jungkühe ebenso viele, die unberührt sind am Nacken.
Vier Altäre für sie erbau bei der Göttinnen hohen

constitue et sacrum iugulis demitte cruorem
corporaque ipsa boum frondoso desere luco.
post, ubi nona suos Aurora ostenderit ortus,
inferias Orphei Lethaea papavera mittes   545
et nigram mactabis ovem lucumque revises;
placatam Eurydicen vitula venerabere caesa.'

    Haud mora, continuo matris praecepta facessit:
ad delubra venit, monstratas excitat aras,
quattuor eximios praestanti corpore tauros   550
ducit et intacta totidem cervice iuvencas.
post, ubi nona suos Aurora induxerat ortus,
inferias Orphei mittit lucumque revisit.
hic vero subitum ac dictu mirabile monstrum
aspiciunt, liquefacta boum per viscera toto   555
stridere apes utero et ruptis effervere costis,
immensasque trahi nubes, iamque arbore summa
confluere et lentis uvam demittere ramis.

    Haec super arvorum cultu pecorumque canebam
et super arboribus, Caesar dum magnus ad altum   560
fulminat Euphraten bello victorque volentis
per populos dat iura viamque adfectat Olympo.
illo Vergilium me tempore dulcis alebat
Parthenope studiis florentem ignobilis oti,
carmina qui lusi pastorum audaxque iuventa,   565
Tityre, te patulae cecini sub tegmine fagi.

Tempeln und lasse das heilige Blut ihren Hälsen entströmen
und die Körper der Rinder lass liegen im laubreichen Haine.
Hat dann angezeigt ihren Aufgang die neunte Aurora,
sende lethäischen Mohn als Totenopfer dem Orpheus,
opfre ein schwarzes Lamm und such dann wieder den Hain auf;
schlachte ein Kalb, um Eurydike, die dann versöhnt ist, zu ehren.«
    Ohne Aufschub erfüllt er sogleich die Gebote der Mutter,
kommt zum Heiligtum, baut die Altäre, wie sie's gebot, führt
vier erlesene Stiere mit prächtigem Körperbau her und
Jungkühe ebenso viele, die unberührt sind am Nacken.
Dann, als die neunte Aurora vollzogen hat ihren Aufgang,
schickt er die Totenopfer dem Orpheus und sucht dann den Hain auf.
Plötzlich sieht man nun hier ein Mirakel – ja, wundersam klingt es:
Durch die zerflossnen Gedärme im ganzen Bauchraum der Rinder
schwirren Bienen und sprudeln hervor aus zerschmetterten Rippen,
ziehen dahin in riesigen Wolken, sammeln sich schon im
Gipfel des Baumes und hängen als Traube an biegsamen Zweigen.
    Über die Pflege der Flur und des Viehs und über die Bäume
sang ich *dies* alles, während der mächtige Caesar am tiefen
Euphrat Blitze im Kriege schleuderte, siegreich auch Recht sprach
willigen Völkern und so den Weg zum Olympus sich bahnte.
Mich, Vergilius, nährte die süße Parthenope damals,
als in der Blüte des Lebens, um ruhmlose Muße bemüht, den
Hirtendichter ich spielte und jugendlich kühn über dich, mein
Tityrus, sang unterm Dach der Buche, der weithin verzweigten.

ZUM LATEINISCHEN TEXT
DIESER AUSGABE

Der lateinische Text entspricht demjenigen der Ausgabe von Silvia Ottaviano und Gian Biagio Conte (P. Vergilius Maro. Bucolica. Edidit et apparatu critico instruxit S. O. Georgica. Edidit et apparatu critico instruxit
G. B. C. Berlin/Boston 2013 [Bibliotheca Teubneriana]) und weicht nur
an sieben Stellen von ihr ab. Soweit die von mir vorgezogenen Lesarten
in Ottavianos und Contes Apparat verzeichnet sind, zitiere ich sie ohne
Nachweis; lediglich zu den von ihnen nicht aufgeführten Konjekturen
nenne ich den Namen des Textkritikers, der zuerst für sie eingetreten ist.
Näheres findet man in den Kommentaren und folgenden Rezensionen der
Ausgabe Ottavianos und Contes: S. J. Heyworth, Bryn Mawr Classical Review 2014.02.47; E. Kraggerud, Gymnasium 121, 2014, 496f. Die von den
beiden Herausgebern m.E. mit Recht für unecht gehaltenen (entweder in
eckige Klammern oder in den Apparat gesetzten) Verse bzw. Versteile sind
im vorliegenden Text weggelassen, da ich sie auch nicht übersetzt habe.
Ottavianos und Contes Interpunktion wurde, soweit es irgend ging, in die
Verdeutschung übernommen.

	Ottaviano	Diese Ausgabe
1,44	hoc	hic
2,2	qui	quid
4,18	Ac	At
6,38	solem	solem,

	Conte	Diese Ausgabe
1,180	fatiscat. […] inludunt	fatiscat, […] inludant
3,158	inurunt, si	inurunt et
4,291	nach 290	nach 293

ERLÄUTERUNGEN

Im Folgenden wird nur erläutert, was dem unmittelbaren Textverständnis dient (wobei ich ein schmales Grundwissen über die Antike voraussetze, also z. B. zu Venus oder Herkules nichts sage). Eigennamen und davon abgeleitete Adjektive, die eine deutsche Endung haben – z. B. *askräisch* –, gebe ich in deutscher Orthographie, die übrigen in der lateinischen Schreibweise wieder, aber bei griechischen ist das lateinische c durch ein k ersetzt. Hinweise zur Betonung beschränken sich auf drei- und mehrsilbige Namen, die nicht (wie alle zweisilbigen Wörter) auf der vorletzten, sondern auf der drittletzten Silbe betont sind (z. B. *Pasíphaë*); nicht berücksichtigt sind dabei Namen, die auf *-ius, -ii, -ia, -io(n)* und *-ium* enden (z. B. *Mincius*). Bei den Diphthongen *ae* und *oe* steht der Akzent jeweils auf dem *e* (z. B. *Maénalus*). Auf die *Bucolica* wird mit *B.*, auf die *Georgica* mit *G.* verwiesen.

BUCOLICA

Ekloge 1

1   *Títyrus*: Er ist einer der Hirten, dessen »Maske« Vergil aufsetzt. Laut antiker Überlieferung bedeutet der Name *Schilfrohr*. Daraus ist die Hirtenflöte gemacht (zu 2,31).

2   *Lied des Waldes*: Der Wald als eines der bevorzugten Weidegebiete steht für die Landschaft, in der die Hirtenpoesie ertönt. Außerdem evoziert das Wort *silva*, hier mit seiner Ableitung *silvestris*, den Gott Silvanus, eine römische Entsprechung zu dem Hirtengott Pan (zu 2,31).

4   *verbannt*: Infolge der Landenteignungen. Vgl. Einführung S. 20.

5   *Amaryllis*: »Funkelnde« (zu griech. *amarýssein*).

6   *Meliboeus*: »Der sich um die Rinder Kümmernde« (zu griech. *boûs* »Rind« und *mélei moi* »ich kümmere mich um …«).

    ein Gott: Sehr wahrscheinlich der junge Oktavian; vgl. Einführung S. 14f.

9   *Er hat … gewährt*: Damit schafft er zugleich die Grundlage für die Entstehung von Hirtenpoesie.

17 *vom Himmel berührt*: Euphemistisch für »vom Blitz getroffen«. Man sah darin ein besonders schlechtes Vorzeichen, da die Eiche dem Blitze schleudernden Júppiter heilig war.

27 *Freiheit*: Der Begriff, ein Schlagwort Oktavians und seiner Anhänger, ist hier personifiziert. Ein seinem Herrn als Pächter dienender Sklave konnte sich mit seinem Ersparten (*peculium* V. 32) die Freilassung erkaufen.

30 *Galatea*: Vgl. griech. *gála* (»Milch«); sonst der Name einer Meernymphe.

42 *Jüngling*: Zu 1,6. Das Wort *iuvenis* steht genau in der Mitte des Gedichts.

45 *Kinder*: Außer »Knabe, Kind« bedeutet *puer* auch »Sklave«.

54 *Hybla*: Berg an der Ostküste Siziliens, bekannt für seinen guten Honig.

56 *Winzer*: Wörtlich »der Laubscherer«.

62 *Arar*: Die Saône.
    Parther: Bewohner des heutigen Iran und wie die Germanen besonders gefährliche Feinde Roms.

64 *Afrer*: Bewohner Libyens.

65 *Skythien*: Nomadengebiet in Osteuropa und Westasien.
    Oaxes: Nicht nachweisbarer, vielleicht von Vergil erfundener Fluss, offenbar in Asien.

73 *Pfropf nun …*: Er spricht sarkastisch.

83 *Schatten*: Zu *umbrae* hier vgl. *umbra* bzw. *umbrae* am Ende des drittletzten und des vorletzten Verses der Sammlung (10,75f.) und *umbras* ganz am Ende der *Aeneis* (12,952).

Ekloge 2

1   *Kórydon*: Vgl. griech. *kórydos* (»Lerche«; zu 7,70).
    Alexis: Vgl. griech. *aléxein* (»helfen, abwehren«).

2   *nichts gab Anlass zu hoffen*: Ein Liebespfand oder Bekundung der Gegenliebe (wörtlich: »Er hatte nichts, aufgrund dessen er hätte hoffen können«).

6   *Kümmert ... Alexis*: Wortspiel mit griech. *alégein* (»sich kümmern um«).

10   *Théstylis*: »Erwünschte«.

14   *Amaryllis*: Zu 1,5.

15   *Menalkas*: Vgl griech. *ménos* (»Kraft«) und *alké* (»Abwehr«).

24   *Amphion*: Aus Theben stammend – nordwestlich von der Stadt befindet sich die Quelle *Dirke* –, wird er zusammen mit seinem Bruder Zethus auf dem Grenzgebirge *Arakynthus* zwischen Böotien und Attika ausgesetzt und von einem Hirten erzogen; später erbaut er die Mauern Thebens durch sein Lyraspiel.

26   *Daphnis*: Vgl. griech. *dáphnē* (»Lorbeer«; zu 8,82). Er ist der in Sizilien geborene göttliche Held unter den Hirten, Sohn des Hermes/ Merkur mit einer namentlich nicht bekannten Nymphe und Geliebter des Hirtengottes Pan.

30   *zum grünen Hibiskus:* Möglich wäre auch »mit dem grünen Hibiskus«, d.h. einer daraus gemachten Gerte.

31   *Pan*: Der gehörnte und bocksfüßige arkadische Hirtengott, Sohn des Hermes/Merkur und einer Nymphe, Erfinder der Syrinx, der aus sieben ungleichen Rohrstücken mit Wachs zusammengefügten Hirtenflöte.

35   *Amyntas*: Vgl. griech. *amýnein* (»abwehren, helfen«).

37   *Damoetas*: Vgl. griech. *dêmos* (»Gau, Gemeinde, Volk«).

57   *Iollas*: Reicher Herr und Liebhaber des Alexis. Der Name ist wohl Variante zu Iólaos, was antike Leser an griech. *íon* (»Veilchen«) erinnern konnte.

61   *Paris der Troer*: Der trojanische (im lat. Text »dardanische«) Königssohn entführt Hélena, die Frau des Spartanerkönigs Menelaus, und löst dadurch den Kampf der Griechen um Troja aus.
     Pallas: Athene/Minerva.

Ekloge 3

1   *Damoetas*: Zu 2,37.
     Meliboeus: Zu 1,6.

2   *Aegon*: Vgl. griech. *aíx* (»Ziege«).

3   *Neaera*: Vgl. griech. *néos* (»jung«).

10   *Mikon*: Vgl. griech. *mikós, mikkós, mikrós* (»klein«; vgl. 7,29f. *parvus … Micon*).

11   *ich gestutzt hab*: Offensichtlich ist das ironisch gemeint und zielt dann wahrscheinlich auf den Dialogpartner.

12   *Daphnis*: Zu 2,26.

17   *Damon*: Zu griech. *dêmos* (»Gau, Gemeinde, Volk«).

18   *Lykiska*: Griech. »kleine Wölfin«.

20   *Tityrus*: Zu 1,1.

25   *durch Wachs verbunden*: Zu 2,31.

26   *auf Kreuzwegen*: Menalkas unterstellt ihm, er habe nicht an einem regulären Wettstreit teilgenommen, sondern sich als Straßenmusikant betätigt.

37   *Alkímedon*: Offensichtlich ein fiktiver Name.

40   *Konon*: Aus Samos stammender Astronom und Mathematiker (um 230 v. Chr.).
     der andere: Bis heute konnte keine Einigkeit erzielt werden, ob Arat von Soloi (1. H. 3. Jh. v. Chr.), Archimedes (287–212 v. Chr.) oder Eúdoxos von Knidos (um 360 v. Chr.) gemeint ist.

46   *Orpheus*: Mythischer Sänger, der durch seinen Gesang die belebte und unbelebte Natur verzaubern kann. Vgl. zu ihm *G.* 4,453ff.

50   *Palaemon*: Vgl. griech. *palaíein* (»ringen«). Sonst der Name eines Meergottes.

63   *Lorbeer … Hyazinthen*: Phoebus Apollo liebt die Nymphe Daphne (»Lorbeer«), die in einen Lorbeerbaum verwandelt wird, und den Knaben Hyakinthos, der zur Hyazinthe wird.

64   *Galatea*: Zu 1,30. Der *Apfel* war ein erotisches Symbol.

66   *Amyntas*: Zu 2,35.

67   *Delia*: griech. »die von Delos«; hier die Partnerin des Menalkas, sonst die auf der Insel geborene Göttin Artemis/Diana.

68   *Meiner Venus*: Er meint seine Geliebte.

76   *Phyllis*: Vgl. griech. *phýllon* (»grünes Blatt«; vgl. 7,59 *Phyllidis … virebit*).
     Íollas: Zu 2,57. Hier liebt dieser reiche Herr, dessen Sklaven Damoetas und Menalkas offenbar sind, V. 79 zufolge den Letzteren.

77   *für die Feldfrucht … ich opfere*: Bei der Flurweihe im späten Frühjahr am Fest Ambarvalia (»Feldumgehung«).

81   *Amaryllis*: Zu 1,5.

82   *Árbutus*: Erdbeerbaum.

84   *Pollio*: Gaius Asinius Pollio (76 v.–4 n.Chr.), Konsul 40 v. Chr., ein

Förderer Vergils, verfasste ein Geschichtswerk, Tragödien und erotische Gedichte.

bäurisch ... meine Muse: Die Hirtendichtung.

85   *Pieriden*: Die Musen nach ihrem Geburtsort Pieria am Olymp.

89   *Amomum*: Hier eine unidentifizierbare Gewürzpflanze, die aus dem
      Orient importiert wurde.

90   *Bavius ... Maevius*: Dichter, über die nichts weiter bekannt ist.

102   *Eng hängen ...:* »Diese hier (d.h. die Lämmer in V. 103; *hisce* ist archa-
      ischer Nominativ) sind ... fast auf Haut und Knochen zusammenge-
      schrumpft.«

104   *Sage ...:* Für die Lösung des ersten Rätsels wurden mehrere Lösun-
      gen vorgeschlagen; am wahrscheinlichsten klingt, dass ein Himmels-
      globus gemeint ist, der des Archimedes (zu 3,40), der nach Rom ge-
      bracht wurde, und der des Poseidonios (ca. 135–50 v. Chr.), der sich
      auf Rhodos befand. Die Könige des zweiten Rätsels dürften Aias/
      Ajax und Hyakinthos sein, da man glaubte, die Hyazinthe sei ent-
      weder vom Blut des ersten besprengt worden – in diesem Falle las
      man darauf AI als die ersten beiden Buchstaben von Aias –, oder
      von dem des Knaben (zu 3,63), über dessen Tod Apollo mit dem
      Ausruf AI klagt. Die Länder sind dann Troja (unter dessen Mauern
      Ajax Selbstmord begeht) und Sparta (wo Apollo versehentlich den
      Knaben umbringt).

Ekloge 4

1   *sizilische Musen*: Die Musen Theokrits von Syrakus, des Verfassers der
      ersten bukolischen Gedichte (s. Einleitung S. 8).

      ein wenig Erhabneres: Bukolik ist »kleine« Dichtung (s. Einleitung S.
      16f.), für die hier die *Tamarisken* und *Büsche* in V. 2 stehen, aber da es
      im Folgenden um eine Prophezeiung des Goldenen Zeitalters geht,
      ist der Stil gegenüber dem sonst vorherrschenden leicht gehoben.

3   *Wälder:* Zu 1,2.

      eines Konsuls: Zu 4,11.

4   *die letzte Zeit*: Als letztes in der Reihe der mythischen Weltzeitalter
      (vgl. besonders Hesiod, *Werke und Tage* 109ff.; Ovid, *Metamorphosen*
      1,89ff.) wird nun das Eiserne enden und wieder das Goldene begin-
      nen.

das kumäische Lied: Die Sibyllinischen Bücher, hier nach der Sibylle von Kumae (am Golf von Neapel) benannt, die Vergil in Buch 6 der *Aeneis* als Prophetin auftreten lässt. Aus dieser Sammlung von Orakeln in griechischen Hexametern, die zur Zeit der Entstehung von Vergils *Bucolica* im Júppitertempel auf dem Kapitol aufbewahrt wurden, holte man sich in Rom in Krisenzeiten von Staats wegen Informationen über die Zukunft.

6   *die Jungfrau*: Dike (griech. »Recht«), auch Astraea genannt (Justitia in *G.* 2,474), die im Eisernen Zeitalter von der Erde flieht und als Sternbild an den Himmel versetzt wird.

      das Reich des Saturnus: Im Goldenen Zeitalter herrscht Kronos/Saturnus, der Vater des Zeus/Júppiter.

8   *der Knabe*: Zum Problem seiner Identität vgl. Einführung S. 15f.

10   *Lucina*: Die Göttin, die von Frauen in den Wehen angerufen wurde; man identifizierte sie teils mit Juno, teils mit Diana, an die offensichtlich hier zu denken ist.

      dein Apollo: Hier wohl einfach als Bruder der Diana Lucina und der Gott, der die Sibylle von Kumae inspiriert.

11   *Pollio … unter dir als Konsul*: Im Jahr 40 v. Chr., in dem der Vertrag von Brundisium zwischen Marcus Antonius, vertreten durch Pollio (zu 3,84), und Oktavian, vertreten durch Maecenas (zu *G.* 1,2), Hoffnung auf Beendigung des Bürgerkriegs weckte.

      Aevum: Zeitalter.

13   *Schuld*: Diese luden sich die Menschen durch ihre Frevel im Eisernen Zeitalter und speziell die Römer durch die Bürgerkriege auf.

17   *der Vater*: Wenn der Knabe mit Oktavian identisch ist, dürfte sein (Adoptiv-)Vater Caesar gemeint sein.

18   *ohne Anbau …*: Im Folgenden wird anhand mehrerer traditioneller Motive der Segen des Goldenen Zeitalters vor allem mit Blick auf die Hirtenwelt dargestellt.

20   *Akanthus*: Bärenklau.

      Kolokasien: Indische Wasserrosen.

32   *Thetis*: Die Meernymphe und Mutter Achills steht hier metonymisch für das Meer.

34   *Tiphys*: Der Steuermann der *Argo*, auf der die griechischen Heroen der Generation vor den Trojakämpfern unter der Führung Jasons nach Kolchis segeln, um das Goldene Vlies zu holen.

35   *einen anderen Kriegszug*: Einen neuen Krieg gegen Troja.

38   *der Fichtenstamm*: Das daraus gebaute Schiff.

47 *Fata*: Schicksalssprüche, deren Willen Júppiter vollstreckt.
    Parzen: Die drei Schicksalsgöttinnen Klotho, Láchesis und Átropos,
    die dem Menschen den Lebensfaden spinnen und schließlich ab-
    schneiden.

50 *mit gewölbter Masse*: Umschreibung der Kugelgestalt des Weltalls.
    beben: Wie sonst beim Nahen der Gottheit ein Heiligtum bebt, so
    hier das ganze Universum vor dem Erscheinen des Knaben und des
    neuen Weltzeitalters.

55 *Orpheus*: Zu 3,46. Er ist der Sohn der Muse *Kalliope*.

56 *Linus*: Mythischer Sänger und Sohn Apollos.

58 *Pan*: Zu 2,31. Zu Arkadien als Land der Hirten und Hirtenmusik vgl.
    Einführung S. 17.

Ekloge 5

1   *Mopsus*: Vgl. griech. *myōps* (»die Augen schließend«): Der für einen
    Hirten sonst nicht belegte Name ist der eines Sehers, und ein solcher
    kann beim Prophezeien die Augen schließen.

4   *Menalkas*: Zu 2,15. Wie Tityrus in Ekloge 6, so fungiert Menalkas
    hier als einer der Hirten, deren Maske der Dichter aufsetzt. Denn er
    zitiert in V. 86f. *Ecl.* 2,1 und 3,1 als seine Verse.

8   *Amyntas*: Zu 2,35.

10 *zum Erglühen ... etwas*: Ein Liebeslied. Zusammen mit *Lob* und
    Schmähung (V. 11) gehört Liebe zu den wichtigsten Themen der Bu-
    kolik.
    Phyllis: Zu 3,76.

11 *Alkon*: Vgl. griech. *alkḗ* (»Abwehr«).
    Kodrus: Vgl. griech. *kedrós* (»berühmt«).

12 *Tityrus*: Zu 1,1.

20 *Daphnis*: Zu 2,26.

29 *Vor ... zu spannen*: Tiger spannt im Mythos sonst Diónysos/Bacchus
    vor seinen Wagen, mit dem er im Siegeszug von Indien nach Grie-
    chenland fährt.

31 *Stäbe*: Bei ihren Bacchusorgien trugen die Anhänger des Gottes den
    Thyrsus, einen mit Efeu und Weinlaub umwundenen Stab mit ei-
    nem Pinienzapfen an der Spitze.

35 *Pales*: Die Hirtengöttin.

51   *empor zu den Sternen*: Wahrscheinlich mit Recht sah man in der
     Beschreibung von Daphnis' Vergöttlichung eine Anspielung darauf,
     dass man glaubte, Gaius Julius Caesar sei im Juli 44 v. Chr., nachdem
     er am 15. März 44 ermordet worden war, als Komet am Himmel
     gesehen und so unter die Unsterblichen versetzt worden.

55   *Stimichon*: Ein offenbar von Vergil erfundener Hirtenname.

59   *Dryaden*: Baumnymphen.

60   *Aufzulauern dem Vieh …*: Auch die Vergöttlichung des Daphnis lei-
     tet ein Goldenes Zeitalter (zu 4,6) ein.

69   *Bacchus*: Metonymisch für Wein.

71   *Chierwein*: Im lateinischen Text *vina Ariusia* nach dem Ariusia-Ge-
     birge auf der Insel Chios in der Ägeis, auf dem ein sehr guter Wein
     angebaut wurde.

72   *Damoetas*: Zu 3,1.
     Aegon: Zu 3,2. Aegon stammt aus der Stadt Lyktos auf Kreta.

73   *Satyrn*: ausgelassene, lüsterne und koboldartige männliche Wesen in
     Menschengestalt und mit Pferdeschwanz und -ohren, oft auch Pfer-
     dehufen.
     Alphesiboeus: Griech. »Rinder einbringend«.

75   *wenn wir … entsühnen*: Bei den Ambarvalia (zu 3,77).

86   *»Für den schönen …«*: Zitat von *Ecl.* 2,1.

87   *»Wem gehört …«*: Zitat von *Ecl.* 3,1.

89   *Antigenes*: Griech. »Der durch sein (adliges) Geschlecht hervor-
     sticht«.

Ekloge 6

1   *syrakusanische Verse*: Zu 4,1.

2   *Thalea* (Thalia; griech. Thaleia): Eine der neun Musen, zuständig vor
     allem für die Komödie, aber auch für heitere Poesie im weitesten
     Sinne, also die »kleine« Dichtung (s. Einführung S. 16f.).
     in den Wäldern: zu 1,2.

3   *von Königen …*: Er wollte ein Epos verfassen, also ein Werk der »gro-
     ßen« Poesie (vgl. Einführung S. 16).
     der Kynthier: Apollo, der auf dem Berg *Kynthus* auf der Insel Delos
     geboren ist.

4   *Tityrus*: Zu 1,1 und 5,4. Der Dichter setzt sich hier die Maske dieses
     Hirten auf.

7   *Varus*: Vermutlich identisch mit Publius Alfenus Varus, laut dem
     Kommentar des Servius (4. Jh.) Legat (Statthalter) Oktavians in der
     Gegend von Mantua, woher Vergil stammte, und als solcher Nach-
     folger Pollios (zu 3,84).

8   *Schilfrohr*: Zu 1,1.

10   *gepackt von Liebe*: Gemeint ist »von der Liebesthematik«, die ja eine
     wichtige Rolle in den *Bucolica* spielt.
     meine Tamarisken: zu 4,1.

12   *Blatt*: Die Kolumne einer Papyrusrolle, hier die erste, auf der der
     Name des Widmungsadressaten erscheinen kann.

13   *Pieriden*: Zu 3,85.
     Mnasyllos: Vgl. *memnêsthai* (»nachsinnen, sich erinnern«).
     Chromis: Nur hier ein Hirtenname.

14   *Knaben*: Zu 1,45.
     Silenus: Der ständig betrunkene, glatzköpfige, dickbäuchige, stumpf-
     nasige ältere Anführer der Satyrn (zu 5,73) im Gefolge des Bacchus
     (der, im lateinischen V. 15 *Iacchus* genannt, dort metonymisch für
     »Wein« steht).

20   *Aegle*: Vgl. griech. *aíglē* (»Glanz«).

21   *Najade*: Wassernymphe.

26   *etwas andres*: Eine der wenigen obszönen Anspielungen in den *Buco-
     lica*.

27   *Faune*: Waldgötter.

29   *Parnass(us)*: Den Musen und Apollo heiliger Berg in der griechischen
     Landschaft Phokis, an dessen Fuß Delphi liegt.

30   *Rhódope*: Gebirge in W-Thrakien, woher Orpheus kommt.
     Ismarus: Gebirgszug in S-Thrakien.
     Orpheus: Zu 3,46.

31   *Denn er sang …*: Silens Lied, das wie Ovids *Metamorphosen* Mythen
     (darunter wie dort Verwandlungsgeschichten) aneinanderreiht, be-
     ginnt wie das spätere Werk mit einer Kosmogonie (V. 31–40).

32   *Keime*: Lukrez, *De rerum natura* (»Die Natur der Dinge«) verwendet
     semina in der Bedeutung »Atome«.

35   *Nereus*: Meergott.

41   *Pyrrha*: Sie überlebt mit ihrem Mann Deukalion die Große Flut, und
     die beiden werfen Steine hinter sich, aus denen neue Menschen her-
     vorgehen.

Saturnus: Zu 4,6.

42   *kaukasische Vögel*: *Prometheus*, den Zeus/Júppiter zur Strafe dafür,
     dass er den Göttern das Feuer geraubt und den Menschen gebracht
     hat, an den Kaukasus schmieden und dem er von einem Adler die
     stets nachwachsende Leber fressen lässt, wird von Herkules, der den
     Adler tötet, befreit.

43   *Hylas*: Von Herkules, der am Zug der Argonauten (zu 4,34) teil-
     nimmt, geliebter Knabe, der, als er Wasser aus einer Quelle holen
     geht, von Nymphen geraubt und dann vergeblich gesucht wird.

46   *Pasíphaë*: Frau des kretischen Königs Minos, die einen Stier liebt und
     von diesem den Minotaurus, ein Mischwesen aus Mensch und Stier,
     gebiert.

48   *Proetus' Töchter*: Sie wurden, weil sie gegen Hera/Juno oder Dióny-
     sos/Bacchus frevelten, mit Wahnsinn geschlagen und hielten sich für
     Kühe.

53   *Er*: Der von Pasíphaë geliebte Stier. Er, ein _boús_ (griech. »Rind«),
     liegt unter einem Baum wie sonst in den _Bucolica_ die Hirten, wäh-
     rend Pasíphaë wie ein Herdentier im Gebirge umherschweift (V. 52).

55   *»Ihr Nymphen … «*: Es spricht Pasíphaë.

56   *kretisch*: Im lateinischen Text »diktäisch«, nach Dikte, einem Berg auf
     Kreta.

60   *Gortyn*: Stadt in S-Kreta.

61   *Mädchen*: Atalanta, deren Freier sie im Wettrennen besiegen müssen;
     das gelingt Hippómenes, weil er im Lauf drei goldene Äpfel hinter
     sich wirft, die sie aufliest. Er hat sie in der Version, auf die Silen an-
     spielt, offensichtlich von den Hesperiden (V. 61 im lat. Text), deren
     goldene Äpfel den Göttern die ewige Jugend sichern und welche die
     Mädchen in einem Garten hüten.

62   *Phäëthons Schwestern*: Ihr Bruder ist der Sohn des Sonnengottes, der,
     als er einmal das Gespann des Vaters lenken darf, der Erde zu nahe
     kommt, einen Weltenbrand entfacht und deshalb von Zeus/Júppiter
     mit dem Blitz getötet wird. Seine trauernden Schwestern, die Helia-
     den, werden in Bäume verwandelt, sonst in Pappeln (z. B. Verg. *Aen.*
     10,189ff.), hier in Erlen.

64   *Gallus*: Cornelius Gallus (um 69/68–27/26 v. Chr.), der älteste in
     der Reihe der klassischen vier römischen Verfasser erotischer Elegien,
     dessen Sammlung bis auf wenige Reste verloren ist.
     Permessus: Fluss in Böotien, der auf dem Musenberg Hélikon ent-
     springt.

65 *Aonien*: Böotien.

Schwestern: Die Musen, die den *Chor des Apoll* bilden.

67 *Linus*: Zu 4,56.

70 *der askräische Alte*: Hesiod (um 700 v. Chr.), der, im böotischen Askra geboren, in seiner *Theogonie* V. 22ff. von seiner Dichterweihe durch die Musen am Fuße des Hélikon erzählt; von einer solchen des Gallus berichtet nun hier Silen.

72 *Grynium*: Ort in Mysien (Nordwestkleinasien) mit einem Apollo-Orakel, über das Gallus ein (verlorenes) poetisches Werk verfasste.

74 *Skylla*: Aus Liebe zu Minos, der die Hauptstadt ihres Vaters, des Königs *Nisus*, belagert, schneidet sie diesem sein magische Kräfte verleihendes Haar ab (zu *G.* 1,404). Ihre Bestrafung ist hier mit derjenigen der bekannteren Skylla, des Meerungeheuers in Homers *Odyssee* (12,80ff.), gleichgesetzt: Der Unterleib der Königstochter wird in bellende Hunde verwandelt.

76 *die dulichischen Schiffe*: Diejenigen des Odysseus, zu dessen Reich die Insel Dulichium gehört. Bei Homer fährt er nur mit einem einzigen Schiff an Skylla vorbei, die sechs seiner Gefährten frisst (*Od.* 12,234ff.).

78 *Tereus*: Thrakischer König, der, weil er *Philomela*, die Schwester seiner Frau Prokne, vergewaltigt und ihr die Zunge herausschneidet, von den Frauen seinen Sohn Itys als Speise vorgesetzt bekommt. Er wird in einen Wiedehopf, Philomela in eine Nachtigall und Prokne in eine Schwalbe verwandelt. Hier mutiert Philomela zur Schwalbe.

83 *Eurotas*: Fluss in der Nähe von Sparta.

86 *Vesper*: Der Abendstern.

der's nicht wollte: Weil der Olymp Silen noch gerne länger zugehört hätte.

Ekloge 7

1 *Daphnis*: Zu 2,26.

2 *Thyrsis*: Vgl. griech. *thýrsos* (zu 5,31).

Korydon: Zu 2,1.

4 *Arkader*: Das ist vermutlich nicht wörtlich gemeint (vgl. V. 12), sondern im Sinne von »Hirten, die zu singen verstehen«. Vgl. Einführung S. 18.

9   *Meliboeus*: Zu 1,6.

13   *Mincius*: Der Fluss, der an Vergils Heimatstadt Mantua vorbeifließt,
     heute Mincio.

14   *Alkippe*: Zu *alké* (»Abwehr«) und *híppos* (»Pferd«).
     Phyllis: Zu 3,76.

21   *Libethrum*: Ein Berg in Böotien nahe dem Musenberg Hélikon mit
     Heiligtümern für Nymphen und Musen.

22   *Kodrus*: Zu 5,11.

24   *an der heiligen Pinie ... hängen*: Als Weihgabe zum Zeichen des Ab-
     schieds von der Tätigkeit des Sängers.

29   *Delia*: Zu 3,67. Hier ist es die Göttin.

30   *Mikon*: Zu 3,10.
     lange lebend: In der Antike glaubte man, Hirsche würden sehr alt.

32   *Kothurn*: Hoher Stiefel.

33   *Priap*: Sonst meist aus Holz geschnitzter Gott der Gärten mit einem
     überdimensionalen erigierten Glied, das rot angemalt ist, und einer
     Sichel in der Hand, da er als *Wächter* fungiert.

35   *du sollst ...*: Das sagt er offensichtlich zu dem Glied Priaps.

37   *Nereus*: Zu 6,35.
     Galatea: Zu 1,30.
     Hybla: Zu 1,54.

41   *sardische Kräuter*: Gemeint sind wohl bittere Ranunkeln, deren Saft
     eine Verzerrung des Gesichtes, das »sardonische Lachen«, bewirkte.

51   *Bóreas*: Nordwind.

52   *die Zahl*: diejenige der Schafe, die der Wolf auch angreift, wenn es
     viele sind.

55   *Alexis*: Zu 2,1.

46   *Árbutus*: Erdbeerbaum.

58   *Liber*: Bacchus.

60   *Júppiter*: Er ist hier Metonymie für den Regen.

61   *Herkules*: Der Enkel des Alkeus (so im lat. Text) umwindet nach der
     Rückkehr aus der Unterwelt sein Haupt mit einem Pappelkranz.
     Íacchus: Zu 6,14.

62   *Myrte*: Sie wächst am Meer, dem die »schaumgeborene« Venus ent-
     stiegen ist, und ist ihr heilig.
     der Lorbeer: Zu 3,63.

67   *Lýkidas*: Zu griech. *lýkos* (»Wolf«).

70   *zum Korydon*: Gemeint ist offensichtlich »zur (richtigen) Lerche, die
     besonders schön singen kann« (vgl. die Teubner-Ausgabe zur Stelle).

Ekloge 8

1   *Damon*: Zu 3,17.

    Alphesiboeus: Zu 5,73.

6   *Du …*: Zur Identität des Angesprochenen – am überzeugendsten
    wird für Oktavian argumentiert – vgl. die Einführung S. 8.

    Timavus: Der heutige Fluss Timavo nördlich von Triest.

7   *Illyrien*: Römische Provinz im Nordwesten des Balkans.

10 *Kothurn des Sophokles*: Die Figuren von Tragödien, wie dieser Dichter
    (496–406 v. Chr.) sie verfasste, trugen diesen hohen Stiefel (zu 7,32).
    Hier symbolisiert er den erhabenen Stil, der dem Dichter für ein
    Lobgedicht auf den Angesprochenen allein angemessen erscheint.

13 *Efeu*: Damit wird ein Dichter bekränzt (vgl. 7,25).

    Siegeslorbeeren: Sie trägt der römische Imperator beim Triumphzug.

17 *Lucifer*: Der Morgenstern.

18 *Nysa*: Auf dem Waldgebirge Nysa in Indien (?) soll Diónysos/Bac-
    chus von den Nymphen aufgezogen worden sein, und diejenige, die
    ihn stillte, hieß, wie überliefert ist, ebenfalls Nysa. Offenbar soll man
    bei dem Namen der Frau, die Damons Liebe verschmäht, die Bedeu-
    tung »Wald(gebirge)« mithören.

21 *Fange mit mir …*: Ein Refrain, der achtmal wiederholt und in V. 61
    abgewandelt wird.

    mänalisch: Arkadisch (zu 7,4), nach dem Maénalus-Gebirge in Ar-
    kadien.

24 *Pan*: Zu 2,31.

26 *Mopsus*: Zu 5,1.

30 *Nüsse*: Sie waren ein beliebtes Kinderspielzeug. Wenn der Bräutigam
    sie bei der Überführung der Braut in das Brautgemach unter die bei
    der Zeremonie anwesenden Knaben streuen ließ, demonstrierte er
    vermutlich den Abschied von der Päderastie, die einer Eheschließung
    vorausgehen konnte.

    Oeta … Vesper: Die Überführung fand beim Aufgang des Abend-
    sterns über den Bergen statt. Den Berg Oeta in Thessalien nennt
    Catull (ca. 87–54 v. Chr.) in einem solchen Brautlied (Epithalami-
    um), Gedicht 62, in V. 7.

44 *Tmarus*: Gebirge in Epirus, heute das albanische Mitzikéli.

    Rhódope: Zu 6,30.

    Garamanten: Volk in Nordafrika.

47 *die Mutter*: Medea, die ihre beiden Söhne von Jason (zu 4,34) tötet,

weil er sie für eine andere Frau verlässt, obwohl sie ihm beim Raub des goldenen Vlieses geholfen hat.

48   *du auch, Mutter*: Venus, Amors Mutter.

55   *Tityrus*: Zu 1,1.
     Orpheus: Zu 3,46.

56   *Arion*: Sänger, der, singend von Seeleuten über Bord geworfen, von einem Delphin gerettet wird.

63   *Pieriden*: Zu 3,85.

68   *Führt, meine* …: Dieser Refrain wird ebenfalls achtmal wiederholt und einmal abgewandelt (V. 109).

70   *Kirke*: Sie verwandelt Gefährten des *Ulixes* (Odysseus) in Schweine (Hom. *Od.* 10,203ff.).

73   *in drei verschiedenen Farben*: Weiß, rot und schwarz.

74   *dies Bildnis*: Es zeigt Daphnis.

77   *Amaryllis*: Zu 1,5. Sie fungiert hier als die Magd der Sprecherin.

82   *Lorbeer*: Griech. *dáphnē*; der Bezug zu Daphnis ist deutlich.

95   *Pontus*: Das Schwarze Meer, an dem der Sage nach Kolchis, die Heimatstadt Medeas (zu V. 47), liegt.

96   *Moeris*: Vgl. griech. *moîra* (»Schicksal, Verhängnis«).

97   *zum Wolf werden*: Zum Werwolf (german. *wër* »Mann« wie lat. *vir*).

105 *Schau* …: V. 105–107 werden offensichtlich von Amaryllis gesprochen.

107 *Hylax*: Zu griech. *hylakteîn* und *hylân* (»bellen«).

Ekloge 9

1   *Moeris*: Zu 8,96.

2   *Lýkidas*: Zu 7,67.
     unsres Gütchens … *Besitzer*: Zu 1,4. Vgl. auch Einführung S. 20.

10   *Menalkas*: Zu 2,15.

13   *chaonisch*: Dichterisch für »dodonisch«. Die Tauben in Dodona (im westgriechischen Epirus), wo sich eine Eiche mit einem Orakel des Zeus/Júppiter befand, galten als weissagende Vögel.

22   *Amaryllis*: Zu 1,5.

23   *Tityrus*: Zu 1,1.

26   *Varus*: Zu 6,7.

27   *Mantua*: Vergils Heimatstadt.

0

28 *Cremona*: Die oberitalienische Stadt war besonders schwer von den Landenteignungen (Einführung S. 20) betroffen.

30 *kyrnëisch*: Korsisch. Honig aus Korsika, wo Taxus häufig wuchs, galt als bitter.

35 *Varius*: Lucius Varius Rufus, ein mit Vergil befreundeter Dichter, dessen Werk bis auf Fragmente verloren ist und der zusammen mit Plotius Tucca posthum die *Aeneis* herausgab.
Cinna: Gaius Helvius Cinna (Mitte 1. Jh. v. Chr.), mit Catull befreundeter, wie dieser und Vergil aus Oberitalien stammender Dichter, dessen Werk bis auf wenige Reste verloren ist.

39 *Galatea*: Zu 1,30.

46 *Daphnis*: Zu 2,26.

47 *das Gestirn des dionäischen Caesar*: Zu 5,51. Dione ist die Mutter der Venus, die aber ebenfalls mit diesem Namen genannt werden kann. Als Mutter des Aeneas und Großmutter des Askanius/Iulus ist sie die Stammmutter der Julier.

54 *Zuerst erblickten …*: Man glaubte, Menschen, die zuerst von Wölfen (zu 8,97) angeblickt werden, verlören ihre Stimme.

60 *Bianor*: Dem Kommentator Servius (4. Jh.) zufolge ist er identisch mit Ocnus, dem Gründer Mantuas.

67 *er selber*: Menalkas.

Ekloge 10

1 *Arethusa*: Sizilische (zu 4,1) Quelle und Quellnymphe, dem Mythos zufolge in Griechenland beheimatet. Als der Flussgott Alphëus in Elis auf der Peloponnes die Nymphe zu vergewaltigen versucht, wird sie von Artemis/Diana in ein Gewässer verwandelt, flieht, von ihm verfolgt, unterirdisch bis zur Insel Ortygia vor der Südostküste Siziliens und vereint sich dort mit ihm. Hier wird sie als »Muse« der Hirtendichtung angerufen.

2 *Lykoris*: Sie ist die Frau, die *Gallus* (zu 6,64) in seiner Gedichtsammlung *Amores* in der Rolle des elegisch Liebenden begehrt. Nur aus der vorliegenden Ekloge können wir erschließen, dass sie sich ihm gegenüber ähnlich abweisend verhält wie z. B. Cynthia gegenüber der Persona des Properz (gest. nach 16 v. Chr.) und Delia gegenüber derjenigen Tibulls (gest. 19/18 v. Chr.).

4   *sikanisch*: Sizilisch.

5   *Doris*: Meergöttin, hier metonymisch für das Meer mit seinem Salz-
wasser.

11   *Pindus*: Gebirge zwischen Epirus und Thessalien.
Parnassus: Zu 6,29.

12   *Aganippe*: Quelle und Quellnymphe am Musenberg Hélikon in Böotien (*Aonien*).

15   *Maénalus*: Zu 8,21.
Lykaeus: Berg in Arkadien, auf dem Pan (zu 2,31) sich gerne aufhält.

16   *meiner*: Der Dichter spricht implizit in der Rolle des (dichtenden)
Hirten, als der er sich in V. 70 präsentiert.

18   *Adonis*: Schöner Jüngling, den Venus liebt.

20   *Menalkas*: Zu 2,15. Feucht wurde er entweder dabei, als er die Eicheln
für das Vieh vom nassen Erdboden aufsammelte, oder als er sie in
Wasser einweichte.

23   *einem andern*: Offensichtlich einem Offizier in der römischen Ar-
mee.

24   *Silvanus*: Zu 1,2.

26   *Pan*: Zu 2,31.

37   *Phyllis*: Zu 3,76.
Amyntas: Zu 2,35.

44   *Rasende Liebe fesselt mich …*: Offensichtlich versetzt er sich im Geist
in das Heerlager, in dem Lykoris sich befindet.
Mavors: Mars.

50   *im chalkidischen Vers*: In der Nachfolge des Euphorion von Chalkis
(3. Jh. v. Chr.), von dessen Werk nur geringe Reste erhalten sind.

57   *Parthenius*: Gebirge in Arkadien.

59   *kydonisch*: Kretisch.
parthisch: Zu 1,62.

62   *Hamadryaden*: Baumnymphen.

64   *Jenen*: Amor.

65   *Hebrus*: Hauptfluss in Thrakien, das für die Römer ein Land im kalten Norden war, heute die Mariza.

66   *sithonisch*: Thrakisch.

77   *Hesperus*: Griech. »Abendstern«.

GEORGICA

Buch 1

1–42: Proöm: Thema; Hymnus an zwölf ländliche Gottheiten und Oktavian

1   *Saaten … Gestirn*: Anspielung auf Hesiods Titel *Werke und Tage* und impliziter Hinweis auf die zwei Teile von Buch 1 (42–203 Ackerbau, 204–460 Sternbeobachtung); vgl. Einführung S. 23f.

2   *Maecenas*: Reicher Ritter aus Etrurien (ca. 70–8 v. Chr.), einflussreicher Freund Oktavians und Förderer Vergils, hier wie in Buch 4 in V. 2, in Buch 2 und 3 jeweils in V. 41 angesprochen.
     Ulmen … Reben: Thema von Buch 2.

3   *Rinder … Kleinvieh*: Thema von Buch 3.

4   *Bienen*: Thema von Buch 4.

6   *Lichter*: Sonne und Mond.

7   *Liber*: Bacchus.

8   *chaonisch*: Zu *E.* 9,13. Korn ersetzte die Eichelkost der frühesten Menschen.

9   *acheloïsch*: Achelous, der größte Fluss Griechenlands, steht metonymisch für Wasser. In der Antike galt das Trinken von purem Wein als barbarisch.

10   *Faune*: Waldgötter.

11   *Dryaden*: Baumnymphen.

14   *Neptun*: Er schenkt den Menschen das Pferd, Minerva den Ölbaum (*G.* 1,18).
     du auch …: Aristaeus; zu ihm vgl. *G.* 4,281ff.
     Keos: Insel in der Ägäis.

16   *Lykaeus*: Zu *E.* 10,15.

17   *Pan*: Zu *E.* 2,31.
     Maénalus: Zu *E.* 8,21.

18   *Tegeäer*: Pan wurde besonders in der arkadischen Stadt Tegea verehrt.

19   *Knabe*: Triptólemus; er lernt von Ceres den Ackerbau und bringt ihn zu den Menschen.

20   *Silvanus*: Zu *E.* 1,2.

24   *Du auch …*: Caesar Oktavian, der als (Adoptiv-)Sohn des 36 v. Chr. zum Gott erklärten Diktators Gaius Julius Caesar erwarten darf, nach seinem Tod in den Himmel aufgenommen zu werden.

28 *Myrte*: Zu *E.* 7,62.
    Mutter: Venus als Stammmutter der Julier.
30 *Thule*: Insel im äußersten Norden.
31 *Tethys*: Gattin des Okéanus, die als Schwiegermutter eine Mitgift
    aufbringen würde.
32 *die langsamen Monate*: Die des Sommers mit längerem Tageslicht.
33 *zwischen Erigone und den Scheren*: Zwischen dem Sternbild der Jung-
    frau (24.8.–23.9.) und des Skorpions (24.10.–22.11.). Oktavian wurde
    am 23.9.63 v. Chr. geboren.
38 *Elysium*: In der Unterwelt Aufenthaltsort der Seligen.
39 *der Mutter*: Ceres, die wünscht, dass ihre von dem Unterweltsherr-
    scher Pluto entführte Tochter *Prosérpina* zur Oberwelt zurückkehrt.

43–203: Ackerbau
43–70: Ackerbestellung

56 *Tmolus*: Berg im kleinasiatischen Lydien.
57 *Sabäer*: Bewohner von Saba im heutigen Jemen.
58 *Chályber*: Angehöriger eines Volks an der südlichen Schwarzmeer-
    küste, das Eisen produzierte.
    Pontus: Das Schwarze Meer und eine Provinz in N-Kleinasien.
62 *Deukalion*: Zu *E.* 6,41.
68 *Arktur(us)*: Stern, der im September aufgeht.

71–99: Heilmittel für schlechten Boden: Brache und Düngung

78 *lethäischer Schlaf*: Lethe ist der Strom des Vergessens in der Unter-
    welt.
96 *nicht umsonst*: Sie kann sich am Erfolg freuen.
97 *Rücken*: Erdschollen.

100–117: Bewässerung

102 *Mysien*: Land in NW-Kleinasien, wichtig für die Getreideeinfuhr in
     Rom.
103 *Gárgara*: Name einer Hafenstadt in Mysien am Fuß des Idagebirges
     sowie des Gipfels der höchsten Erhebung.
104 *im Nahkampf*: V. 104–110 spielt auf Homer, *Ilias* 21,257–262 an, wo

Achill, der gegen den Flussgott Skamander kämpft, mit einem Bauern bei der Bewässerung verglichen wird.

118–159: Notwendigkeit und Sinn der Arbeit

120   *Strymon*: Fluss in Thrakien.

121   *der Vater*: Júppiter.

125   *vor Júppiters Zeit*: Im Goldenen Zeitalter (zu *E.* 4,18).

138   *Arktos*: Die Große Bärin, in die Kallisto, die Tochter Lykaons, von Hera/Juno verwandelt wird, nachdem Júppiter sie vergewaltigt hat.
     Plejaden: Die sieben Töchter des Atlas und der Pleione als Siebengestirn im Sternbild des Stiers.
     Hyaden: Sieben Sterne, die den Kopf des Stieres bilden und beim Aufgang meist Regen mit sich bringen.

145   *Die mühsame Arbeit, die böse*: Vgl. Einführung S. 25f.

149   *Dodona*: Zu *E.* 9,13 und *G.* 1,8.

160–175: Ackergeräte als die »Waffen des Bauern«

163   *die eleusinische Mutter*: Demeter/Ceres, die bei den Mysterien in Eleusis nahe Athen besonders verehrt wurde.

165   *Keleus*: König von Eleusis und Vater des Triptólemus (zu *G.* 1,19).

166   *Árbutus*: Erdbeerbaum.
     Íacchus: Zu *E.* 6,14. In der Prozession bei den eleusinischen Mysterien trug man ihm als heiliges Gerät eine Schüssel voraus, mit der Korn von der Spreu getrennt wurde.

176–203: Attacken der Natur auf das vom Bauern mit Mühe Erreichte

184   *was ... an Monstern die Erde ... erzeugt*: Scherzhafte Anspielung auf die Entstehung der Giganten (griech. *gígas* und *gēgenés* zu *gē* »Erde« und *génos* »Geschlecht«); vgl. V. 278f.

204–497: Beobachtung der Gestirne
204–230: Termine für Pflügen und Aussaat

204   *Arkturus*: Stern, der im September aufgeht.

205   *Böckchen*: Zwei Sterne im Fuhrmann, bei deren Aufgang die Herbststürme beginnen.

Schlange: Sternbild am Himmelspol, das sich durch die Große und die Kleine Bärin windet.

207 *Pontus*: Das Schwarze Meer.

Abydus: Stadt am Südufer des Hellespont.

208 *Macht ... die Waage gleich ...*: Am Tag der Herbstgleiche (23. September).

218 *der ... Stier*: Er geht Mitte April auf, und der Hundsstern wird Ende April durch die Sonne unsichtbar.

221 *die Töchter des Atlas*: Die Plejaden (zu V. 138).

222 *die ... gnosische Krone*: Die Krone der gnosischen (kretischen) Königstochter Ariadne, die Ende November am Morgen untergeht.

225 *Maia*: Eine der Plejaden, die hier für alle steht.

228 *pelusisch*: Ägyptisch (nach der Stadt Pelusium).

229 *Bootes*: Er geht Ende Oktober unter.

231–258: Das Sonnenjahr

238 *zerschneidet beide ein Weg*: Die Ekliptik zwischen den beiden Wendekreisen.

239 *die schräge Reihe ...*: Die schräge Kreislinie der Tierkreiszeichen.

240 *Skythien*: Nomadengebiet in Osteuropa und Westasien, für die Römer wie das mythische *Riphäergebirge* im hohen Norden.

243 *Styx*: Unterweltsfluss.

244 *vom einen*: Von dem »über uns«, dem Nordpol.

Schlange: Zu *G.* 1,205.

246 *die sich scheun ...*: Das Bärengestirn geht nicht unter.

249 *Aurora*: Die Morgenröte.

251 *Vesper*: Der Abendstern.

259–275: Arbeiten an Regen- und Festtagen

265 *amerinische Bänder*: Weidenruten aus der umbrischen Stadt Amerina zum Anbinden der Reben.

274 *der geschärfte Stein*: Man braucht einen solchen für die Handmühle.

276–286: Der Mondkalender

276 *Luna*: Die Mondgöttin.

278 *die Erinnyen*: Rachegöttinnen, im lat. Text mit dem euphemistischen
Namen *Eumenides* (»die Wohlmeinenden«).
279 *Íapetus, Koeus*: Titanen.
Typhoeus: Monstrum mit hundert feuerspeienden Drachenköpfen,
das Erdmutter Gaia aus Rache für die Tötung ihrer Söhne, der Giganten (zu *G.* 1,184), durch Júppiter hervorbringt und gegen diesen
schickt; der Gott tötet es mit seinem Blitz.
280 *die ... Brüder*: Die Giganten Otus und Ephialtes.
281 *Pelion ... Ossa*: Berge in Thessalien.

287–310: Arbeiten bei Nacht und bei Tage

299 *Pflüge und säe nackt*: Gemeint ist: Pflüge und säe im Hochsommer.
309 *balearisch*: Die Balearen sind Inseln im westlichen Mittelmeer.

311–350: Unwetter und Sicherung dagegen durch den Cereskult

332 *Athos*: Berg auf der griechischen Halbinsel Chalkidike.
Keraunien: Berge an der Küste von Epirus.
Rhódope: Gebirge in W-Thrakien.
336 *der kalte Saturnstern*: Er bringt Regen im Steinbock (22.12.–20.1.).
337 *das kyllenische Feuer*: Der Planet Merkur. Der Gott ist auf dem Berg
Kyllene in Arkadien geboren.

351–392: Anzeichen für schlechtes Wetter

370 *Bóreas*: Nordwind.
371 *Eurus ... Zephyrus*: Südostwind und Westwind.
380 *Wasser saugt auf ...*: Man glaubte, der Regenbogen trinke Wasser und
lasse es dann regnen.
384 *Kajster*: Fluss, der bei Ephesus mündet, heute Kütschük Menderes.

393–423: Anzeichen für freundliches Wetter

396 *vom Bruder*: Vom Sonnengott. Luna, mit Artemis/Diana gleichgesetzt, ist die Schwester des mit Sol gleichgesetzten Phoebus Apollo.
399 *Thetis' Lieblinge*: Man sagte, während der Brutzeit der Eisvögel herrsche, sozusagen von ihnen hervorgerufen, vierzehn Tage lang Mee-

resruhe; die Meergöttin Thetis steht hier wie in *E.* 4,32 metonymisch
für das Meer.

404 *Nisus*: Der in *E.* 6,74 mit der anderen *Skylla*-Sage vermengte Mythos
von der in Minos verliebten Skylla (s. dort) endet hier der Tradition
gemäß damit, dass Nisus, in einen Seeadler verwandelt, permanent
seine in den Vogel Ciris (Scherer) verwandelte Tochter verfolgt.

424–437: Wetterzeichen des Mondes

431 *Phoebe*: Luna als Schwester des Phoebus (zu *G.* 1,396).
437 *Glaukus*: Ein Meergott.
Panopea: Eine Tochter des Meergottes Nereus.
Melikertes: Sohn der Meergöttin Ino.

*438–497: Wetterzeichen der Sonne und Unglückszeichen nach Caesars Ermor-
dung*

444 *Notus*: Der Südwind.
447 *Aurora*: Die Morgenröte, Gattin des *Tithonus*.
450 *Olympus*: Hier metonymisch für den Himmelsraum.
461 *Vesper*: Der Abendstern.
462 *Auster*: Der Südwind.
466 *als ermordet war Caesar*: Am 15. März 44 v. Chr.
471 *Kyklopen*: Einäugige Riesen, die im *Ätna* dem Gott Vulkan als
Schmiede dienen.
482 *Eridanus*: Der Po.
490 *erneut … Philippi*: Pharsalus, Ort des Siegs Caesars über Pompejus
48 v. Chr., wird hier gegen die Geographie gleichgesetzt mit Philippi,
wo Oktavian und Marcus Antonius 42 v. Chr. die Caesarmörder besiegten.
492 *Emathia*: Alter Name für Makedonien. Der Dichter versteht darunter offenbar N-Thessalien.
Haemus: Gebirge in Thrakien. Offensichtlich soll hier griech. *haîma*
(»Blut«) mitgelesen werden.
497 *riesige Knochen*: Den Nachfahren werden die Kämpfer von Philippi
als riesengroße Heroen erscheinen.

498–514: Gebet für Oktavian

498 *Romulus*: Der Gründer Roms.
   Vesta: Die Göttin des Herdfeuers.
499 *tuskisch*: Etruskisch.
   Palatium: Der Palatin, einer der sieben Hügel Roms. Dort stand das
   Haus des Romulus und später das des Augustus.
502 *der Meineid des laomedontischen Troja*: König Laomedon verweigert
   Apollo und Poseidon entgegen seinem Schwur die Belohnung für die
   Erbauung der Mauern Trojas. Da die Römer dem Mythos zufolge
   von den Trojanern abstammen, haben wir es mit einer Art »Erbsün-
   de« zu tun.
509 *Euphrat*: Dort kämpfte Oktavian im Winter 30/29 v. Chr.; vgl. *G.*
   4,561: Auch an jener Stelle und in *Aen.* 8,726 ist der Fluss im sechst-
   letzten Vers genannt.

Buch 2

1–8: Proöm: Gebet an Bacchus

4 *Lenaeus*: Beiname des Bacchus zu griech. *lēnós* (»Kelter, Keltertrog«).
8 *Kothurne*: Zu *E.* 8,10. Diónysos/Bacchus ist der Gott der Tragödie.

9–21: Natürliche Baumentstehung

16 *Orakel*: Zu *E.* 9,13.
18 *parnassisch*: Zu *E.* 6,29.
19 *das Kleine … Mutter*: Diese Art der Vermenschlichung unbelebter
   Natur ist besonders charakteristisch für Buch 2; vgl. Einführung
   S. 24f. und 30f.

22–34: Künstliche Baumentstehung

35–46: Appell an die Bauern und Anrufung des Maecenas

37 *Ismarus*: Gebirgszug in S-Thrakien.
38 *Taburnus*: Bergkette in Kampanien.
41 *Maecenas*: Zu *G.* 1,2.

43   *hätt ich auch hundert ...*: »Zitat« von Homer, *Ilias* 2,488; dort sind es
      nur zehn Zungen und Münder.
44   *steure direkt an der Küste*: Metapher für das Verfassen bzw. Rezipieren
      von »kleiner« Poesie (vgl. Einführung S. 16f.); eine Fahrt übers offene
      Meer entspräche dem Verfassen bzw. Rezipieren eines Epos.

47–82: Anweisungen zur Baumpflanzung

64   *die Myrte von Paphos*: Zu E. 7,62. Paphos war eine Stadt auf Zypern
      mit einem sehr berühmten Aphrodite/Venus-Tempel.
66   *Herkules' Kranz*: Zu E. 7,61.
67   *chaonisch*: Zu E. 9,13.
68   *die Tanne, die ...*: Ihr Holz wird für den Schiffsbau verwendet.
69   *Árbutus*: Erdbeerbaum.

83–108: Verschiedenheit der Bäume

84   *Ida*: Berg auf Kreta.
86   *Radien ... Orchaden ... Pausien*: Verschiedene Sorten von Oliven.
87   *Alkinous' Hain*: Zum Obstgarten des Königs der Phäaken vgl. Ho-
      mer, *Odyssee* 7,112ff.
88   *crustumisch*: Crustumium im Land der Sabiner war bekannt für seine
      Birnen.
      Volemen: Besonders große Birnenart.
90   *methymnäisch*: Zu Methymna, einer für ihre Weine berühmten Stadt
      auf der Ägäis-Insel Lesbos.
91   *thasisch*: Zu Thasos, einer Ägäis-Insel.
      mareotisch: Zu Mareotis, einem See in Ägypten.
93   *psithisch*: Über psithische Reben ist nichts Näheres bekannt.
      Lageos: »Hasenwein«.
95   *Purpureen ... Prezien*: Weitere Rebensorten.
96   *Rhaetica*: Rhätischer Wein nach der Provinz Rhätien, die das Alpen-
      vorland sowie einen Teil der heutigen Schweiz und das heutige Nord-
      tirol umfasste.
      Falerner: Besonders guter Wein, der am Fuß des Massicus in N-
      Kampanien wuchs.
97   *aminneisch*: Zu *Aminnea*, einer Gegend in Picenum an der Adria zwi-
      schen Ancona und Pescara.
98   *tmolisch*: Zu Tmolus, Stadt und Gebirge im kleinasiatischen Lydien.

Phanae: Vorgebirge der Ägäis-Insel Chios.

99 *argitisch*: Zu der Stadt Argos auf der Peloponnes.

102 *Rhodia*: Wein aus Rhodos.

Bumastus: Großtraubige Rebe (zu griech. *boûs* »Rind« und *mastós* »Euter«).

106 *Zéphyrus*: Westwind.

107 *Eurus*: Südostwind.

108 *Jonisches Meer*: Zwischen Sizilien und Griechenland.

109–135: Verschiedenheit von Böden und Weltlage

115 *Gelonen*: Volk in der heutigen Ukraine.

117 *Saba*: Gebiet im heutigen Jemen.

119 *Akanthus*: Bärenklau.

121 *Serer*: Vermutlich sind die Chinesen und die Seide gemeint.

125 *jenes Volk*: Offensichtlich die (hier nach Indien versetzten?) Parther, die für ihre Bogenkunst besonders bekannt waren.

126 *Medien*: Der heutige Iran.

127 *Apfel*: Der medische Apfel ist die Zitrone.

130 *Antídoton*: Gegenmittel.

136–176: Lob Italiens

137 *Hermus*: Fluss im kleinasiatischen Lydien, in den der Gold mit sich tragende Paktolus fließt.

138 *Baktra*: Hauptstadt von Baktrien in Innerasien, heute Balch.

139 *Panchaia*: Nur in dem (verlorenen) utopischen Roman des Euhémeros (um 300 v. Chr.), *Heilige Aufzeichnung,* existierende Insel in der Nähe Arabiens.

140 *feuerschnaubende Stiere*: Jason, der das Goldene Vlies aus Kolchis holen will (zu E. 4,34 und 8,47), muss sie zuvor unter ein Joch bringen und mit ihnen das Feld pflügen, in dem die Drachensaat ausgesät wird; aus ihr entstehen Männer, die Jason dann bezwingt.

143 *Massikerwein*: Zu G. 2,96.

146 *Clitumnus*: Fluss in Umbrien mit damals berühmten Rinderweiden, heute Clitunno.

148 *die Triumphe Roms*: Bei einem Triumphzug wurden u. a. weiße Stiere geopfert.

149   *Hier herrscht …*: Zu den Übertreibungen in diesem Lobpreis vgl.
      Einführung S. 28.

158   *das Meer … oben … und … das … unten*: Oben die Adria, unten das
      Tyrrhenische Meer.

159   *Larius*: Comer See.

160   *Benacus*: Gardasee.

161   *Lukrinersee*: In der Nähe von Kumae am Golf von Neapel.

163   *Julierhafen*: Von Oktavian 37 v. Chr. in Kampanien zwischen Baiae
      und Putéoli zur Aufnahme einer Kriegsflotte durch Verbindung von
      Lukrinersee und *Avernersee* (zu *G.* 4,493) angelegt und mit Dämmen
      vom Meer abgeschirmt.

164   *tyrrhenisch*: Etruskisch.

167   *Marser*: Volksstamm in Latium.
      Sabeller: Sabiner, ein Volksstamm im Bergland nördlich von Latium.

168   *Ligurer*: Volk in der Gegend des heutigen Genua.
      Volsker: Etruskisches Volk.

169   *Decier*: Vornehme römische Familie; einzelne ihrer Mitglieder sollen
      durch den Opfertod in der Schlacht den römischen Sieg herbeige-
      führt haben.
      Marier: Gaius Marius (156–86 v. Chr.), Sieger über die Kimbern und
      Teutonen 102 und 101 v. Chr.
      Camiller: Furius Camillus soll 396 v. Chr. Veji erobert und 390 v. Chr.
      Rom von den Galliern befreit haben.

170   *Scipionen*: Vornehme römische Familie, am bekanntesten Publius
      Cornelius Scipio Africanus, der 202 v. Chr. bei Zama durch seinen
      Sieg über Hannibal den Zweiten Punischen Krieg beendete.
      Caesar: Oktavian (zu *G.* 1,509).

173   *saturnische Erde*: Kronos/Saturnus kommt nach der Entmachtung
      durch seinen Sohn Júppiter nach Italien, das nun das Goldene Zeit-
      alter erlebt.

176   *askräisches Lied*: Lehrgedicht, da Hesiod aus Askra in Böotien mit
      seinen *Werken und Tagen* als Begründer der Gattung galt.

177–225: Die verschiedenen Arten der Böden

181   *Pallas*: Athene/Minerva, die den Menschen den Ölbaum geschenkt
      haben soll.

193   *Tyrrhener*: Etrusker.
      ins Elfenbein: In eine Flöte aus Elfenbein.

197 *das satte Tarentum*: Die Gegend um die süditalienische Stadt (heute
     Taranto) war berühmt für ihren Obst- und Weinanbau.
198 *das arme Mantua*: Anspielung auf die Landenteignungen; vgl. Ein-
     führung S. 20. Der Fluss dort ist der Mincius, heute Mincio.
224 *Capua*: Stadt in Kampanien.
225 *Clanius*: Fluss in Kampanien (heute Clonio vecchio), der oft die
     Stadt Acerrae überschwemmte.

226–258: Prüfung des Bodens

229 *Lyaeus*: Bacchus (griech. »Sorgenlöser«).
258 *helfen uns auf die Spur*: Weil es sich um Pflanzen handelt, die Kälte
     lieben.

259–287: Das Einsetzen der Pflanzen

261 *Aquilo*: Nordwind.
275 *Bacchus*: Metonymisch für Wein.

288–297: Die Tiefe der Gruben. Die Steineiche

292 *Tartarus*: Die Unterwelt.

298–314: Zusammenpflanzungen. Das große Feuer

301 *so groß ist die Liebe zur Erde*: Je näher am Erdboden der Setzling
     gewachsen ist, desto leichter schlägt er Wurzeln.
312 *ihnen*: Den Setzlingen.

315–345: Aussaat im Frühling. Lob des Frühlings

316 *Boreas*: Nordwind.
320 *der weiße Vogel*: Der Storch.
321 *Sol*: Der Sonnengott.
329 *zu Venus*: Zur Paarung.
330 *Zephyr*: Westwind.

346–353: Pflanzenpflege: Düngen und Häufeln

353   *der Hund, der die Glut bringt*: Der Hundsstern Sirius im August.

354–361: Pflanzenpflege: Lockern und Stützen

362–396: Pflanzenpflege: Beschneiden. Pflanzenschutz. Bacchusfest

383   *das Volk des Theseus*: Die Athener. Mit den alten Spielen (V. 381) sind
      Tragödien gemeint: Man erklärte den Begriff als »Bocksgesang« (zu
      griech *trágos* »Bock« und *ōdé* »Gesang«).
385   *ausonisch*: Italisch. Die italischen Siedler sollen mit Aeneas aus Troja
      gekommen sein.

397–419: Verschiedene Arbeiten des Weinbauern

406   *Zahn des Saturnus*: Als Gott der Anpflanzungen trägt Saturn (zu *E.*
      4,6 und *G.* 2,173) ein Winzermesser, das wegen der vorgebogenen
      Spitze *dens* (»Zahn«) heißt.
419   *Júppiter*: Er steht hier metonymisch für Hagelschlag.

420–457: Ölbaum und Obst. Andere Bäume

425   *dem Frieden gefallend*: Olivenzweige waren Friedenssymbole.
437   *Kytorus*: Berg in Pontus am Schwarzen Meer.
438   *narykisch*: Die Lokrer aus Naryx in Griechenland gründeten Locri in
      Unteritalien, das auch Naryx genannt wurde.
448   *ityräisch*: Die Ityräer waren ein arabisches Volk am Oberlauf des Jor-
      dans.
452   *Padus*: der Po.
456   *Kentauren*: Mischwesen aus Mensch und Pferd. Bei der Hochzeit der
      Kentaurin Hippodamia mit dem *Lapithen* Piríthous bricht aufgrund
      von zu viel Weingenuss ein blutiger Streit zwischen den beiden Völ-
      kern aus, der die Kentauren Rhoekus, Pholus und Hylaeus das Leben
      kostet.

458–542: Finale
458–474: Lob des Landlebens I

462   *solcher, die früh ihre Aufwartung machten*: Die Klienten, die in Rom

jeden Morgen zu ihrem vermögenden und einflussreichen Patron zur
salutatio (»Begrüßung«) kamen.

464 *korinthische Bronzen*: Sie galten als besonders kostbar. Im lat. Text
steht das Adjektiv *Ephyrëius*, zu *Éphyre*, dem alten Namen für Korinth.

465 *assyrisches Gift*: Der Saft der phönizischen Purpurschnecke. Phönizi-
en gehörte zu Syrien, das hier mit Assyrien gleichgesetzt ist.

474 *Justitia*: Die personifizierte Gerechtigkeit (zu *E.* 4,6).

475–489: Unfreiwillige Themawahl: Statt Kosmologie das Landleben

475 *primär*: »Das wäre mir als Dichter das Liebste.«

478 *Sol*: Der Sonnengott.
Luna: Die Mondgöttin.

484 *zu eisiges Blut um das Zwerchfell*: Der Philosoph Empédokles (5. Jh.
v. Chr.) lehrte, die Denkkraft sitze im Blut, welches das Herz umgibt.

487 *Sperchëus*: Fluss in Thessalien.
Taýgetus: Waldgebirge in Lakonien (Sparta).
Haemus: Gebirge in Thrakien.

490–540: Lob des Landlebens II

490 *Glücklich ist der, der ...*: Lukrez und sein Lehrgedicht *De rerum natura* (vgl. Einführung S. 11 und 29f.).

492 *Ácheron*: Unterweltsfluss. Lukrez stellt im epikureischen Geist die
Todesangst als sinnlos dar.

494 *Pan*: Zu *E.* 2,31.
Silvanus: Zu *E.* 1,2.

495 *Rutenbündel*: Die *Fasces*, mit denen die Liktoren, eine Art Staatspoli-
zei, exekutierten und die somit die Staatsmacht symbolisierten.

496 *Zwietracht, die aufhetzt treulose Brüder*: Offensichtlich eine Anspielung auf die römischen Bürgerkriege, die zwischen 133 und 31 v. Chr.
immer wieder neu begannen.

497 *Daker*: Volksstamm im heutigen Rumänien.
Hister: Die Donau.

505 *Penaten*: Die römischen Hausgötter, die hier metonymisch für das
Haus stehen.

506 *sarranisch*: Sarra ist der alte Name von Tyros in Phönizien (zu *G.*
2,465).

508   *Rostra*: Die Rednerbühne auf dem Forum in Rom.
509   *Sitzreihen*: Im Theater.
      Plebs: Das einfache Volk, das getrennt von den *Vätern*, d.h. den Se-
      natoren, saß.
519   *Síkyon*: Stadt in der Nähe von Korinth.
529   *Lenaeus*: Beiname des Bacchus zu griech. *lēnós* (»Kelter, Keltertrog«).
532   *Sabiner*: Sabiner, ein Volksstamm im Bergland nördlich von Latium,
      der als besonders sittenstreng galt.
533   *Bruder*: Romulus, Romgründer und Zwillingsbruder des Remus.
535   *sieben Burgen*: Die sieben Hügel Roms.
536   *der diktäische König*: Júppiter, der in einer Höhle des Bergs Dikte auf
      Kreta geboren ist.
538   *der goldne Saturnus*: Zu *E*. 4,6.

541f.: Schlussbemerkung zur ersten Hälfte des Lehrgedichts

Buch 3

1–39: Proöm: Götteranruf. »Tempel« für Oktavian.

1   *Pales*: Die Hirtengöttin.
2   *Hirt vom Amphrysus*: Apollo, der an dem thessalischen Fluss Am-
      phrysus das Vieh des Königs Admetus weidet.
      lykäisch: Zu Lykaeus, einem Berg in Arkadien, auf dem Pan (zu *E*.
      2,31) sich gerne aufhält.
4   *Eurystheus*: König von Argos, der im Auftrag Junos Herkules die
      zwölf Arbeiten auferlegt.
5   *Busiris*: König von Ägypten, der alle ankommenden Fremden opfern
      lässt und von Herkules getötet wird.
6   *Hylas*: Zu *E*. 6,43.
      Latonas Delos: Die Mutter Apollos und Dianas gebar ihre Zwillinge
      auf der Ägäis-Insel.
7   *Pelops*: Die Schulter des von seinem Vater Tantalus den Göttern zum
      Mahl vorgesetzten Pelops isst Demeter/Ceres in ihrem Kummer über
      die Entführung ihrer Tochter Perséphone/Prosérpina, und sie wird
      durch eine *elfenbeinerne* ersetzt. Pelops gewinnt später *Hippódame* in
      einem Wagenrennen als künftige Frau.

11 *der aonische Gipfel*: Der Musenberg Hélikon in Böotien (Aonien).

12 *Mantua*: Die Geburtsstadt Vergils mit dem Fluss Mincius (Mincio).
    idumäisch: Idumaea in Judaea war durch seine Palmenwälder bekannt.

16 *Caesar*: Oktavian. Der Tempel steht symbolisch für ein vom Dichter geplantes poetisches Werk, in dessen Zentrum der Imperator stehen soll (vgl. Einführung S. 30).

17 *tyrisch*: Aus Tyrus im heutigen Libanon kam der beste Purpur.

19 *Alphëus*: Fluss bei Olympia, der hier für die Olympischen Spiele steht.
    Molorchus: Als ein Winzer in Nemea – er ist Gastgeber des Herkules, als dieser den Löwen tötet – steht er für die Nemëischen Spiele.

20 *Caestus*: Beim Boxkampf benutzter Schlagriemen aus Leder mit eingenähten Bleiknöpfen.

21 *Laub des gestutzten Ölbaums*: Aus dem Olivenkranz des Siegers pflückte man die großen Blätter.

25 *Purpurvorhang*: Ein solcher wurde im Theater nicht heruntergelassen, sondern hochgezogen.

27 *Gangárider*: Indisches Volk an den Mündungen des Ganges. Sie stehen für die orientalischen Völker, gegen die Oktavian 30/29 v. Chr. kämpfte. Der *Nil* (V. 29) repräsentiert Oktavians Sieg über Kleopatra in der Seeschlacht bei Aktium 31 v. Chr. Aus den dort erbeuteten Schiffsschnäbeln sollen Tempelsäulen gegossen werden.
    Quirinus: Name des unter die Götter versetzten Romgründers Romulus, der hier „den" Römer, also das ganze Volk repräsentiert..

30 *Niphates*: Gebirge in Armenien.

31 *Parther*: Zu *E.* 1,62. Die Parther waren besonders als berittene Bogenschützen gefürchtet. Zu Pferde täuschten sie gerne Flucht vor, drehten sich aber plötzlich um und schossen zurück.

33 *Doppeltriumph*: Es sind keine spezifischen Triumphe Oktavians gemeint.

34 *parisch*: Zu der Ägäis-Insel Paros, die berühmt für ihren Marmor war.

35 *Assárakus*: Bruder des *Tros* (V. 36) und des Ganymedes, Urgroßvater des Aeneas und so wie dieser Ahnherr der Julier, zu denen auch Oktavian gehörte.

36 *der Kynthier*: Apollo nach dem Berg Kynthos auf Delos, wo er geboren ist.

37 *der zwecklose Neid*: Er ist hier personifiziert.
    Furien: Rachegöttinnen in der Unterwelt.

38   *Kokytus*: Unterweltsfluss.
      Ixion: Er büßt, mit Schlangen an ein Rad gefesselt, im Tartarus dafür,
      dass er Hera/Juno zu vergewaltigen versucht hat.

39   *der nie zu bezwingende Felsblock*: Der Büßer Sisyphus wälzt einen
      Felsblock auf einen Berg, der immer wieder herunterrollt.

40–48: Erneute Anrede an Maecenas und Themaangabe

40   *Dryaden*: Baumnymphen. Sie und die *unberührten*, d.h. bisher nicht
      in einem Lehrgedicht behandelten (Berg-) *Triften* stehen für das neue
      Thema: Vieh, das geweidet wird.

41   *gemäß deinen harten Befehlen*: Das bezieht sich offensichtlich nicht
      auf strikte Anweisungen des *Maecenas* (zu *G.* 1,2), sondern auf die
      Schwierigkeit des poetischen Unternehmens.

42   *die träge Rast brich ab*: Eindeutig eine Selbstermahnung.

43   *Kithaeron*: Berg in S-Böotien, der wie die beiden folgenden Örtlich-
      keiten erneut für das Thema von Buch 3 steht.

44   *Taýgetus*: Waldgebirge in Lakonien (Sparta).
      Epidaurus: Stadt in Argolis.

48   *Tithonus*: Mann der Aurora (Morgenröte), unsterblich, aber ständig
      alternd.

49–283: Großtiere
49–71: Zuchtwahl bei Kuh und Stier

60   *Hochzeit*: Wie die Pflanzen werden auch die Herdentiere immer wie-
      der »vermenschlicht« (vgl. Einführung S. 24f. und 30f.).

64   *zu Venus*: Zur Paarung.

72–94: Zuchtwahl beim Pferd

90   *Kýllarus*: Pferd des Pollux, der in *Amyklae*, in der Nähe Spartas, gebo-
      ren ist.

91   *Mavors*: Mars.

92   *so ließ …*: *Saturnus …*: der Vater Júppiters, wird auf dem thessali-
      schen Berg *Pelion* von seiner Frau Ops mit Phílyra überrascht und
      verwandelt sich in ein Pferd.

95f. 120–122. 97–119: Das gealterte Pferd. Wagenrennen

121 *Epirus*: Wie *Mykene* in Argos bekannt für seine Pferdezucht.
122 *Neptun*: Zu *G.* 1,14. Der Meergott zeugt mit Ceres das Pferd Arion.
113 *Erichthonius*: Mythischer König Athens.
115 *Pelethronium*: Tal im thessalischen Pelion-Gebirge. Die *Lapithen* (zu
      G. 2,456), die dort gelebt haben sollen, galten als Erfinder der Reit-
      kunst.

123–137: Pflege des Vatertiers und der Stuten

130 *Beilager*: Zu *G.* 3,60.
134 *Zéphyrus*: Westwind.

138–156: Auswahl und Pflege des Muttertiers: Die Viehbremse

146 *Sílarus*: Fluss in Lukanien, heute Sele.
147 *Alburnus*: Waldgebirge in Lukanien.
      Asilus: Der Name der Viehbremse (griech. *oístros*) ist von dem Fluss
      Sílarus abgeleitet: *a-Sil(ar)o*.
151 *Tanager*: Er fließt in den Sílarus.
153 *Juno, als …*: Nach ihrer Vergewaltigung durch Zeus/Júppiter wird Io,
      die Tochter des *Ínachus*, von Zeus/Júppiter (in anderer Überlieferung
      von Hera/Juno) in eine Kuh verwandelt und von einer Bremse bis
      nach Ägypten gejagt.

157–178: Die Pflege der Kälber

179–208: Pflege und Ausbildung der jungen Pferde

180 *Alphëus*: Fluss, an dem in Zeus'/*Júppiters Hain* in der Nähe von *Pisa*
      die Rennbahn Olympias lag.
187 *dies*: Das in V. 182–186 Genannte.
196 *hyperboräisch*: Hyperboréer nannte man die Nordvölker.
197 *skythisch*: Unter Skythien verstand man das Nomadengebiet in Ost-
      europa und Westasien.
202 *Elis*: Die Landschaft, in der Olympia liegt.
204 *belgische Streitwagen*: Das zweirädrige *essedum* benutzten außer den
      Belgern auch die Britanner.

209–218: Absonderung der Stiere von der Herde

219–241: Der Kampf der rivalisierenden Stiere

219   *Sila*: Waldreiches Gebirge in Kalabrien.
220   *die*: Die rivalisierenden Stiere.
223   *Olympus*: Er steht hier für den Himmel.
242–283: Liebesrasen bei Mensch und Tier
255   *sabellisch*: Sabinisch (zu *G.* 2,532).
258   *der Jüngling*: Leander von Abydos, der, um zu Hero in Sestos zu ge-
      langen, jede Nacht den Hellespont durchschwimmt und dabei in
      einer Nacht ertrinkt, in der die Lampe, die ihm den Weg weist, nicht
      brennt; daraufhin nimmt Hero sich das Leben.
264   *des Bacchus … Luchse*: Tiger, Panther und Luchse ziehen den Wagen,
      mit dem der Weingott seinen Triumphzug von Indien nach Grie-
      chenland unternimmt.
267   *des Glaukus potnisches Viergespann*: Weil Glaukus, der im böotischen
      Potniae seinen Stuten die Paarung verweigert, damit sie schneller
      rennen, beim Begräbnis des Pelias Venus nicht opfert, versetzt diese
      seine Stuten in solche Raserei, dass sie ihn zerfleischen.
269   *Gárgara*: Zu *G.* 1,103.
270   *Askanius*: Fluss bei Troja.
273   *Zéphyr(us)*: Westwind.
275   *Ehevollzug*: Zu *G.* 3,60.
277   *Eurus*: Südostwind.
278   *Auster*: Südwind.
280   *hippómanes*: Zu griech. *híppos* (»Pferd«) und *maínesthai* (»rasen«).

284–566: Kleintiere
284–294: Vorrede zum zweiten Hauptteil des Buches

291   *Parnassus*: Zu *E.* 6,29.
293   *kastalischer Quell*: Er befindet sich in Delphi am Fuß des Parnass
      und inspiriert die daraus trinkenden Dichter, unter denen der hier
      sprechende keine Vorgänger hat.
294   *Pales*: Die Hirtengöttin.

295–321: Pflege und Nutzen der Kleintiere

301   *Árbutus*: Erdbeerbaum.

304 *Wassermann*: Er geht Mitte Februar unter, am *Ende* des mit diesem
Monat endenden Bauernjahres.

306 *milesische Wolle*: Sie war von besonders guter Qualität.

307 *tyrisch*: Aus Tyrus im heutigen Libanon kam der beste *Purpur*.

312 *kinyphisch*: Zu Kinyps (heute Cinifo), einem Fluss in Libyen.

314 *Lykaeus*: Berg in Arkadien.

322–338: Die Sommerweide

322 *Zephyrn*: Westwinde.

332 *Júppiters mächtige Eiche*: Zu *E.* 9,13.

336 *Sol*: Der Sonnengott.
    Vesper: Der Abendstern.

339–383: Hirtenleben in Libyen und Skythien

344 *Lar*: Hausgott.

345 *amykläisch*: Amyklae in Lakonien war bekannt für die Zucht von
Jagdhunden.

349 *der mäotische See*: Heute das Asowsche Meer.
    skythische Völker: Sie bewohnten das Nomadengebiet in Osteuropa
    und Westasien, für die Römer im hohen Norden.

350 *der Hister*: Die Donau.

351 *Rhódope*: Gebirge in W-Thrakien; gemeint ist, dass es sich von Süden
nach Norden zurückzieht.

381 *hyperboreïsch*: Hyperboreer nannte man die Nordvölker.

382 *riphäisch*: Steht hier einfach für »nördlich, im Norden befindlich«.
    Eurus: Südostwind.

384–393: Schafwolle

392 *Pan*: Zu *E.* 2,31. Näheres über den hier referierten Mythos ist nicht
bekannt.
    Luna: Die Mondgöttin.

394–403: Ziegenmilch

404–413: Hundehaltung

405 *Molosser*: Von den Molossern in O-Epirus gezüchtete scharfe Wach-
     hunde.
408 *Hiberer*: Die Bewohner der (erst ab 27 v. Chr. endgültig unterworfe-
     nen) iberischen Halbinsel stehen hier offenbar für gefährliche Bandi-
     ten.

414–439: Schlangen als Gefahr für Herde und Hüter

440–477: Krankheiten der Kleintiere

450 *Idagebirge*: Gebirge in der Nähe von Troja.
461 *Bisalten*: Thrakischer Volksstamm am Strymon.
     Gelone: Angehöriger eines Volks in der heutigen Ukraine.
462 *Rhódope*: Gebirge in W-Thrakien.
     Geten: Volk nördlich der oberen Donau.
474 *Nóricum*: Römische Provinz auf dem Gebiet des heutigen Oberöster-
     reich, Salzburg, der Steiermark und N-Kärnten.
475 *Timavus*: Der heutige Timavo nördlich von Triest.
     Íapydien: Gebiet im heutigen Venetien.

478–566: Die norische Viehseuche
478–502: Der Ausbruch der Seuche

503–547: Das große Sterben und die Hilflosigkeit der Menschen

509 *des Bacchus Nass*: Wein.
526 *Massiker*: Zu *G.* 2,96.
527 *Es schadeten ihnen doch nicht*: Gemeint ist, dass die Tiere die Krank-
     heit nicht luxuriösem Trinken und Prassen verdanken.

548–566: Auf dem Höhepunkt der Katastrophe finden die Menschen Abhilfe

550 *Chiron*: Kentaur, der die Pflanzen als Heilmittel entdeckt und Äsku-
     lap unterrichtet.
     Melampus: Seher und Magier.
551 *stygische Nacht*: Die Unterwelt, durch die der Styx fließt.
552 *Tisíphone*: Eine der Furien (Rachegöttinnen).
562 *man durfte auch nicht …*: Falls es gelang, Fäden zu spinnen, rissen sie,
     wenn man sie fest zum Gewebe anziehen wollte.

Buch 4

1–7: Proöm: Das Thema »Bienen«

1   *Honig, der aus der Luft kommt*: Man glaubte, der Honig falle mit dem
      Tau vom Himmel auf die Blüten, und die Bienen holten ihn von
      dort.
2   *Maecenas*: Zu *G.* 1,2.

8–280: Bienenstaat und Bienenzucht
8–50: Das Bienenhaus

15   *Prokne*: Schwalbe (zu *E.* 6,78).
21   *Könige*: Man hielt die Bienenkönigin für männlich.
29   *Eurus*: Südostwind.
41   *der phrygische Ida*: Gebirge in der Nähe von Troja.

51–66: Bienenschwärme

64   *die Zimbeln der Mutter*: Unseren Becken entsprechende Instrumente,
      welche die Anhänger der Großen Mutter Kýbele, einer kleinasiati-
      schen Göttin, während der Kulthandlungen schlugen.

67–87: Der Kampf der beiden Bienenheere

82   *Sie höchstselbst*: Die beiden Bienenkönige.

88–102: Die beiden Bienenarten

102 *Bacchus*: Metonymisch für Wein.

103–115: Mittel, die Bienenstöcke ruhig zu halten

108 *an den Fahnen ... rütteln*: Wenn der Träger der Feldzeichen diese im
      Feldlager aus dem Boden riss, gab er damit das Zeichen zum Auf-
      bruch.
111 *Priap*: Zu *E.* 7,33; Sitz des Priapkultes war Lámpsakus am *Hellespont*.
112 *Schneebälle*: Hier die zur Familie der Moschuskrautgewächse gehö-
      rende Pflanze.

116–148: Der Garten des korykischen Greises

119 *Paestum*: Stadt an der Westküste Lukaniens.
123 *Akanthus*: Bärenklau.
125 *Oebalia*: Tarent (zu 2,197), nach Oebalus, dem Vater des spartani-
      schen Königs Týndareus.
126 *Galaesus*: Fluss bei Tarent, heute Galaso.
127 *korykisch*: Zu Kórykos, einer Stadt im kleinasiatischen Kilikien.
129 *Bacchus*: Metonymisch für Wein.
138 *Zephyrn*: Westwinde.

149–196. 203–205: Arbeitsteilung bei den täglichen Tätigkeiten

149 *Júppiter*: Während er als Baby in einer Höhle auf Kreta versteckt ist,
      damit ihn sein Vater Saturn nicht frisst, machen die *Kureten*, Priester
      der Kýbele, Lärm mit ihren Becken (zu *G.* 4,64), damit das Wim-
      mern des Kindes nicht zu hören ist, und davon angelockt kommen
      die Bienen, die ihm Nahrung bringen. Zum Lohn dafür sind sie von
      der Art, die im Folgenden beschrieben wird.
160 *Narzissustränen*: Blütentau der Narzisse, die dem Mythos zufolge an
      der Stelle hervorwuchs, an der Narziss an seiner vergeblichen Liebe
      zu sich selbst dahingeschwunden war.
170 *Kyklopen*: Einäugige Riesen, die im *Ätna* dem Gott Vulkan als
      Schmiede dienen.
177 *kekropisch*: Attisch, nach Kekrops, dem ersten König von Attika. Der
      Honig vom Hybla bei Athen hatte eine besonders gute Qualität.
181 *Árbutus*: Erdbeerbaum.
186 *Vesper*: Der Abendstern.

197–202. 206–209: Die Fortpflanzung und Lebensdauer der Bienen

201 *Quiriten*: Römer, hier also die Bürger des Bienenstaates.

210–218: Verehrung des Bienenkönigs durch sein Volk

211 *Lydien*: Land in W-Kleinasien.
      das Parthervolk: Zu *E.* 1,62.
      Meder: Perser. Der Fluss *Hydaspes*, heute Dschilam, fließt nicht
      durch persisches, sondern durch indisches Gebiet.

219–227: Anteil der Bienen am göttlichen Geist

228–250: Honigernte; Schädlinge

232   *Taÿgete*: Eine der Plejaden, die im Mai abends auf- und im Novem-
      ber, »dem Gestirn des wässrigen Fischs« entfliehend, morgens unter-
      gehen.
246   *Minervas Feindin*: Die Göttin verwandelt Arachne (griech. »Spinne)«
      in eine Spinne, nachdem diese sich überheblich ihrer Geschicklich-
      keit im Weben gerühmt und einen Wettbewerb der beiden in dieser
      Kunst verloren hat.

251–280: Krankheiten der Bienen

261   *Auster*: Südwind.
270   *kekropisch*: Zu G. 4,177.
271   *Amellum*: Sternblume.
278   *Mella*: Fluss in der Nähe von Mantua; er erscheint hier offenbar we-
      gen der »Etymologie«, die Amellum *a Mella* (»von der Mella«) kom-
      men lässt (vgl. zu G. 3,147).

281–558: Aristaeus als Entdecker der Bugonie
281–314: Die Bugonie

283   *der arkadische Meister*: Aristaeus, ein Landmann von göttlicher
      Herkunft; er ist der Sohn Apollos und der Kyrene und Protagonist
      des Epyllions (»Kleinepos«), mit dem der Dichter die *Georgica* be-
      schließt.
287   *die pelläische Festung Kanopus*: Nachbarstadt Alexandrias, das seinen
      Namen durch Alexander den Großen aus dem makedonischen Pella
      erhielt.
290   *köcherbewehrt*: Zu G. 3,31.
314   *die Pfeile, wenn ...*: Zu G. 3,31.

315–332: Aristaeus klagt Kyrene sein Leid

317   *das peneïsche Tempe*: Tal in Thessalien, durch das der Penëus fließt,
      der Großvater der Kyrene; an der Quelle dieses Stroms ruft Aristaeus
      seine Mutter an.

323 *Thymbra*: Stadt und Landschaft bei Troja mit einem Apollo-Heilig-
    tum.

333–356: Kyrene und die Nymphen hören die Klage

334 *milesische Wolle*: Sie war von besonders guter Qualität.
336 *Phyllódoke.*
340 *Lucina*: Die römische Geburtsgöttin.
341 *Béroë, Okéanus, Éphyre, Klýmene.*
345 *die verfehlte Sorgfalt Vulkans …*: Hephaistos/Vulkan wird von seiner
    Frau Aphrodite/Venus mit Ares/Mars betrogen, überführt die beiden
    aber dann durch eine List und demütigt sie vor allen Göttern (vgl.
    Homer, *Odyssee* 8,266ff.).
347 *Chaos*: Aus ihm entstand dem Mythos zufolge die Welt.

357–386: Aristaeus durchschreitet das Reich der Kyrene und wird bewirtet

367 *Phasis*: Fluss in Kolchis an der Ostküste des Schwarzen Meers, heute
    Rion.
    Lykus: Nebenfluss des Phasis.
368 *Enipeus*: Fluss in Thessalien.
369 *Anio*: Nebenfluss des Tiber.
370 *Hýpanis*: Fluss in Skythien (zu *E.* 1,65), heute Bug.
    Kaïkus: Fluss im kleinasiatischen Mysien, heute Bakir.
372 *Erídanus*: Der Po. Flussgötter wurden als Stiere dargestellt.
379 *panchäisch*: Zu *G.* 2,139.
380 *mäonisch*: Zu Mäonien, einer Landschaft im kleinasiatischen Lydien.
384 *Nektar*: Der Göttertrank.

387–414: Kyrene bereitet Aristaeus auf die Befragung des Proteus vor

387 *der karpathische Strudel Neptuns*: Das Karpathische Meer zwischen
    Rhodos und Kreta.
390 *Emathien*: Makedonien.
391 *Pallene*: Die westlichste Landspitze der Halbinsel Chalkidike.
392 *Nereus*: Meergott und Vater der Meernymphen.
401 *Sol*: Der Sonnengott.

415–452: Aristaeus überwältigt, fesselt und befragt Proteus

415 *Ambrosia*: Die Götterspeise dient hier als wohlriechende Salbe.

425 *der Hundsstern*: Sirius im August.

453–527: Orpheus und Eurydike

454 *Orpheus*: Zu *E*. 3,46.

456 *Gattin*: Eurýdike.

460 *Dryaden*: Baumnymphen.

461 *Rhódope*: Gebirge in W-Thrakien, woher Orpheus kommt.

462 *Pangäen*: Thrakisches Gebirge an der Grenze zu Makedonien.
Marsland: Die Thraker galten als besonders kriegerisch.
Rhesus: Thrakischer König, der für Troja kämpft.

463 *Geten*: Volk nördlich der oberen Donau.
Hebrus: Zu *E*. 10,65.
Orithyia: Attische Königstochter, die von Bóreas, dem Nordwind, nach Thrakien entführt wird. Wie im lateinischen Text bewirkt die Endstellung ihres Namens, dass ein »Versus spondiacus« vorliegt, in dem der fünfte Versfuß ausnahmsweise nicht daktylisch, sondern spondeisch gemessen ist.

465 *dich, wenn* …: Dieser Vers erinnert zusammen mit dem folgenden an ein elegisches Distichon. Die gehäuften *e* im lateinischen Text dürften auf die antike Ableitung des Wortes »Elegie« von griech. *è è légein* (»wehe, wehe sagen«) anspielen.

467 *Taénarum*: Halbinsel an der Südspitze Lakoniens, auf der man den Eingang in die Unterwelt vermutete.
Dis: Der Herrscher der Unterwelt, auch Pluto genannt.

469 *Manen*: Seelen der Verstorbenen.

471 *Érebus*: Die Unterwelt.

474 *Vesper*: Der Abendstern.

479 *Kokytus*: Unterweltsfluss.

480 *Styx*: Unterweltsfluss.

482 *Tártarus*: Aufenthaltsort von Sterblichen, die für ihre Taten auf Erden schwer büßen müssen.

483 *Eumeniden*: Zu *G*. 1,278.
Kérberus: Der Höllenhund mit den drei Mäulern.

484 *Ixion*: Zu *G*. 3,38.

487 *Prosérpina*: Die Gattin des Unterweltsherrschers Pluto.

493 *Avernus*: Kratersee nahe bei Baiae, der, wie man glaubte, den Weg in die Unterwelt eröffnete.

502 *des Orkus Fährmann*: Charon.
508 *Strymon*: Fluss in Thrakien.
517 *hyperboreïsch*: Hyperboreër nannte man die Nordvölker.
      Tánaïs: Der Don.
518 *riphäisch*: Steht hier einfach für »nördlich«.
520 *kikonisch*: Der thrakische Volksstamm der Kikonen lebte an der
      Mündung des Hebrus (zu *E.* 10, 65).
524 *öagrisch*: Zu Oéagrus, König von Thrakien und Vater des Orpheus;
      hier bedeutet das Adjektiv einfach »thrakisch«.

528–547: Kyrene gibt Aristaeus Anweisungen für ein Sühnopfer

533   *sie*: Eurýdike.
539   *Lykaeus*: Berg in Arkadien.
544   *Aurora*: Die Morgenröte.
545   *lethäisch*: Lethe ist der Strom des Vergessens in der Unterwelt.

548–558: Aristaeus vollzieht die Opfer und erlebt die erste Bugonie

559–566: Epilog des Dichters zur Werkentstehung

560 *Caesar*: Oktavian, der im Winter 30/29 v. Chr. am *Euphrat* (zu *G.*
      1,509) Krieg führte.
562 *den Weg zum Olympus*: Zur Unsterblichkeit (zu *G.* 1,24).
564 *Parthénope*: Neapel. Mit dem in dem Namen steckenden Wort *par-*
      thénos (griech. »Jungfrau«) möchte der Dichter vermutlich seinen
      (nur hier von ihm selbst genannten) Namen in Verbindung bringen,
      aus dem man *virgo* (lat. »Jungfrau«) heraushören kann (erst recht aus
      der späteren Version »Virgilius«).
565 *als ... den Hirtendichter ich spielte*: Vgl. Einführung S. 7 und 16.
566 *Títyrus ...*: Leicht abgewandeltes Zitat von *E.* 1,1.

PASCUA UND *RURA* VON DER ANTIKE BIS IN DIE GEGENWART: ZUM FORTWIRKEN DER *BUCOLICA* UND *GEORGICA* VERGILS

»Vom ersten Jahrhundert der Kaiserzeit bis zur Goethezeit hat alle lateinische Bildung mit der Lektüre der ersten Ekloge begonnen. Man sagt nicht zuviel, wenn man behauptet, daß demjenigen ein Schlüssel zur literarischen Tradition Europas fehlt, der dieses kleine Gedicht nicht im Kopf hat.« So schrieb Ernst Robert Curtius (1886–1956) im Jahre 1948,[1] und John Dryden (1631–1700) bezeichnete die *Georgica* einmal als »the best Poem of the best Poet«.[2] Wie man sieht, wurden Vergils zwei Dichtungen über das Landleben bis in die Neuzeit gelesen. Darüber hinaus regten sie von der frühen Kaiserzeit an immer wieder Dichter und Schriftsteller zum intertextuellen Dialog an, und dabei entstanden zahlreiche Werke, von denen einige zumindest in ihrer Zeit ein breites Publikum fanden. In der Klassischen Altertumswissenschaft ist es gegenwärtig fast zur Mode geworden, sämtliche Zeugnisse des Fortwirkens von Poesie und Prosa der antiken Autoren gründlich zu studieren. Doch von den an Vergils *Bucolica* und *Georgica* orientierten Texten, soweit sie bis ins 19. Jahrhundert veröffentlicht wurden, spricht nur ein sehr geringer Teil außer Philologen heutige Leser an. Diese dürften sich eher von Rezeptionsdokumenten der

---

1 Europäische Literatur und lateinisches Mittelalter. Bern/München ¹¹1993, 197.
2 Zitiert nach T. Ziolkowski, Virgil and the Moderns. Princeton, N.J. 1993, 109.

Moderne angezogen fühlen, aber auch darunter gibt es wenige, die wirklich bekannt sind. Andererseits finde ich es
sehr interessant zu sehen, welch verschiedenartigen Einfluss
die zehn Eklogen und das Lehrgedicht ausübten, und deshalb betrachte ich in einer nach Rezeptionsepochen ange-
ordneten Übersicht die wichtigsten Texte und versuche, die
stellenweise vielleicht etwas trockene Aneinanderreihung
von Autoren und Titeln durch signifikante Zitate aufzulockern; das Nachleben in Musik und bildender Kunst bleibt
hier ausgespart.

Lateinisch sprechende Hirten- und Lehrdichter
bis in die frühe Neuzeit

Die häufiger als die *Georgica* rezipierten *Bucolica* wurden
von der frühen Kaiserzeit bis in die Renaissance von lateinisch schreibenden Autoren nachgeahmt. Im Grunde haben wir bereits damit den Zeitraum abgesteckt, in dem der
Eklogendichter seine Nachfolger direkt inspirierte, denn
diese schufen Werke, die vom 17. Jahrhundert an im Bereich der Hirtendichtung mehr nachwirkten als das vergili-
sche Original; es regte erst wieder in der Moderne verstärkt
zur konstruktiven Nachschöpfung an. Was die heidnische
Antike uns an nachvergilischer Bukolik hinterlassen hat, ist
nicht viel: die zusammen mit den zwei anonymen *Carmina Einsidlensia* sehr wahrscheinlich unter Nero verfassten
sieben Eklogen des Calpurnius Siculus und die ins dritte
Jahrhundert zu datierenden vier Eklogen des M. Aurelia-
nus Olympius Nemesianus.[3] Die Autoren der beiden ersten

3   Zu ihnen wie auch zu späteren Bukolikern bis in die Renaissance vgl.
    B. Effe/G. Binder, Antike Hirtendichtung. Eine Einführung. Düssel-

Sammlungen gehen nur insofern über Vergil hinaus, als sie
seine verhaltenen Verbeugungen vor Oktavian durch dick
aufgetragenes Herrscherlob ersetzen; ansonsten wird hier
wie auch bei Nemesian bukolische Motivik im vorgege-
benen Rahmen variiert und der Prätext eifrig evoziert. So
enden Nem. 1–3 wie Verg. *Ecl.* 1 und 10 am Abend; mein
Beispiel sei Nem. 2,88–90:

sic pueri Donacen toto sub sole canebant,
frigidus e silvis donec descendere suasit
Hesperus et stabulis pastos inducere tauros.

So besangen die Donake über den Tag hin die Knaben,
bis aus den Wäldern herab zu steigen ihnen der kalte
Abendstern riet und zum Stall von der Weide die Stiere zu treiben.

Von den nachvergilischen Lehrgedichten der Kaiserzeit
verdienen die (wohl noch unter Augustus verfassten) *Ast-*
ronomica des Manilius Erwähnung, zumal auch in diesem
Text eine »message« »durchscheint«: die der Stoa. Dass die

dorf/Zürich ²2001. Von den Anfängen bis ins 18. Jahrhundert behandelt
die *Bucolica*-Rezeption T.K. Hubbard, The Pipes of Pan: Intertextuality
and Literary Filiation in the Pastoral Tradition from Theocritus to Milton. Ann Arbor 1998, von der Renaissance bis zur Moderne A. Patterson, Pastoral and Ideology: Virgil to Valéry. Berkeley/Los Angeles 1987.
Zur *Georgica*-Rezeption vgl. L.P. Wilkinson, The Georgics of Virgil: A
Critical Survey. Cambridge 1969, 270–313, und M. Fuhrmann, Fluch
und Segen der Arbeit. Vergils Lehrgedicht von der Landwirtschaft
in der europäischen Tradition. In: Gymnasium 90, 1983, 240–257.
Überblicke über die gesamte Rezeption der beiden Werke geben M.
v. Albrecht, Vergil – Bucolica – Georgica – Aeneis. Eine Einführung.
Heidelberg 2006, 58–64. 98–106 sowie G. Binder in C. Walde (Hg.),
Die Rezeption der antiken Literatur. Kulturhistorisches Werklexikon.
Stuttgart 2010 (Der Neue Pauly. Supplemente 7), 1074–1098 und W.
Polleichtner ebd. 1098–1108.

Georgica zum sogenannten transparenten Typ der Lehrdichtung gehören,[4] werden, wie man aus einer Bemerkung des jüngeren Seneca (ca. 4–65 n.Chr.) erschließen darf (*Epist.* 86,15[5]), viele antike Leser erkannt haben. Dennoch setzen sich die Prosaautoren L. Iunius Moderatus Columella (ca. 4–70 n.Chr.) in *De re rustica* (»Landwirtschaft«) und der ältere Plinius (23–79 n.Chr.) in *Naturalis historia* (»Naturkunde«) fachlich mit Vergil auseinander; seiner besonderen Verehrung des Dichters verlieh Columella dadurch Ausdruck, dass er die Kürze der Darlegungen zum Gartenbau in *Georg.* 4,116–148 und die Übergabe des Stoffes an andere (V. 148) zum Anlass nahm, sein Buch 10 ganz diesem Thema zu widmen und in Hexametern zu schreiben.

Die spätantiken christlichen Schriftsteller ließen sich, soweit ich sehe, nicht zur Abfassung von Lehrgedichten in der Tradition Vergils anregen. Seine Bukolik dagegen bot in dem Moment Anreiz zu produktiver Rezeption, als Kaiser Konstantin der Große, vermutlich beeinflusst durch Äußerungen des Kirchenvaters Laktanz (um 300; *Div. Inst.* 5,10; 7,24), in einer 314 n.Chr. in Trier gehaltenen Rede[6] darzulegen versuchte, der Knabe in Ekloge 4 sei mit Christus iden-

---

4 S.o. S. 11f.

5 *Vergilius ... qui ... nec agricolae docere voluit, sed legentes delectare* (»Vergil ... der ... nicht die Bauern belehren wollte, sondern die Leser erfreuen«).

6 Vgl. A. Wlosok: Zwei Beispiele frühchristlicher 'Vergilrezeption'. Polemik (Lact. div. inst. 5,10) und Usurpation (Or. Const. 19–21). In: V. Pöschl (Hg.): 2000 Jahre Vergil. Ein Symposion. Vorträge gehalten anläßlich des 11. Wolfenbütteler Symposions vom 5. bis 7. Oktober 1982 in der Herzog August Bibliothek. Wiesbaden 1983 (Wolfenbütteler Forschungen 24), 63–86; auch in: Dies., *Res humanae – res divinae. Kleine Schriften,* Heidelberg 1990, 437–459; K.M. Girardet, Die Christianisierung der 4. Ekloge Vergils durch Kaiser Konstantin d. Gr. In: Gymnasium 120, 2013, 549–583.

tisch. Spuren der Nachwirkung dieser Interpretation kann man von nun an bis ins Spätmittelalter verfolgen.[7] Speziell dieser Text lag auch noch in der Neuzeit mehreren Bearbeitungen bis hin zu einem Abschnitt in dem Theaterstück *Germania Tod in Berlin* (Premiere 1978) von Heiner Müller (1929–1995) zugrunde.[8] Von den christlichen Texten des Altertums, welche die Eklogen rezipieren, sei das dem Bischof Paulinus von Biterrae zugeschriebene *Sancti Paulini Epigramma* des frühen 5. Jahrhunderts erwähnt, ein Mönchsdialog, der bereits wie viele spätere Vertreter der Bukolik diese mit Satire verbindet. Das kann hier nicht weiter ausgeführt werden,[9] es sei aber wenigstens der »christianisierte« konventionelle Schluss mit dem Hinweis auf den Abend zitiert:

sed iam conclusi nos admonet hora diei
surgere[10] *et ad sacros sanctorum occurrere coetus.*
crastina lux verbis accedet libera nostris.

Aber schon ermahnt uns die Stunde am Ende des Tages,
aufzustehn und zur heilgen Versammlung der Frommen zu stoßen.
Unbeschwert kommt dann der morgige Tag für unsere Worte.

Im frühen Mittelalter erfuhr die heidnische römische Literatur eine Wiederbelebung während der Regierungszeit

7   Vgl. S. Benko, Virgil's Fourth *Eclogue* in Christian Interpretation. In: Aufstieg und Niedergang der Römischen Welt II 31.1, 1980, 646–705.

8   Vgl. G. Binder, Goldene Zeiten: Immer wieder wird ein Messias geboren … Beispiele neuzeitlicher Aneignung der 4. Ekloge Vergils. In: T. Burkard [et al.] (Hgg.), Vestigia Vergiliana. Vergil-Rezeption in der Neuzeit usw. 2010, 51–71.

9   Vgl. dazu K. Smolak, Zwischen Bukolik und Satire. Das sog. *Sancti Paulini Epigramma*. In: International Journal of the Classical Tradition 6, 1999, 3–20.

10 Vgl. Verg. Ecl. 10,75 *surgamus*.

Karls des Großen. Mehrere Gelehrte an seinem Hof stellten in ihren Dichtungen intertextuelle Bezüge zu Vergils Eklogen her – etwa Alkuin (735–804) in seinem u. a. durch die bukolischen Wettgesänge beeinflussten *Streit zwischen Sommer und Winter*, in dem wie in *Ecl.* 3 ein Palaemon als Schiedsrichter fungiert –, und Alkuins jüngerer Zeitgenosse Moduinus (ca. 770–840/43) schrieb zwei von Vergil und Calpurnius inspirierte Eklogen, in denen er wie Letzterer seinen Kaiser preist.[11] Noch durch die »karolingische Renaissance« war auch Walahfrid Strabo (808/9–849), der Abt des Klosters Reichenau, geprägt, da er in deutlicher Anlehnung an die *Georgica* wie Columella in dessen Buch 10 ein Lehrgedicht über den Gartenbau verfasste, den *Liber de cultura hortorum*, kurz *Hortulus*.[12] Das Werk geht davon aus, dass Vergil den Landmann ernsthaft unterweisen wollte, und das gilt ebenso für die lateinischen Lehrgedichte des 15./16. Jahrhunderts wie auch die zahlreichen englischsprachigen Texte, die im 18. Jahrhundert auf die *Georgica* rekurrierten und von denen noch die Rede sein wird. Walahfrid lehrte also streng sachlich und bemühte sich dabei um ein gepflegtes vergilisches Latein, das im Mittelalter nicht selbstverständlich war.

Schon bevor im 15. Jahrhundert die »eigentliche« Renaissance begann, schufen drei ihrer wichtigsten Wegbereiter, Dante Alighieri (1265–1321), Francesco Petrarca (1304–1374) und Giovanni Boccaccio (1313–1375) bukolische Dichtung,[13]

11 Vgl. D. Korzeniewski (Hg.), Hirtengedichte aus spätrömischer und karolingischer Zeit. Darmstadt 1976, 6–8. 73–101; Hubbard (Anm. 3), 162–165. 215–223.

12 Vgl. B. Effe, Zur Rezeption von Vergils Lehrdichtung in der karolingischen Renaissance und im französischen Klassizismus. Walahfrid Strabo und René Rapin. In: Antike und Abendland 21, 1975, 140–163.

13 Vgl. K. Krautter, Die Renaissance der Bukolik in der lateinischen Li-

der Autor des *Decameron* sogar nicht nur lateinische Eklogen wie die beiden anderen, sondern auch einen auf Italienisch geschriebenen Vorläufer des Schäferromans (s.u.),
den *Ameto*, bei dem es sich um die erste volkssprachliche
bukolische Dichtung handelt. Die Eklogen aller drei Dichter spielen unter der Hülle der Allegorie auf zeitgenössische
Ereignisse und Personen an und bringen Satirisches ein. In
dieser Tradition stehen dann Giovanni Gioviano Pontano
(1426–1503)[14] und Giovanni Battista Spagnoli (1448–1516),[15]
der, bekannter unter dem Namen Baptista Mantuanus,
mit seinen zehn Eklogen von 1498 die künftige Bukolik
am stärksten beeinflusste, auch die volkssprachliche. Er
leitete zusammen mit Jacopo Sannazaro (1458–1530; s.u.)
eine Entwicklung der pastoralen Poesie ein, die nicht mehr
auf Vergils Eklogen als den alleinigen Prätext zurückgriff.
Mantuanus wurde sogar überall in Europa in der Schule
gelesen; ein Reflex davon findet sich in Shakespeares *Love's
Labours Lost*, wo der Schulmeister Holofernes den damals
allen *grammar-school boys* vertrauten ersten Vers der ersten

teratur des XIV. Jahrhunderts. Von Dante zu Petrarca. München 1983;
zu Dante vgl. auch A. Heil: Die Milch der Musen. Speisemetaphorik
in Dantes Briefwechsel mit Giovanni de Virgilio (*Egloghe* 1 und 2). In:
Antike und Abendland 49, 2003, 113–129; zu Petrarca Patterson (Anm.
3), 42–52; M. Berghoff-Bührer: Das Bucolicum Carmen des Petrarca.
Ein Beitrag zur Wirkungsgeschichte von Vergils Eclogen. Einführung,
lateinischer Text, Übersetzung und Kommentar zu den Gedichten 1–5,
8 und 11. Bern usw. 1991 (Europäische Hochschulschriften Reihe 15:
Klassische Sprachen und Literaturen 52).

14 Vgl. H. Casanova-Robin, Les *Eclogae* de Pontano entre tradition et
modernité: *imitatio et inuentio*, l'exemple de *Lepidina*. In: Canadian
Review of Comparative Literature 33, 2006, 21–45.

15 Vgl. P. Alpers, What Is Pastoral, Chicago 1996, 175–178; Hubbard
(Anm. 3), 264–268.

Ekloge des Dichters (nicht ganz korrekt) zitiert und dann sagt (IV 2):

Ah, good old Mantuan! I may speak of thee as the traveller doth of Venice:

> *Venetia, Venetia,*
> *Chi non ti vede non ti pretia.*

Old Mantuan, old Mantuan! Who understandeth thee not, loves thee not.

Im 16. Jahrhundert gaben die Glaubensspaltung und die darüber unter den Gelehrten geführte Diskussion reichlichen Stoff für die Abfassung von Eklogen, in denen allegorisch Kritik am Zeitgeschehen geübt wurde. Die bedeutendsten Autoren solcher Gedichte sind die Erfurter Humanisten Euricius Cordus (1486–1535), Helius Eobanus Hessus (1488–1540) und Joachim Camerarius (1500–1574). Mit ihnen und mehreren weiteren Dichtern erlebte die neulateinische Bukolik ihre letzte Blütezeit, während bereits volkssprachliche Hirtenpoesie in verschiedenen Gattungen auf den Buchmarkt kam.

Ehe wir uns diesen Texten zuwenden, sei noch ein Blick auf die im 15./16. Jahrhundert geschriebene lateinische Lehrdichtung[16] geworfen, neben der ebenfalls in dieser Epoche volkssprachliche »Rivalen« existierten. Sie wurde initiiert durch den Florentiner Humanisten Angelo Poliziano (1454–1494), der seinen Vorlesungen über Hesiods *Werke und Tage* und Vergils *Georgica* als Einleitung seinen *Rusticus* von 1483 vorausschickte, ein deskriptives, nicht

---

16 Vgl. W. Ludwig, Neulateinische Lehrgedichte und Vergils Georgica. In: D.H. Green/L.P. Johnson/D. Wuttke (Hgg.), From Wolfram and Petrarch to Goethe and Grass: Studies in Literature in Honour of Leonard Forster, Baden-Baden 1982, 151–180.

didaktisches Gedicht über das Landleben in 570 Hexametern. Unter den nicht wenigen Lehrgedichten, die danach entstanden, ragen *De bombycum cura* (»Die Pflege der Seidenraupen«) des Marco Girolamo Vida (1485–1566) von 1527 und die 1530 publizierte *Syphilis sive Morbus Gallicus* (»S. oder Die Franzosenkrankheit«) von Girolamo Fracastoro (ca.1476/78–1553) hervor. Fracastoro folgt thematisch zwar nicht Vergils gesamtem Lehrgedicht, hat aber einen Anknüpfungspunkt in dem Abschnitt über die norische Viehseuche (3,478–566), so wie Vida seinen Ausgang von den Darlegungen über die Bienen nimmt (4,1–314). Solche neuen Beiträge zu einer alten Gattung versuchen natürlich, mit Vergil in Wettbewerb zu treten; das sieht man gleich an Fracastoros Prolog. Mit seinem ersten Satz evoziert er Vergils ersten Satz, der mit *Quid* beginnt – es leitet einen von fünf indirekten Fragesätzen ein – und mit *hinc canere incipiam* vor der Penthemimeres in V. 5 endet, aber er erweitert ihn beträchtlich; hier beide Texte im Vergleich:

Quid faciat laetas segetes, quo sidere terram
vertere, Maecenas, ulmisque adiungere vites
conveniat, quae cura boum, qui cultus habendo
sit pecori, apibus quanta experientia parcis,
hinc canere incipiam.[17]

Qui casus rerum varii, quae semina morbum
Insuetum, nec longa ulli per saecula visum
Attulerint, nostra qui tempestate per omnem
Europam, partimque Asiae, Libyaeque per urbes

---

17 »Was die Saaten üppig macht, unter welchem Gestirn die / Erde, Maecenas, man pflügen soll und an Ulmen die Reben / binden, wie Rinder zu warten, wie Kleintier zu halten und wie zu / pflegen ist, wie viel Erfahrung die sparsamen Bienen erfordern, / fange zu künden ich an.«

Saeviit – in Latium vero per tristia bella   5
Gallorum irrupit, nomenque a gente recepit –
Necnon et <u>quae</u> cura, et opis <u>quid</u> comperit usus,
Magnaque in angustis hominum solertia rebus,
Et monstrata Deum auxilia, et data munera coeli,
<u>Hinc canere</u>, et longe secretas quaerere causas   10
Aera per liquidum, et vasti per sydera Olympi
<u>Incipiam</u>.[18]

Noch bis ins 18. Jahrhundert erschienen vereinzelt lateinische Lehrgedichte; hervorzuheben sind zwei in Frankreich
verfasste, die auch außerhalb des Landes bekannt wurden:
die intertextuell mit den *Georgica* eng vernetzten *Hortorum libri IV* (»Die Gärten in 4 Büchern«) des Jesuiten
René Rapin (1620–1687), 1665 als ein wichtiges Zeugnis der
Gartenkultur unter Ludwig XIV. veröffentlicht,[19] und die
16 Bücher *Praedium rusticum* des Jesuiten Jacques Vanière

18 »Welche wechselvollen Ereignisse und welche Keime eine ungewohnte
    Krankheit gebracht haben, die keiner in langen Jahrhunderten gese-
    hen hat, die aber zu unserer Zeit in ganz Europa, in Teilen Asiens
    und den Städten Afrikas gewütet hat – in Italien brach sie infolge
    der unglücklichen Franzosenkriege ein und erhielt den Namen nach
    diesem Volk –, auch was das Heilverfahren war und welche Mittel
    die Erfahrung und die große Fertigkeit der Menschen in bedrängter
    Lage ersonnen hat sowie die von den Göttern erwiesene Hilfe und
    die Geschenke des Himmels, davon beginne ich jetzt zu singen und
    die tief verborgenen Gründe zu suchen in der klaren Luft und in den
    Sternen des weiten Olymp.« Text und Übersetzung sind (bis auf die
    Zeichensetzung) zitiert nach G. Wöhrle (Hg. und Ü.): Girolamo Fra-
    castoro: Lehrgedicht über die Syphilis. Bamberg 1988. Deutlich auf
    Vergil spielen auch *Libyaeque per urbes* in V. 4 (*Aen.* 4,173) und *usus* in
    V. 7 (*Georg.* 1,133; 2,22) an.
19 Vgl. Effe (Anm. 11); Zweisprachige Ausgabe Berlin 2013, hg. von der
    Pückler Gesellschaft Berlin.

(1664–1739) von 1730, die sogar ins Deutsche übertragen wurden.[20]

Schäferpoesie und »Virginia Georgics«

An der Grenze zwischen lateinischer und volkssprachlicher Bukolik steht Jacopo Sannazaro.[21] Er begründete einerseits mit seiner auf Italienisch verfassten *Arcadia*, die, handschriftlich bereits 1481 in Umlauf gebracht, 1504 gedruckt wurde (s.o. S. 18), die Tradition des europäischen Schäferromans, andererseits schrieb er auf Lateinisch das auf Schritt und Tritt an Vergils Ekloge 4 erinnernde Gedicht *De partu Virginis*[22] sowie Eklogen, in denen statt Hirten Fischer auftreten. Volkssprachige Hirtengedichte in der Nachfolge der antiken und neulateinischen Bukolik, die speziell genannt zu werden verdienen, publizierten im 16. Jahrhundert in Frankreich der zu seiner Zeit dort bedeutendste Lyriker Clément Marot (1496–1544), der seine besonders eng an Vergil angelehnte vierte Ekloge nach der Geburt des Dauphins, des späteren Königs François II., schrieb,[23] und Pierre de Ronsard (1524–1585), ebenfalls ein führender Dichter seiner Epoche; in seiner Gedichtsammlung *Élégies,*

---

20 Vollständiger Mayerhof, oder Sechzehn Bücher von der Landwirthschaft (Übersetzt von Johann Balthasar Schlegel, Augsburg 1772).

21 Vgl. bes. E. Schäfer (Hg.), Sannazaro und die Augusteische Dichtung. Tübingen 2006 und M.C.J. Putnam (Hg. u. Ü.): Jacopo Sannazaro: Latin Poetry. Cambridge, MA 2009.

22 Vgl. dazu Binder (Anm. 7), 52–57.

23 Vgl. Binder (Anm. 7), 57–61; zu Marot vgl. auch Patterson (Anm. 3), 106–118 und B. Renner, Virgil and Marot: Imitation, Satire and Personal Identity. In: P.J. Usher/I. Fernbach (Hgg.): Virgilian Identities in the French Renaissance, Woodbridge/Rochester, NY 2012, 19–38.

mascarades et bergeries von 1565 reden die Hirten, unter deren Maske sich Angehörige der Hautevolee verbergen, über Tagespolitik. 14 Jahre später brachte in England Edmund Spenser (1552–1599) seine vor allem von Baptista Mantuanus beeinflussten 12 Eklogen unter dem Titel *The Shepheardes Calender* heraus;[24] hier sind die Hirtengespräche den einzelnen Monaten zugeordnet. Wie schon vor ihm Dante und Petrarca orientierte Spenser die Abfolge seiner Werke an derjenigen der Dichtungen Vergils, indem er wie die beiden Italiener mit Bukolik begann und auf dem Höhepunkt seines Schaffens analog zur *Aeneis,* zu Dantes *Divina commedia* und Petrarcas *Africa* sein (unvollendetes) Epos *The Faerie Queene* dichtete. Dieses »Organisieren« der eigenen Karriere mit Blick auf den römischen Dichter finden wir im 17. Jahrhundert im Œuvre John Miltons (1608–1674) wieder: Bei ihm entspricht den *Bucolica* der *Lycidas* von 1637, eine pastorale Elegie auf einen verstorbenen Freund in 193 Versen, die vor allem an Vergils Eklogen 5 und 10 anklingt, und der *Aeneis Paradise Lost* von 1667. Milton hat zwar kein Pendant zu den *Georgica* aufzuweisen, aber im 10. Buch des Epos, in dem Gott allerlei Widrigkeiten in die Welt bringt und Adam darüber erst klagt, dann aber erkennt, dass Arbeit ihn am Leben erhalten wird, bemerkt man Intertextualität mit *Georg.* 1,118–146, speziell mit *labor omnia vicit improbus* (145f.).[25]

Wie im 16. und 17. wurden auch noch im 18. Jahrhun-

---

24 Patterson (Anm. 3), 118–132; Alpers (Anm. 14), 174–194; Hubbard (Anm. 3), 268–316; N. Lindheim, The Virgilian Pastoral Tradition: From the Renaissance to the Modern Era. Pittsburgh 2005, 17–53.

25 Vgl. Fuhrmann (Anm. 3), 255–257; vgl. auch L.L. Martz, Paradise Regained: Georgic Form, Georgic Style. In: Milton Studies 42, 2002, 7–25 und J.C. Pellicer, Virgil *Georgics* II in Paradise Lost. In: Translation and Literature 14, 2005, 129–147.

dert Eklogen verfasst. Hervorgehoben seien hier die 1709 gedruckten *Pastorals* des Engländers Alexander Pope (1688–1744), vier intertextuell eng mit Vergils *Bucolica* verbundene Gedichte, und *Les Boucoliques*, 27 Eklogen des (auch durch Umberto Giordanos gleichnamige Oper bekannt gewordenen) Franzosen André Chénier (1762–1794);[26] 1785/86 entstanden, erschienen sie erst 1819, 25 Jahre nach Chéniers Tod durch das Fallbeil. Da der Dichter sich im Geiste des Klassizismus direkt durch antike Literatur inspirieren ließ – außer durch Vergil u. a. auch durch Ovids *Metamorphosen* – und in ihr Schlichtheit und Ursprünglichkeit zu finden glaubte, sahen französische Romantiker in ihm ein Vorbild. Im 16.–18. Jahrhundert spielten in der Hirtenpoesie neben einzelnen Gedichten zwei neue Darbietungsformen eine bedeutende Rolle: der von Sannazaro begründete Schäferroman sowie das Schäferdrama. Die zu diesen beiden Genres gehörenden Werke sind zwar von Vergils Eklogen sehr weit entfernt, aber da der römische Dichter und sein von der Renaissance wiederentdeckter Vorgänger Theokrit nach wie vor als Archegeten der Gattung höchstes Ansehen genossen, seien wenigstens die sieben wichtigsten Titel genannt. Auf Spanisch geschrieben, war Jorge de Montemayors (1520/24–1561) Roman *Los siete libros de la Diana* von 1559 mit seinen Liebesabenteuern von Hirten und Nymphen so erfolgreich, dass er sechzehnmal neu aufgelegt und in mehrere Sprachen übersetzt wurde; er beeinflusste *La primera parte de la Galatea* von Miguel de Cervantes Saavedra (1547–1616), dessen 1585 gedruckten ersten Roman,[27] und *Arcadia* von

26 Vgl. Patterson (Anm. 3), 219–224.
27 Zu Montemayor und Cervantes vgl. R. Hernández-Pecoraro: Bucolic Metaphors: History, Subjectivity and Gender in the Early Modern Spanish Pastoral. Chapel Hill, N.C. 2006.

Lope Félix de Vega Carpio (1562–1635), einen Schlüsselro-
man über die Amouren des Herzogs Antonio von Alba von
1598. Von Spensers Eklogen angeregt, verfasste Philip Sid-
ney (1554–1586) den auch in der Tradition des Ritterromans
stehenden (unvollendeten) Roman *The Countess of Pem-
broke's Arcadia,* der 1590 herauskam, und Honoré d'Urfé
(1567–1625) konzipierte in *Astrée* von 1607 die Hirtenliebe
so überzeugend als Muster für galante Erotik, dass z. B. seine Leser in Deutschland eine Académie des parfait amants
gründeten; die Mitglieder, alles Angehörige des deutschen
Adels, nannten sich nach Figuren in d'Urfés Roman. Nur
noch erwähnt seien die beiden beliebtesten Dramen, die
Arkadien zur Bühnenlandschaft machten: *Aminta* von Tor-
quato Tasso (1544–1595), 1573 uraufgeführt, und *Il pastor fido*
von Giambattista Guarini (1538–1612); dieses 1595 erstmals
gespielte Stück wurde in die meisten europäischen Sprachen
sowie ins Persische und Indische übertragen.

Die *Georgica* wirkten im 16. und 17. Jahrhundert noch
nicht so stark wie die *Bucolica*; was diesen Zeitraum betrifft,
begnüge ich mich mit dem Hinweis auf das in italienischen
Blankversen geschriebene und auf Vergils Buch 4 rekur-
rierende Lehrgedicht *Le Api* von Giovanni Rucellai (1475–
1524) sowie auf *Five Hundred Points of Good Husbandrie* von
Thomas Tusser (1524–1580), das, in Paarreimen gedichtet,
mehrfach nachgedruckt wurde. Die große Überraschung
lieferte das 18. Jahrhundert: Das Vereinigte Königreich und
die USA erlebten einen regelrechten Boom auf dem Gebiet
der Dichtungen, denen die *Georgica* als Vorbild dienten.
Wer nach Ursachen sucht, wird zunächst auf Frankreich blicken, aber die drei landwirtschaftlichen Lehrgedichte, die
dort einen besonderen Erfolg hatten, wurden gleichzeitig
bzw. zu spät verfasst: Pierre Fulcrand de Rosset (1708–1788),
Agriculture (1774), François-Joachim de Pierre de Bernis

(1715–1794), *Les quatre saisons, ou les géorgiques françoises* (1763) und Jacques Delille (1738–1813), *L'homme des champs, ou les géorgiques françoises* (1800). De Rossets Lehrgedicht evoziert wie dasjenige Fracastoros zu Beginn *Georg.* 1–5a, aber denkbar schlicht:

Je chante les travaux réglés par les saisons,
L'arte qui force la terre a donner les moissons,
qui rend la vigne, l'arbre & les prés plus fertiles,
et qui nous asservit tant d'animaux utiles.
A chanter nos vrais biens, la culture & les loix
LOUIS et la Patrie encouragent ma voix.[28]

Den Stein ins Rollen brachte in England und Schottland das Erscheinen der *Georgica*-Übersetzung John Drydens im Jahre 1697.[29] Darin erklärt er, wie erwähnt, das Lehrgedicht zum »best Poem of the best Poet«, und Joseph Addison (1672–1719) bestätigt dies in einem Essay, welcher der Übersetzung beigegeben ist; er nennt dort die *Georgica* »the most complete, elaborate, and finished piece of all antiquity«.[30] Bereits Michel de Montaigne (1533–1592) hatte das Lehrgedicht im zweiten Band seiner *Essais* als »le plus accomply ouvrage de la poésie« gepriesen,[31] und entsprechend urteilte Francis Bacon (1561–1626): »Virgil got as much glory of elo-

28 Zitiert nach der Originalausgabe, zugänglich über die Bayerische Staatsbibliothek München unter http://reader.digitale-sammlungen. de/de/fs1/object/display/bsb10055325_00081.html.
29 Zu seiner *Bucolica*-Übersetzung vgl. R. Jenkyns, Dryden's Translation of the *Eclogues* in a Comparative Light. In: Proceedings of the Virgil Society 26, 2008, 76–88.
30 Vgl. Ziolkowski (Anm. 2), 109.
31 Wilkinson (Anm. 3), 293.

quence, wit and learning in the expression and observation of his husbandry as in the heroical acts of Aeneas.«[32]

Von den durch Drydens Übertragung angeregten landwirtschaftlichen Lehrgedichten können hier nur wenige genannt werden, zumal sie bis auf eines heute fast vergessen sind. Diese Ausnahme bildet *The Seasons* von dem Schotten James Thomson (1700–1748),[33] ein Werk, das bis in unsere Gegenwart allein schon deswegen fortlebt, weil Joseph Haydns bekanntes Oratorium *Die Jahreszeiten*, uraufgeführt am 24. April 1801, indirekt auf Thomsons Opus zurückgeht: Nachdem Barthold Heinrich Brockes (1680–1747) eine deutsche Übersetzung angefertigt hatte, verfasste Gottfried van Swieten das Libretto für den Komponisten. Die in eleganten Blankversen geschriebenen *Seasons*, die erstmals 1730 und in der endgültigen Version 1746 erschienen, waren sicherlich deswegen sehr erfolgreich, weil Thomson nicht wie der *Georgica*-Dichter Lehren erteilte, sondern die Natur anschaulich schildert – er wirkte dadurch sogar auf die Malerei, z. B. auf Thomas Gainsborough (1727–1788) – und überdies mit seinen Schilderungen metaphysische und ethische Reflexionen verbindet. Didaktischer Natur sind dagegen z. B. *Cyder*, 1706 publiziert von John Philips (1676–1709), *The Hop-Garden* von Christopher Smart (1722–1771) aus dem Jahre 1752 und, am Ende der Reihe dieser Lehrgedichte, *The British Georgics* von 1809, verfasst von James Grahame (1765–1811). Im Gegensatz zu den anderen Autoren der an Vergil und Dryden anknüpfenden Lehrgedichte verrät John Philips in seinen poetischen Darlegungen über

---

32 In *Of the Proficience and Avancement of Learning, Divine and Human* (1605), Book II, 20,3; vgl. Wilkinson (Anm. 3), 296 Anm. *.

33 Vgl. B. Spiecker, James Thomsons Seasons und das römische Lehrgedicht. Vergleichende Interpretationen. Nürnberg 1975.

Apfelbaumkultur und Apfelmost Humor, wie bereits seine Abwandlung von *Georg.* 1–5a zeigt:

> What Soil the Apple loves, what Care is due
> To Orchats, timeliest when to press the Fruits,
> Thy gift, *Pomona*, in *Miltonian* Verse
> Adventrous I presume to sing; of Verse
> Nor skill'd nor studious: but my Native Soil
> Invites me, and the Theme as yet unsung.[34]

In den 1776 für unabhängig erklärten Vereinigten Staaten bot denjenigen, die eine neue Landwirtschaft aufzubauen hatten, Vergils Lehrgedicht, das ja unmittelbar nach Beendigung der Bürgerkriege erschien und auf der ersten Leseebene die römischen Bauern zu harter Arbeit ermunterte, einen speziellen Anreiz. Genannt seien folgende Titel, die für sich sprechen: Philip Freneau (1752–1832), *The Rising Glory of America* (1772), George Ogilvie, *Carolina, or the Planter* (1790),[35] David Humphrey (1752–1818), *A Poem on the Industry of the United States* (1792), Timothy Dwight (1752–1817), *Greenfield Hill* (1794), und, zwei Jahre vor dem Sezessionskrieg (1861–1865) publiziert, *Virginia Georgics* von Charles Carter Lee.[36]

Auf das Erscheinen von Drydens *Georgica*-Übersetzung reagierten die Gebildeten Englands nicht ausschließlich enthusiastisch, sondern durchaus auch mit satirischem Spott.

---

34 Zitiert nach der Originalausgabe im Netz https://archive.org/details/cyderapoemintwooophigoog.

35 Vgl. D.S. Shields, George Ogilvie's *Carolina; or The Planter* (1756). In: The Southern Literary Journal 18, 1986, 5–20.

36 Vgl. C. Gohdes, Old Virginia Georgics. In: The Southern Literary Journal 11, 1978, 44–53. J.C. Pellicer, »I Hear Such Strange Things of the Union's Fate«: Charles Carter Lee's *Virginia Georgics*. In: Early American Literature 42, 2007, 131–155.

Höchst amüsant ist in diesem Zusammenhang ein 1710 in der Wochenzeitung *Tatler* abgedrucktes Gedicht von Jonathan Swift (1667–1745) in 63 Versen mit dem Titel *A Description of a City Shower.* Der irische Autor verbindet darin mit einer Parodie auf den Abschnitt der *Georgica* über Wetterzeichen und das Wüten eines Sturms (1,311ff.) in Drydens Wiedergabe eine Satire auf das Leben in der Stadt, indem er zunächst die Anzeichen eines Regens nennt und dann das Verhalten der Menschen beschreibt. Hier zunächst der Anfang des Gedichts:[37]

Careful observers may foretell the hour
(By sure prognostics) when to dread a shower:
While rain depends, the pensive cat gives o'er
Her frolics, and pursues her tail no more.
Returning home at night, you'll find the sink
Strike your offended sense with double stink.
If you be wise, then go not far to dine;
You'll spend in coach hire more than save in wine.

Und hier zwei Beispiele für das Verhalten der vom Regen Überraschten:

Now in contiguous drops the flood comes down,
Threatening with deluge this devoted town.
To shops in crowds the daggled[38] females fly,
Pretend to cheapen goods, but nothing buy.
....
Triumphant Tories and desponding Whigs,
Forget their feuds, and join to save their wigs.

---

37 Zitiert nach http://www.poetryfoundation.org/poem/180932.
38 Daggled = »nass gemacht«; cheapen = »feilschen um«.

John Gay (1685–1732), der in seinem rund 1000 Verse umfassenden Gedicht *Trivia, or The Art of Walking the Streets of London* aus Juvenals Satire 3 über das Leben in der Stadt Rom eine solche auf das Leben in London macht und dabei auch in Anlehnung an ein Lehrgedicht »doziert«, liefert eine weitere komische Variante der Intertextualität mit Georg. 1–5a:[39]

Through Winter Streets to steer your Course aright,
<u>How</u> to walk clean by Day, and safe by Night,
<u>How</u> jostling Crouds, with Prudence to decline,
<u>When</u> to assert the Wall, and <u>when</u> resign,
<u>I sing</u>: Thou, Trivia, Goddess, aid my Song,
Thro' spacious Streets conduct thy Bard along;
By thee transported, I securely stray
Where winding Alleys lead the doubtful Way,
The silent Court, and op'ning Square explore,
And long perplexing Lanes untrod before.

Dem an die Göttin Trivia, die an Weggabelungen verehrte Unterweltsgöttin Hekate, gerichteten Gedicht ist als Motto V. 1 von Ekloge 9 vorangestellt:

Quo, te, Moeri, pedes? An, quo via ducit, in urbem?

Moeris, wohin zu Fuß? In die Stadt, wohin dieser Weg führt?

Im 18. Jahrhundert kann offenkundig auch ein Satiriker ganz selbstverständlich damit rechnen, dass sein Publikum die *Bucolica* und *Georgica* kennt. Vergil galt nun einmal nach wie vor als einer der größten Dichter aller Zeiten.

---

39   Zitiert nach http://www.cardiff.ac.uk/encap/skilton/poetry/gay01a.html.

Virgil and the Moderns[40]

Unter den bisher betrachteten volkssprachigen Texten der
frühen Neuzeit, in denen *Bucolica* und *Georgica* rezipiert
sind, befindet sich kein deutscher. Zwar war Vergil hierzu-
lande bis ins 18. Jahrhundert hinein genauso hoch angese-
hen wie in anderen europäischen Ländern und in Amerika,
und man führte auch bei uns intertextuelle Dialoge mit
dem Dichter der beiden Opera zum Landleben, aber keiner erreichte, wie ich meine, ein so hohes literarisches Niveau oder weckte wenigstens so viel kulturgeschichtliches
Interesse, dass er es wert wäre, für diese kurze Übersicht
ausgewählt zu werden. Vom letzten Drittel des 18. Jahrhunderts an waren dann auch noch die Voraussetzungen für
die deutschsprachige Vergil-Rezeption denkbar ungünstig,
da die deutsche Klassik sich in ihrer Antikeverehrung ganz
dem Griechentum verschrieb und den Autor der *Aeneis*
zum Homer-Epigonen erklärte. Immerhin erfreuten sich
die *Georgica* einer gewissen Wertschätzung: Der Althistori-
ker Barthold Georg Niebuhr (1776–1831) bemerkt einmal,
nachdem er *Aeneis* und Eklogen negativ beurteilt hat, in seinen *Vorträgen über römische Geschichte* von 1848: »Glücklicher ist sein Lehrgedicht über den Landbau, es hält sich auf
einer mittleren Stufe, man kann nichts anderes als Löbli-
ches davon sagen«[41]. Das klingt freilich sehr oberlehrerhaft,
und umso mehr ist es deshalb zu begrüßen, dass wenigstens
der für seine satirischen Bildergeschichten berühmte Dichter Wilhelm Busch (1832–1908), der etwa ein Jahr nach Nie-

---

40 Titel von Ziolkowskis Buch (Anm. 2), auf dem die folgenden Ausfüh-
    rungen größtenteils fußen.
41 K.H. Pridik, Vergils Georgica. Strukturanalytische Interpretationen.
    Diss. Tübingen 1971, 8 Anm. 1.

buhrs Tod geboren wurde, sich von der Arroganz deutscher Altertumswissenschaftler des 19. Jahrhunderts gegenüber Vergil nicht beeinflussen ließ: In *Schnurrdiburr oder die Bienen* von 1869 lässt er Nachbar Knörrje, nachdem dieser von Imker Dralle auf seine Frage nach dem Befinden von dessen Bienen die Antwort »Ja ja, de Minsche mot sick plagen« erhalten hat, folgende »Trostworte« sprechen:

»Mein Freund, das müssen sie nicht sagen!
Die Immen sind ja ein Vergnügen,
Wie sie so umeinander fliegen;
Und standen auch in großem Ruhme
Bereits im grauen Heidentume.
So zum Exempel hielt Virgil,
Der ein Poet, von ihnen viel;
Denn als die römischen Legionen,
die ja bekanntlich nichts verschonen,
Am Ende auch bei ihm erschienen,
Wer half ihm da, wie seine Bienen?«

Das Bild unter diesem Text zeigt Vergil als eine Art Anti-Archimedes, wie er, mit der *Aeneis* unter dem rechten Arm und einem Sack in der linken Hand, der offenbar Geld enthält, vergnügt römischen Soldaten zuschaut, die von den aus seinen Bienenkörben ausschwärmenden Bienen gestochen und davongejagt werden. Darunter lesen wir ein elegisches Distichon, meines Wissens das einzige, das Busch verfasste:

Friedlich lächelt Virgil, umsäuselt von sumsenden Bienen;
    Aber die runzlichte Schar bärtiger Krieger entfleucht.[42]

---

42 Wilhelm Busch: Gesamtausgabe in vier Bänden. Hg. von F. Bohne, Bd. II, Wiesbaden o.J., 31f.

Es sollte noch 114 Jahre dauern, bis die *Georgica* auf das literarische Werk eines deutschsprachigen Autors einwirkten, das zu lesen sich ebenso lohnt wie die im Folgenden vorzustellenden Texte der Moderne: Peter Handkes Mordgeschichte *Der Chinese des Schmerzes* von 1983. Hier ist das Lehrgedicht, in dem der Ich-Erzähler, ein Lehrer der Alten Sprachen, täglich liest und das ihm hilft, sein gestörtes Verhältnis zur Gesellschaft zu revidieren, so omnipräsent, dass der Erzähler dann, wenn er Pflanzen beschreibt, sich an den vergilischen Stil anlehnt.[43]

Wenn Goethes Mephisto recht hat, dass Böses Gutes schaffen kann, haben wir, so makaber es klingt, den von den Deutschen während des Zweiten Weltkrieges zusammen mit ihren Verbündeten verübten Gräueltaten ein weiteres unbedingt lesenswertes Werk zu »verdanken«: acht Eklogen, in ungarischer Sprache verfasst von dem 1909 geborenen und am 9. November 1944 ermordeten Dichter Miklós Radnóti. Diese Gedichte, die man nach Radnótis Exhumierung aus einem Massengrab in einem Notizbuch fand, legen ein Zeugnis von seinen Leiden in Arbeitslagern und auf einem erzwungenen Marsch ab, das mehr als erschütternd ist.[44]

---

43 Vgl. B. Feichtinger, *Glänz mir auf, harte Hasel. Schweb ein, leichte Linde.* Zur *Georgica*-Rezeption in Peter Handkes *Chinese des Schmerzes.* In: Arkadia 26, 1991, 303–321; Ziolkowski (Anm. 2), 231–233.

44 Vgl. R.F. Thomas, Shadows Are Falling: Virgil, Radnóti, and Dylan, and the Aesthetics of Pastoral Melancholy. In: M. Paschalis (Hg.), Pastoral Palimpsests. Essays in the Reception of Theocritus and Virgil. Heraklion 2007 (Rethymnon Classical Studies 3), 191–214; S. Heaney: Eclogues *in extremis*: On the Staying Power of Pastoral. In: K. Volk (Hg.): Oxford Readings in Classical Studies: Vergil's *Eclogues*. Oxford 2008, 245–260, dort S. 259f.; L. Takács: The *Eclogues* of Miklós Radnóti: A Twentieth-century Vergil. In: Acta Antiqua Academiae Scientiarum Hungaricae 53, 2013, 311–322.

Wie sieht es nun mit dem Nachleben der *Bucolica* und *Georgica* in Ländern außerhalb des deutschen Sprachraums ab etwa der Mitte des 19. Jahrhunderts aus? Beginnen wir mit englisch schreibenden Autoren, da die von William Barnes (1801–1886) im Dialekt der Grafschaft Dorset gedichteten Eklogen die ältesten des jetzt zu betrachtenden Zeitabschnitts sind. Sie entstanden vor dem Hintergrund der Notsituation, in welche die Industrialisierung in England die Bauern brachte, und knüpfen alle in gewisser Weise an den Dialog zwischen Tityrus und dem aus der Heimat verbannten Meliboeus an. So sagt z. B. dessen »Doppelgänger« John in der Ekloge *The 'Lotments* aus den dreißiger Jahren des 19. Jahrhunderts – er fürchtet, seine Kuh verkaufen zu müssen, weil er sie nirgends grasen lassen kann – sehr erbittert zu seinem Dialogpartner:

I wish the girt oons had a-got the griace
To let out land lik' this in ouer pliace;
But I da fear there'll never be nuone var us,
An' I cän't tell whatever we shall do:
We be a'most a-starvèn, an' we'd goo
To 'merica, if we had enough to car us. [45]

Die erste Ekloge und die dort dem Meliboeus zugewiesene Rolle nahmen auch zwei amerikanische Autoren der ersten Hälfte des 20. Jahrhunderts zum Ausgangspunkt für Zeitkritik. John Huston Finley (1863–1940) macht den verbannten Hirten in seinem Gedicht *Virgil's First Eclogue Remembered* von 1917, mit dem er für den Eintritt der USA in

45 T.L. Burton/K.K. Ruthven (Hgg.): The Complete Poems of William Barnes Vol. I: Poems in the Broad Form of the Dorset Dialect. Oxford 2013, 57, V. 11–16 (*girt* = *great*; *a-got* = *got*; *griace* = *grace*; *pliace* = *place*; *var* = *for*; *a-starvèn* = *starving*, *car* = *carry*).

den Ersten Weltkrieg wirbt, zum Repräsentanten aller Einwohner der Länder, in welche die deutschen Aggressoren einmarschierten, z. B. Belgiens.[46] Und Robert Frost (1874–1963), der für sein Gedicht *Build Soil: A Political Pastoral* ebenfalls die erste Ekloge als Bezugstext wählte, artikuliert darin unter der Maske des Tityrus, der sich mit dem enteigneten Landbesitzer Meliboeus unterhält, Kritik an den Sozialreformen des amerikanischen Präsidenten Franklin Delano Roosevelt.[47]

Der Ire Oliver St. John Gogarty (1878–1957) dagegen interessierte sich in erster Linie für die erotische Thematik von Vergils *Bucolica*. Ausgehend von der dritten Ekloge, in der Damoetas den Menalkas, Besitzer einer Flöte, deren Rohre durch Wachs verbunden sind, zum musikalischen Wettstreit auffordert – er gebraucht dabei die Worte (28f.)

> *vis ergo inter nos quid possit uterque vivissimo*
> *experiamur?*

Möchtest du also, dass wir im Wechsel erproben, was jeder kann? –,

stellt Gogarty sich als Sprecher des Gedichts *Sub Ilice* (»Unter der Steineiche«) vor, wie er zu einer großen blonden Studentin aus Dresden vor Vergils Geburtshaus sagt:

> Virgil was Menalcas: let me call you Phyllis.
> Now look up the Idyll where they tried what each could do:
> There! 'Vis ergo inter nos', and 'turn about's', 'vicissim';
> My pipe though not wax-jointed yet can play a tune or two.[48]

---

46 Vgl. Ziolkowski (Anm. 1), 156–158.
47 Vgl. Patterson (Anm. 3), 263–266; Ziolkowski (Anm. 2), 158ff.; Alpers (Anm. 14), 309–322.
48 Ziolkowski (Anm. 2), 102.

War Gogarty sich bewusst, dass er, an Vergil orientiert, mit ovidischem Wortwitz eine ovidische Szenerie fingierte? In der *Ars amatoria* empfiehlt dieser Dichter in der Rolle des Liebeslehrers seinem Schüler, als Zuschauer bei einem Triumphzug auf Fragen einer neben ihm stehenden jungen Frau was auch immer zu antworten (1,219–228) – natürlich mit dem Ziel, ihre Gunst zu gewinnen.

Die genannten Beispiele für *Bucolica*-Rezeption des 19./20. Jahrhunderts im englischen Sprachraum seien noch durch eines vermehrt, welches das Fortwirken der *Georgica* im England der Zeit zwischen den beiden Kriegen bezeugt. 1926 veröffentlichte Vita Sackville-West (1892–1962) ihr wie die *Georgica* in vier Bücher unterteiltes Gedicht *The Land*, in dem sie durch die vier Jahreszeiten – Thomsons *Seasons* sind ein weiterer Prätext – das Gebiet der Weald of Kent beschreibt.[49] Hier stellt auch sie zu Beginn einen intertextuellen Bezug zu *Georg.* 1–5a her, aber im Gegensatz zu den Verfassern der auf diesen Text rekurrierenden Verse, die ich bisher zitiert habe, lässt sie den Originalwortlaut kaum noch erkennen:

I sing the cycle of my country's year,
I sing the tillage, and the reaping sing,
Classic monotony, that modes and wars
Leave undisturbed, unbettered for their best
Was born immediate, of expediency.[50]

---

49 Vgl. Ziolkowski (Anm. 2), 106–110; R. Nagel: Farming Poetry: Vita Sackville-West and Virgil's *Georgics*. In: Classical and Modern Literature 24, 2004, 1–22.

50 Zitiert nach http://www.gutenberg.ca/ebooks/sackvillewestv-theland/ sackvillewestv-theland-00-h.html.

In Frankreich publizierte Stéphane Mallarmé (1842–1898), der Mentor Paul Valérys (1871–1945), dessen Übersetzung der *Bucolica* Vergils als besonders gelungen gilt,[51] 1876 das 110 Alexandriner umfassende Gedicht *L'après-midi d'un faune: Eglogue.*[52] Darin spricht ein Faun nach dem Erwachen aus dem nachmittäglichen Schlaf einen Monolog, in dem er von seinen vergeblichen Bemühungen um Sex mit Nymphen erzählt; es ist nicht sicher, ob er von einem realen Erlebnis oder einem Traum redet. Der Text spielt auf mehrere Eklogen Vergils an, wobei die Sprechsituation derjenigen des Korydon in Nr. 2 am meisten gleicht. Am Ende seiner Klage darüber, dass der Knabe Alexis seine Liebe nicht erwidere, tröstet sich dieser selbst mit den Worten (V. 73):[53]

invenies alium, si te hic fastidit, Alexin.

Finden wirst *du*, wenn dich dieser verschmäht, einen andren Alexis.

Entsprechend sagt der Faun, als eine der Nymphen sich aus seinen Armen befreit hat (93f.):

Tant pis! vers le bonheur d'autres m'entraîneront
Par leur tresse nouée aux cornes de mon front.[54]

Mallarmés Ekloge inspirierte Claude Debussy (1862–1918) zu seiner symphonischen Dichtung *Prélude à l'après-midi*

---

51   Vgl. Patterson (Anm. 2), 322–332; Ziolkowski (Anm. 2), 68–70.
52   Vgl. S. Walker, Mallarmé's Symbolist Eclogue: The Faune as Pastoral, Papers of the Modern Language Association of America 93, 1978, 106–117; Ziolkowski (Anm. 2), 58f.
53   Es ist nicht gänzlich auszuschließen, dass der Dichter V. 69–73 spricht; vgl. N. Holzberg, Vergil. Der Dichter und sein Werk, München 2006, 85.
54   Zitiert nach http://gallica.bnf.fr/ark:/12148/bpt6k71061v/f11.image.

d'un faune und Vaslav Nijinsky (1889–1950) zu seinem Ballett *L'Après-midi d'un faune.*

Korydon, dessen Monolog Mallarmés Faun evoziert, erscheint auch im Titel eines der von André Gide (1869–1951) verfassten Werke, von denen mehrere – außer *Corydon. Quatre dialogues socratiques* (1911) sind es *Paludes* (1895), *Prométhée mal enchaîné* (1899) und *Amyntas* (1906) – u. a. der Beschäftigung des Autors mit Vergils *Bucolica* ihre Entstehung verdanken.[55] Den Namen des Sprechers von Ekloge 2 trägt in dem Essay *Corydon,* den ich als Beispiel für Gides *Bucolica*-Rezeption herausgreife, ein Arzt und Autor eines Buches zur Homosexualität, über welche der homosexuelle Erzähler sich mit ihm in vier »sokratischen« Dialogen unterhält. Da mann-männliche Liebe darin als naturgegeben betrachtet wird, weckte Gide bei vielen Lesern und sogar bei seinen Freunden Empörung; das Buch, das er 1911 nur fragmentarisch und anonym veröffentlichte, kam erst 1924 unter seinem Namen heraus. Außer wie hier die *Bucolica* wurden auch die *Georgica* in der Moderne von französischen Autoren rezipiert. Hervorheben möchte ich den Roman *Les Géorgiques* von Claude Simon (1913–2005), da er 1983, also in neuerer Zeit, erschien. Drei Handlungsstränge, die jeweils den historischen Hintergrund für das fiktionale Geschehen liefern, sind ineinander verwoben: Ereignisse während der Französischen Revolution, des Spanischen Bürgerkrieges und des Jahres 1940, als Hitlers Truppen Frankreich okkupierten. Der Titel weist nicht nur auf die *Georgica* hin, sondern lässt auch den Namen George anklingen, was dann im Text mehrfach von Bedeutung ist; das gilt u. a. für die »spanischen« Partien, weil sie zum Teil auf George Orwells Zeugnis beruhen. Vergils Lehrgedicht wird

---

55 Vgl. Patterson (Anm. 3), 303–306; Ziolkowski (Anm. 2), 59–64.

zwar nicht intertextuell aufgerufen, aber Landleben detailliert zur Sprache gebracht: Einer der drei Protagonisten, ein französischer Adeliger der Revolutionsära, der ein Landgut in Südwestfrankreich besitzt, äußert sich über Arbeiten, die im Laufe der Jahreszeiten dort auszuführen sind, in Briefen an seine Verwalterin; er schreibt sie als napoleonischer Offizier.

Bei dem letzten der von mir ausgewählten Rezeptionsdokumente handelt es sich um die *Egloga*, die in der 1925 publizierten Gedichtsammlung *Ossi di seppia* (»Die Knochen des Tintenfisches«) von Eugenio Montale (1896–1981) enthalten ist. Die ersten fünf Verse des Gedichtes lauten:

Perdersi nel bigio ondoso
dei miei ulivi era buono
nel tempo andato – loquaci
di riottanti uccelli
e di cantanti rivi.[56]

Wie Tityrus zu Beginn der ersten Ekloge Vergils unter dem Dach einer weitverzweigten Buche liegt und friedlich auf der Flöte spielt, so befindet sich der Sprecher der *Egloga* in der Idylle seines Olivenhains. Bei Vergil tritt dann in Kontrast zur Muße des einen Hirten die des unglückliche Lage anderen, des verbannten Meliboeus. Auch in dem italienischen Gedicht wird ein Gegensatz hergestellt, aber dort ist es derjenige des Jetzt zum Einst, dessen Idylle nun durch Lärm gestört ist, z. B. durch das Rattern eines Zuges

---

56 »Mich selbst im wogenden Grau meiner Olivenbäume zu verlieren, war gut in der vergangenen Zeit – geschwätzig mit zänkischen Vögeln und mit singenden Bächen.« Den vollständigen Text bietet http://www.rivistazetesis.it/Bucolica/Montale.htm.

(*un rombo di treno*). Und Hoffnung auf *rinascere* des *idillio* weckt Montales Gedicht nicht.

Es war mehrmals die von den ersten Versen seines Gedichts evozierte erste Ekloge Vergils,[57] auf die wir bei unserem Streifzug durch die Geschichte der *Bucolica*- und *Georgica*-Rezeption stießen. Ernst Robert Curtius hatte gewiss recht mit seiner Behauptung, dass demjenigen, der sie »nicht im Kopf hat« – mildern wir vielleicht ab zu »nicht kennt« –, ein Schlüssel zur literarischen Tradition Europas fehlt. Aber gilt das nicht für die Hirtengedichte insgesamt und ebenso für »the best Poem of the best Poet«?

57 Vgl. T. Ziolkowski, Twentieth-century Variations on *Eclogue* I. In: M. Paschalis, Pastoral Palimpsests. Essays in the Reception of Theocritus and Virgil. Heraklion 2007 (Rethymnon Classical Studies 3), 155–169.

BIBLIOGRAPHIE

Bibliographien und Forschungsberichte

Briggs, jr., W.W.: A Bibliography of Virgil's 'Eclogues' (1927–1977). In: Aufstieg und Niedergang der römischen Welt II 31.2, 1981, 1267–1357.

Hardie, P.R.: Virgil. Oxford 1998 (Greece & Rome. New Surveys in the Classics 28).

Holzberg, N.: Vergil. 1. Bucolica. 2. Georgica. Eine Bibliographie. München 2015 [nur im Internet: http://www.niklasholzberg.com/Homepage/Bibliographien.html].

McKay, A.G.: Vergilian Scholarship [ab Nr. 10: Vergilian Bibliography]. In: Vergilius 9, 1963–52, 2006 [jährlich].

Suerbaum, W.: Hundert Jahre Vergil-Forschung: Eine systematische Arbeitsbibliographie mit besonderer Berücksichtigung der Aeneis. In: Aufstieg und Niedergang der römischen Welt II 31.1, 1980, 1–358; II 31.2, 1980, 1359–1399.

— Spezialbibliographie zu Vergils Georgica. In: Aufstieg und Niedergang der römischen Welt II 31.1, 1980, 395–499.

Werner, S.: Vergilian Bibliography. In: Vergilius 53, 2007ff. [jährlich].

Ausgaben, Kommentare, Übersetzungen, Konkordanz

P. Vergilius Maro. Bucolica. Edidit et apparatu critico instruxit S. Ottaviano. Georgica. Edidit et apparatu critico instruxit G.B. Conte. Berlin/Boston 2013 (Bibliotheca scriptorum Graecorum et Romanorum Teubneriana).

P. Vergili Maronis Opera. Post R. Sabbadini et A. Castiglioni recensuit M. Geymonat. Roma ²2008 (Temi e Testi. Reprint 4).

P. Vergili Maronis Opera. Recognovit brevique adnotatione critica instruxit R.A.B. Mynors. Oxford ²1972.

Vergils Gedichte. Erklärt von T. Ladewig, C. Schaper und P. Deuticke. Erstes Bändchen: Bukolika und Georgika. Bearbeitet von P. Jahn. Berlin ⁹1915.

Vergil: Eclogues. Edited by R. Coleman. Cambridge 1977 (Cambridge Greek and Latin Classics).

Clausen, W.: A Commentary on Virgil, Eclogues. Oxford 1994.

Publio Virgilio Marone: Le Bucoliche. Introduzione e commento di A. Cucchiarelli. Traduzione di A. Traina. Roma 2012 (Lingue e Letterature Carocci 141).

Vergil: Georgica. Hg. und erklärt von W. Richter. München 1957.

P. Vergilius: Georgica. Hg., übersetzt und kommentiert von M. Erren. I: Einleitung – Praefatio – Text und Übersetzung. Heidelberg 1985; II: Kommentar. Ebd. 2003 (Wissenschaftliche Kommentare zu griechischen und lateinischen Schriftstellern).

Virgil: Georgics. I: Books I–II; II: Books III–IV. Edited by R.F. Thomas. Cambridge 1988 (Cambridge Greek and Latin Classics).

Virgil: Georgics. Edited with a Commentary by R.A.B. Mynors. Oxford 1990.

Vergil: Landleben. Bucolica. Georgica. Catalepton ed. J. und M. Götte. Vergil-Viten ed. K Bayer. Lateinisch-Deutsch. München ⁴1981 (Sammlung Tusculum).

Virgil: Bucolica. Hirtengedichte. Übersetzt und erläutert von F. Klingner. München 1977 (dtv zweisprachig. Edition Langewiesche-Brandt).

P. Vergilius Maro: Bucolica. Hirtengedichte. Studienausgabe. Lateinisch/Deutsch. Übersetzung, Anmerkungen, interpretierender Kommentar und Nachwort von M. von Albrecht. Stuttgart 2001 (Reclams Universal-Bibliothek 18133).

P. Vergilius Maro: Georgica. Vom Landbau. Lateinisch/Deutsch. Übersetzt und hg. von O. Schönberger. Stuttgart ²2010 (Reclams Universal-Bibliothek 638).

Wacht, M.: Concordantia Vergiliana. Hildesheim/New York 1996 (Alpha–Omega A 154).

Werkübergreifend zu Vergil

Albrecht, M. v.: Vergil. *Bucolica. Georgica. Aeneis.* Eine Einführung. Heidelberg 2006.

Büchner, K.: P. Vergilius Maro, der Dichter der Römer. In: Paulys Real-encyclopädie der classischen Altertumswissenschaft VIII A 1/2, 1955, 1021–1486; als Buch Stuttgart 1956.

Della Corte, F. (Hg.): Enciclopedia Virgiliana. 5 Bde. Roma 1984–1991.

Hardie, P.R. (Hg.): Virgil: Critical Assessments of Classical Authors. 4 Bde. London/New York 1999.

Holzberg, N.: Vergil. Der Dichter und sein Werk. München 2006.

Horsfall, N.M. (Hg.): A Companion to the Study of Virgil. Leiden/Boston 1995 (Mnemosyne. Supplementum 151).

Klingner, F.: Virgil. Bucolica. Georgica. Aeneis. Zürich/Stuttgart 1967.

Martindale, C. (Hg.): The Cambridge Companion to Virgil. Cambridge 1997.

Morwood, J.H.W.: Virgil: A Poet in Augustan Rome. Cambridge/New York 2007 (Greece & Rome: Texts and Contexts).

Otis, B.: Virgil: A Study in Civilized Poetry. Oxford 1963.

Smith, R.A.: Virgil. Chichester/Malden, MA 2011 (Blackwell Introductions to the Classical World) = Vergil. Darmstadt 2012.

Spence, S. (Hg.): Poets and Critics Read Virgil. New Haven, CT 2001.

Thomas, R.F./J. Ziolkowski (Hgg.): The Virgil Encyclopedia. 3 Bde. Chichester/Malden, MA 2014 [vgl. N. Holzberg, Bemerkungen zu einem neuen Vergil-Lexikon. In: Gymnasium 121, 2014, 581–597].

Werkübergreifend zu den Bucolica

Breed, B.W.: Pastoral Inscriptions: Reading and Writing Virgil's *Eclogues*. London 2006.

Davis, N.G.: *Parthenope*: The Interplay of Ideas in Vergilian Bucolic. Leiden/Boston 2012 (Mnemosyne. Supplementum 346).

Effe, B./G. Binder: Antike Hirtendichtung. Eine Einführung. Düsseldorf/Zürich ²2001.

Fantuzzi, M./T. Papanghelis (Hgg.): Brill's Companion to Greek and Latin Pastoral. Leiden/Boston 2006.

Hubbard, T.K.: The Pipes of Pan: Intertextuality and Literary Filiation in the Pastoral Tradition from Theocritus to Milton. Ann Arbor 1998.

Jones, F.: Virgil's Garden: The Nature of Bucolic Space. London 2010.

Karakasis, E.: Song Exchange in Roman Pastoral. Berlin/New York 2011 (Trends in Classics. Supplementary Volumes 5).

Putnam, M.C.J.: Virgil's Pastoral Art: Studies in the Eclogues. Princeton, N.J. 1970.

Saunders, T.: Bucolic Ecology: Virgil's *Eclogues* and the Environmental Literary Tradition. London 2008.

Schmidt, E.A.: Poetische Reflexion. Vergils Bukolik. München 1972.

— Bukolische Leidenschaft. Frankfurt a.M. usw. 1987 (Studien zur klassischen Philologie 22).

Seng, H.: Vergils Eklogenbuch. Aufbau, Chronologie und Zahlenverhältnisse. Hildesheim usw. 1999 (Spudasmata 72).

Van Sickle, J.B.: The Design of Virgil's *Bucolics*. Roma ²2004.

Volk, K. (Hg.): Oxford Readings in Classical Studies: Vergil's *Eclogues*. Oxford 2008.

Zu einzelnen Gedichten und Themen (sehr beschränkte Auswahl; zu Weiterem s. die Aufsatzsammlungen in »Werkübergreifendes zu Vergil / zu den Bucolica«)

Baumbach, M.: Dichterwettstreit als Liebeswerbung in Vergils 5. Ekloge. In: Philologus 145, 2001, 108–120.

Binder, G.: Lied der Parzen zur Geburt Octavians. Vergils vierte Ekloge. In: Gymnasium 90, 1983, 102–122.

Cairns, F.: Virgil, *Eclogue* 1.1–2: A Literary Programme? In: Harvard Studies in Classical Philology 99, 1999, 289–293.

Höschele, R.: From Ecloga the Mime to Vergil's *Eclogues* as Mimes: *Ein Gedankenspiel.* In: Vergilius 59, 2013, 37–60.

Kennedy, D.F.: *Arcades ambo*: Virgil, Gallus and Arcadia. In: Hermathena 143, 1987, 47–59.

Köhnken, A.: 'Sola ... tua carmina' (Vergil, Ecl. 8,9f.). In: Würzburger Jahrbücher für die Altertumswissenschaft 10, 1984, 77–90.

Korenjak, M.: Tityri sub persona. Der antike Biographismus und die bukolische Tradition. In: Antike und Abendland 49, 2003, 58–79.

Lipka, M.: Language in Vergil's *Eclogues*. Berlin/New York 2001 (Untersuchungen zur antiken Literatur und Geschichte 60).

Mankin, D.: The Addressee of Virgil's Eighth Eclogue: A Reconsideration. In: Hermes 116, 1988, 63–76.

Rumpf, L.: Extremus labor. Vergils 10. Ekloge und die Poetik der Bucolica. Göttingen 1996 (Hypomnemata 112).

Rupprecht, K.: Warten auf Menalcas. Der Weg des Vergessens in Vergils neunter Ekloge. In: Antike und Abendland 50, 2004, 36–61.

Werkübergreifend zu den Georgica

Cramer, R.: Vergils Weltsicht. Optimismus und Pessimismus in Vergils *Georgica*. Berlin/New York 1998 (Untersuchungen zur antiken Literatur und Geschichte 51).

Effe, B.: Dichtung und Lehre. Untersuchungen zur Typologie des antiken Lehrgedichts. München 1977 (Zetemata 69).

Farrell, J.: Vergil's Georgics and the Traditions of Ancient Epic: The Art of Allusion in Literary History. New York/Oxford 1991.

Gale, M.R.: Virgil on the Nature of Things: The *Georgics*, Lucretius and the Didactic Tradition. Cambridge 2000.

Morgan, L.: Patterns of Redemption in Virgil's *Georgics*. Cambridge 1999.

Nappa, C.: Reading After Actium: Vergil's *Georgics*, Octavian, and Rome. Ann Arbor 2005.

Perkell, C.G.: The Poet's Truth: A Study of the Poet in Virgil's *Georgics*. Berkeley usw. 1989.

Putnam, M.C.J.: Virgil's Poem of the Earth: Studies in the *Georgics*. Princeton, N.J. 1979.

Schäfer, S.: Das Weltbild der Vergilischen *Georgika* in seinem Verhältnis zu *De rerum natura* des Lukrez. Bern usw. 1996 (Studien zur klassischen Philologie 102).

Thibodeau, P.J.: Playing the Farmer: Representations of Rural Life in Vergil's *Georgics*. Berkeley, CA. 2011.

Volk, K.: The Poetics of Latin Didactic: Lucretius, Vergil, Ovid, Manilius. Oxford 2002.

— (Hg.): Oxford Readings in Classical Studies: Vergil's *Georgics*. Oxford 2008.

Wilkinson, L.P.: The Georgics of Virgil: A Critical Survey. Cambridge 1969.

*Zu einzelnen Gedichten und Themen (sehr beschränkte
Auswahl; zu Weiterem s. die Aufsatzsammlungen in
»Werkübergreifendes zu Vergil / zu den Georgica«)*

Conte, G.B.: Aristaeus, Orpheus, and the *Georgics*. In: Ders.: The Rhetoric
of Imitation: Genre and Poetic Memory in Virgil and Other Latin
Poets. Ithaca/London 1986 (Cornell Studies in Classical Philology),
130–140.

Gale, M.R.: Poetry and the Backward Glance in Virgil's *Georgics* and *Aeneid*. In: Transactions of the American Philological Association 133,
2003, 323–352.

Hardie, P.R.: Political Education in Virgil's *Georgics*. In: Studi italiani di
filologia classica 97, 2004, 83–111.

Jenkyns, R.: *Labor improbus*. In: Classical Quarterly 43, 1993, 154–161.

Schindler, C.: Untersuchungen zu den Gleichnissen im römischen Lehrgedicht: Lucrez, Vergil, Manilius. Göttingen 2000 (Hypomnemata 129).

Thomas, R.F.: Reading Virgil and His Texts: Studies in Intertextuality.
Ann Arbor 1999.

*Nachleben
(zu weiterer Literatur s. S. 299ff.)*

Burkard, T./M. Schauer/C. Wiener (Hgg.): *Vestigia Vergiliana*. Vergil-Rezeption in der Neuzeit. Berlin/New York 2010 (Göttinger Forum für
Altertumswissenschaft. Beihefte N.F. 3).

Effe/Binder (s. »Werkübergreifendes zu den Bucolica«), 98ff.

Garber, K. (Hg.): Europäische Bukolik und Georgik. Darmstadt 1976
(Wege der Forschung 355).

Hubbard (s. »Werkübergreifendes zu den Bucolica«), 150ff.

Klessmann, E.: Vergil und seine deutschen Übersetzer. In: Abhandlungen
der Klasse der Literatur/Akademie der Wissenschaften und der Literatur in Mainz 2009,2.

Kundert, U.: Bukolik. Dichtende Schäferinnen und Hirten zwischen
Weihnachten, Utopie und Revolution. In: D. Klein/L. Käppel (Hgg.):
Das diskursive Erbe Europas: Antike und Antikerezeption. Bern/

Frankfurt a.M. 2008 (Kulturgeschichtliche Beiträge zum Mittelalter und der frühen Neuzeit 2), 272–305.

Lindheim, N.: The Virgilian Pastoral Tradition: From the Renaissance to the Modern Era. Pittsburgh 2005.

Martindale, C. (Hg.): Virgil and His Influence. Bimillennial Studies. Bristol 1984.

Paschalis, M.: Pastoral Palimpsests. Essays in the Reception of Theocritus and Virgil. Heraklion 2007 (Rethymnon Classical Studies 3).

Patterson, A.: Pastoral and Ideology: Virgil to Valéry. Berkeley/Los Angeles 1987.

Skoie, M.: Passing on the Panpipes: Genre and Reception. In: C. Martindale/R.F. Thomas (Hgg.): Classics and the Uses of Reception. Malden, MA/Oxford 2006, 92–103.

— / S. Bjørnstad-Velázquez (Hgg.): Pastoral and the Humanities: Arcadia Re-Inscribed. Exeter 2006.

Wilson-Okamura, D.S.: Virgil in the Renaissance. Cambridge/New York 2010.

Ziolkowski, J.M./M.C.J. Putnam: The Virgilian Tradition: The First Fifteen Hundred Years. New Haven, CT/London 2008.

Ziolkowski, T: Virgil and the Moderns. Princeton, N.J. 1993.